北京士大夫

季羡林是

方彪 著

团结出版社

图书在版编目（CIP）数据

北京士大夫 / 方彪著 . – 北京：团结出版社，
2024.3

ISBN 978-7-5234-0044-9

Ⅰ.①北… Ⅱ.①方… Ⅲ.①知识分子－北京－古代
－通俗读物 Ⅳ.① D691.71-49

中国版本图书馆 CIP 数据核字（2023）第 043641 号

出　　版：团结出版社
　　　　　（北京市东城区东皇城根南街 84 号 邮编：100006）
电　　话：（010）65228880　65244790（出版社）
　　　　　（010）65238766　85113874　65133603（发行部）
　　　　　（010）65133603（邮购）
网　　址：http://www.tjpress.com
E-mail：zb65244790@vip.163.com
　　　　　tjcbsfxb@163.com（发行部邮购）
经　　销：全国新华书店
印　　装：三河市东方印刷有限公司

开　　本：170mm×240mm　　16 开
印　　张：19.75
字　　数：299 千字
版　　次：2024 年 3 月　第 1 版
印　　次：2024 年 3 月　第 1 次印刷

书　　号：978-7-5234-0044-9
定　　价：66.00 元

幽州台上見古人

直面来者

方彪先生属题

一九九〇年三月史樹青

北京士大夫

季羡林题

《北京士大夫》序

白化文

　　京华人海，十丈软尘；史传儒林，五朝都会。于今名城维旧，景物聿新；所虑前时文献，存留渐少。方彪先生有鉴于此，从事在斯。搜集旧载，掇拾故纸。放眼超乎尘外，昂头尚矣古人。东京梦华，所书不少逸闻；石林燕语，胪举偏饶旧典。北梦琐言，兼收朝野；酉阳杂俎，不遗洪纤。阅世有今昔之观，进化考推迁之故。珍传故事，足补一篇稗官之史；杂记西京，能识千秋礼义之存。方君著作，堪上拟于《论衡》；朽人着笔，深有惭乎皇甫。承命题辞，聊陈鄙愫；相为缀句，不知所云。时维庚辰中和之月，承泽退士白化文谨叙。

目　录

第一章

士大夫综论

第一节　封建社会的士大夫

一、士大夫释意

《周礼·冬官考工记第六》云："坐而论道，谓之王公。作而行之，谓之士大夫。"

《周礼》一书是儒家的重要经典，十三经之一。孔子以五经课徒，也就是说《周礼》是"孔子之徒"的必修课。王公是最高封建领主，当然是制定方针政策的"决策人"。士大夫"作而行之"，可以说是方针政策的执行人。用近代、现代术语来表述，也就是文官、公务员。

《现代汉语词典》士大夫条："封建时代泛指官僚阶层，有时也包括还没有做官的读书人。"吴晗认为官僚、士大夫、绅士、知识分子，四者可以说是一体，在不同的场合，一个人可能具有几种身份。"官僚是士大夫在官位时的称号，绅士是士大夫的社会身份。"（《皇权与绅权》）

韩国学者吴金成认为"士大夫主要用作意识形态及文化概念，或作包含官职经历者与未入仕与学位层的用词"，士大夫"是受儒家教育的知识人，大体上是地主"（《明清时代绅士层研究的诸问题》）。英语文献对士大夫一词译为"学者—官员"（scholar-officials《英汉汉英词典》牛津版），英语中须用两个词才能表达出士大夫这个词的内涵，是因为英语世界中没有士大夫这个阶层，学者和官僚是不同的社会角色，属于不同的阶层、群体、社会集团。

汉语"士大夫"一词亦可点断为"士、大夫"。《现代汉语词典》"士"条："古代介于大夫和庶民之间的阶层"；"大夫"条："古代官职，卿之下士之上"。由此可知，"士大夫"由"士"和"大夫"所组成。士是读书的人，也就是知识分子，大夫是官阶中的一级，也用来泛指当官的人。孔子有"学而优则仕"之说，但"学而优则仕"的确立，是在科举制度确立以后。科举制度确立之后，教育制度和官员的选拔制度合为一体，"士"和"大夫"也就合为一体了。

科举制度虽然将教育制度和官员的选拔制度合为一体，但科举制度确立之后，仍有非科举出身的官员，通过军功、资荫、捐纳进入仕途者。这些人虽然是官员，但未必是知识分子。故时人、后人对非知识分子的官员亦不以士大夫视之。

综上所述，所谓士大夫就是地主阶级的知识分子，在封建社会里，地主阶级不但占有物质财富，也占有精神财富；不但垄断仕途，也垄断文化教育。赋税、力役、田租的提供者——农民阶级不可能培养出自己的知识分子。可以说，封建社会里的知识分子就是地主阶级的知识分子。地主阶级的知识分子无论是否进入仕途，均可以称为士大夫。因为"士"这一阶层和"大夫"这一阶层，通过科举制度在政治领域中、意识形态领域中已经合二为一。

作为个体来说，"士"和"大夫"当然不可能均是合二为一的，但作为阶层来说，无疑是合二为一的。"士"这一阶层和"大夫"这一阶层在中国封建社会里合二为一，成为士大夫阶层，其政体上的初合是始于九品中正制。九品中正制行之于魏晋南北朝时期。这一时期的特点是豪门士族的势力左右政治舞台。由于政局动荡、国家分裂，文化教育事业只能依托于豪门士族，故"学以家传，家以学显"。而"九品中正制"在官员选拔制度上又给士族凭借"家学"垄断仕途提供了保障。"士"和"大夫"的初合阶段是士族凭借着"家学"垄断文化教育，也就是垄断了"士"。又凭借着"家世"垄断了"大夫"，使"士"和"大夫"合二为一。这种合二为一，还有一定的局限性，即只能在九品中正制的范畴内合二为一。而九品中正制对地主阶级中的"寒门"，还是难以打开通道。科举制度的确立，打破了士族对仕途的垄断，使"士"和"大夫"进一步结合到了一起，合二为一成了士大夫阶层。科举制度下的士大夫阶层成于唐兴于宋，历元、明、清，直到1905年清廷废弃科举制度，才开始退出历史舞台。士大夫阶层在五四运动以后从政治生活中销声匿迹。

二、士大夫阶层的形成和发展

所谓士大夫，就是地主阶级的知识分子。作为一个阶层，其溯源可始于春秋末年所产生的士。春秋战国之际，新兴的地主阶级纷纷在各国实行"变法"，以此为手段向奴隶主贵族展开激烈的夺权斗争。变法的核心是废除奴隶主贵族享有的各种特权，打破世卿世禄制度，实行"食有劳而禄有功"，把奴隶主贵族把持的政治、经济大权转移到新兴地主阶级手中。"食有劳而禄有功"的对象主要是地主阶级的知识分子，方法是军功和养士两种途径。而养士是比军功更广泛、更普遍的便捷之径。所以各国争先养士，君主之中，魏文侯、齐宣王、燕昭王均善养士；贵族之中齐国的孟尝君、赵国的平原君、魏国的信陵君、楚国的春申君皆号称家有食客（士）三千。秦相吕不韦、燕太子丹也都以善与士交游而著称。

战国时期，士成为社会上的一股特殊势力。这时的士，不受国家、政治、经济地位的限制，只要有一定知识水平和文化素养，善于权谋、机变，甚至只鸣一技之长，无论走到哪国，都可能受到礼遇，甚至委以重任。士的品类复杂，档次悬殊，身怀"一言兴邦、一言丧邦"之才者和鸡鸣狗盗之徒皆有之。从整个战国的政治舞台来看，士是最为活跃的一股力量，是七雄之间政治斗争的主角，因此，战国时期养士之风大盛，士这一阶层开始形成。

范文澜先生在20世纪40年代对士即有精辟的论述："士处在社会中间阶层，看不起老农、老圃，当然不愿意吃苦劳动，但贵族阶层里又没有士的地位，很少有机会取得大官。因此他们憎恶世卿把持，要求登进贤才，唯一希望是做官食禄，最好是做国君宰相，周公相成王，是他们理想的幸运，如果做不到，替世卿当家臣也可以。孔子正是这个阶层的代表。"士"想维持旧统治的地位，可是正在摇摇欲坠，想反对世卿大臣，可是他们仍有实际权力，想做大官，可是被贵族压抑，想安贫贱，可是委屈了治国平天下的大学问"。"士的生活是烦恼矛盾的，信天命而不信鬼神，正是这种矛盾生活的反映。"士认为人生是"尽人事而听天命"。"君子居易以待天命"，为了"尽人事"，所以积极修身、齐家，但能否治国平天下呢？只有听天由命了。

秦汉统一之后，特别是西汉王朝平息了七国之乱以后，诸封国名存实亡，士的存在失去了依托，同时"养士"之风亦被分裂势力所利用，成为削弱专制主义中央集权的因素。所以西汉王朝建立了一套能够适应新的历史条件的选官制度，主要是"察举"和"征辟"；魏晋、南北朝之时实行"九品中正制"，又称为"九品官人法"；隋朝开始实行科举制度。科举制度历唐、宋、元、明、清，直到1905年才退出历史舞台。科举制度的建立，把教育制度和官吏选拔制度有机地结合起来，确立了士大夫阶层的稳定存在。

三、士大夫阶层的地位

士大夫阶层是地主阶级的知识分子，地主阶级的各阶层均会通过不同途径培养自己的知识分子。但总体上来说，士大夫大多出身于地主阶级的中产之家，豪门士大夫、寒门士大夫不是也不可能是士大夫阶层的主体。士大夫既然是地主阶级的知识分子，首先要脱离体力劳动，不是胼手胝足的农桑之人，在政治上具有免除力役的身份。

在经济上，士大夫阶层不是地主阶层中的富有者，但也很少陷于贫困之中。因为饥寒至身，为生存而奔波，也就难以立身于士林了。但判断一个人是否属于士大夫阶层，不是按其政治地位、经济地位，而是看其知识水平、文化素养。隋唐以后，凡是在科举制度下成长起来的知识分子，无论其属于地主阶级中的哪个阶层，也无论是高中三元还是名落孙山，均可称为士大夫。

综上所述，士大夫阶层由地主阶级的知识分子组成，科举制度确立之后，所谓士大夫阶层可以说是在科举制度下成长起来的地主阶级知识分子。在政治上通过世袭、任子、荫子进入仕途的豪门之士；在经济上通过捐资得官的富门之士，虽然身显荣华，位列高官，但不属于士大夫阶层。士大夫阶层和地主阶级其他阶层的分野是在知识水平和文化素养上，而不是政治、经济地位上。

第二节　京城士大夫

一、历朝京城士大夫

隋唐以后，士大夫阶层可以说是科举制度下成长起来的知识分子。辽朝并有燕云十六州后，蓟城成了耶律氏的南京。虽不是首都，却是名副其实的经济中心、文化中心。辽朝重视科举之制，但只据有北隅之地，京城士大夫理应是由北宋东京汴梁的士大夫荣膺。完颜亮移鼎燕京后，中都成了金朝的首都，北京成了中国北方的政治中心。但以文化而论，中国的文化中心是南宋的首都临安，京城士大夫无疑归属西子湖畔的"儒冠之士"。唐末到元初的三百多年中，中国政治上陷入分裂，出现了宋、辽、金、西夏、大理、吐蕃等并存的政权，各个政权的政治中心（都城）都活跃着士大夫群体，从其自身来讲，均可称为京城士大夫。本节论京城士大夫的"归属"，绝不是在论"正统"，而是在权衡哪座"都城"代表了中国文化的发展趋向和总体水平，其士大夫阶层的活动能在全中国范围发挥重大的影响。但从北京史的角度来讲，宋朝只能是"影响"，辽、金两朝才是"主题"。所以辽南京、金中都的士大夫也就是本书中的"正统"了。元朝统一了全国，但元廷不重视科举制度，直至元仁宗皇庆二年（1313 年）才"始定科举程式"。此时元据有燕京（1215 年）已有九十八年。元顺帝元统三年（1335 年）因权臣伯颜之议而罢科举。难产九十八年才诞生的科举程式也只使用了二十二年。有元一代总计开科十六次，共录取进士一千三百零三人。以元朝存在的时间和全国人口而论，开科的次数和录取的人数均可谓科举制度史上的最低水平。元代会试

（礼部主持）录取名额为每科百人，蒙古人、色目人、汉人、南人各占二十五名。汉人、南人的人口总数远远高出蒙古人、色目人许多倍，但录取人数相等，在科举制度中存在明显的偏颇。在这种情况下，大都城中很难活跃一个在科举制度下发展起来的士大夫阶层。

明清两朝，北京不但是全国的政治中心、文化中心，而且科举制度之盛，伴随了两朝的始终。在辐辏辐射的过程中形成的京师文化代表了中国文化的发展趋向和总体水平，北京城中儒冠如云，士大夫阶层人数之多达到了空前的水平，京城士大夫的活动也在全国产生了重大影响，形成了真正的京城士大夫阶层。

二、科举制度下的士大夫

明清时期，科举制度已高度成熟，成为最高统治者完善的精神统治工具。"朱注"成了科举唯一的标准，凡是学而"通"者即可金榜题名。"通"就是通晓"朱注"，也就是通晓统治阶级的意志。

封建社会中天子爱"英才"，社会礼"斯文"。中了秀才政治上就算有了"功名"，经济上也就可以脱贫。中了举人政治上算"已登小龙门"，经济上也就可以致富了。《儒林外史》中的"范进中举"，虽然是小说家笔下的杰作，却反映了封建社会的客观现实，不是凭空虚构的。科举制度下，或许有穷秀才，但绝不会有穷举人，中了举人也就是名副其实的士大夫阶层的人士了。

三、士大夫游京城

举人老爷是天子贡生，每逢大比之年都要从全国各地乘坐"公车"（由国家提供路费）到北京来参加会试，故成名的士大夫（举人）总会"游京师"。如果会试、殿试一帆风顺，自然是"鲤鱼跃龙门"，按照金榜题名的序位，居前者可留京任职。入翰林院任修撰、编修、庶吉士，或为内阁中书，以备简拔御史、各部院司官，然后循资按绩晋升。明清两朝的高级朝官，大多是科举正途出身，要想置身大学士、部院堂官（尚书、侍郎、都御史），非走"十年寒窗无人晓，一朝题名天下知"的道路不可。举人出身的左宗棠已贵为陕甘总督，以东阁大学士、钦差大臣、总理新疆军务的职衔"斧钺专征"，平定"回乱"。可是仍以清廷赐进士出身为荣，凯旋后，还要到翰林院领略一下"玉堂风韵"，以成京城士大夫之游。

参加会试的举人老爷，即便是名落孙山，也仍可以滞留京师，入国子监、金台书院"补习"，以求下科再跃龙门；或是在本省（府、县）会馆之中结友共研"时艺"。"时艺"就是京师文坛上风行的八股文式和时髦议论，精于此道之后就可以达到"学而通则仕"的目的。

举人落第，也可被延为高级朝官的幕宾，通过保举的途径进入仕途或参加吏部考试，中取者可出任七品以下文官。综上所述，在科举制度下成名的士大夫定会游京师，士大夫游京师也会在不同程度上进一步成名。所以北京城中有一个庞大的士大夫阶层。全国各地的士大夫聚于京师，为何用一个"游"字呢？因为各阶层的士大夫进京都是为了名利而来，把京师视为"淘金之所"，而不是"定居之乡"。举人老爷成为进士公后免不了要"外放"，当一辈子京官到头来也会告老还乡。因为从政治上来讲，京师是是非之地，只能激流勇进、急流勇退；从经济上来讲，京城米贵居家不易；从民情上来讲，还是鲈鱼难舍，乡井难离。所以京城士大夫来自全国各地，到北京后也只是一游而已。全国各地的士大夫进入北京后，处于京师经济、京师政治、京师文化的影响之下，也就浸染上了京师色彩，成了京城士大夫。

四、京城士大夫的抱负

从总体上来说，各阶层的士大夫进京之时，都抱有治国平天下之志，期望成为致君于尧舜的贤臣良相，抱着积极用世的态度，勇于进取。而且对皇上和当轴之臣均抱有幻想，希冀得到垂青和重用，只要幻想没有破灭，就会滞留京师，谋求发展。幻想破灭后，大多谋求"外放"，以求暂避一时，安于偏隅，甚至以"告病""告老"的方式退归林下，躲开政治的旋涡。无论是"外放"还是归隐，士大夫离开帝阙之后，也就脱离了京师的政治、经济、文化体系。但是京师之游浸染了京师的色彩，带上了京师的气息，也就仍可泛称为京城士大夫——游过京城的士大夫。

京城士大夫积极用世，热衷于进取，是政治上最为活跃的阶层，但又是统治阶级中的重要成员，而且具有对当朝抱有幻想、寄予厚望的心理，所以尽管有忧国忧民的情怀、富国强兵的抱负，敢于为民请命，抗颜直谏，甚至奔走呼吁，上书变法，但终归不会成为统治阶级的叛逆。以清末时期而论，京城士大夫举行"公车上书"，组织强学会、保国会，要求变法图存，保国保种，掀起了变法热潮。六君子血染菜市口，慷慨成仁。流血唤醒了国人，也展现了士大夫史上最后的风采，但可悲的是，在展现血染的风采的同时，也就默默无闻地退出了历史的舞台。因为京城士大夫的抱负，从总体上来说是囿于封建规范之中的。

第三节　风华正茂的童年——春秋战国时期的士

春秋战国之际，地主阶级开始登上历史的舞台，新兴阶级的知识分子无疑是时代的弄潮儿，在政治舞台上威威武武地亮相，展现了风华正茂的"童年"。

一、生逢其时——诞生在殷商硕基之上

商周时期，我国在政治、经济、文化、科技诸方面均创造了位居世界前列的辉煌，东方的文明古国在天文、历法、文字等领域独领东亚风骚；陶器、青铜器、原始瓷的成就雄冠世界。农业上金属工具加工制造出的耒耜、商业上"肇牵牛车远服贾"、手工业上熊熊的陶铸炉火，均显示了前封建社会所创造的高度文明，亦显示了生产力的发展行将挣脱旧的桎梏。春秋中期以后，铁制工具开始敲打封建社会的大门，就在这丰厚的硕基之上，躁动于母体的中国封建社会的知识分子——士，诞生了。

二、变革的时代——在礼崩乐坏中成长

　　春秋、战国之际，铁制工具和牛耕出现了，在新的生产力——铁犁牛耕的推动下，生产关系发生了变化，领主制开始向地主制过渡。农业上"废井田，开阡陌"。随着土地私有制的出现，神圣的封赐土地变成了商品，"富者田连阡陌"。私人工商业的发展，打破了"工商食官"的桎梏，富商大贾财比诸侯，涉足政坛，甚至可以左右局势，和诸侯分庭抗礼。郑国的弦高、越国的范蠡、秦国的吕不韦等人可称为代表人物。

　　经济领域中的变化反映到意识形态领域中是"礼崩乐坏"，"学在官府"一枝独秀的史官文化被百家争鸣的局面所取代。孔子首开私人讲学、周游列国之先河。诸子百家站在不同阶级、不同阶层、不同社会集团的立场上奔走、游说、高声呐喊。

　　在各国争相"变法""图强"的斗争中，新兴的地主阶级在政治舞台上站稳了脚跟，地主阶级的知识分子——士，在时代的大变革中茁壮成长，度过了黄金孩提时期。

三、时代的宠儿——蔑万乘之君

　　战国时期，士是政治舞台上的一股生力军，是最活跃的角色。在兼并、图存的战争中，士以布衣之尊，纵横捭阖，或运筹帷幄之中决胜千里之外；或折冲杯盏置万乘之君于股掌之中。可谓"得士者昌，失士者亡"。士之趋附，改变着列国之间政治力量的对比。故有"得一士而得天下，失一士而失天下"之说。士在游说的过程中，也大有爹贱骄人、傲视王侯的气概。留下了魏太子拜田子方、冯谖客孟尝君、鲁仲连义不帝秦等佳话。

　　士在战国时期能够成为时代的宠儿，在汹涌的大潮中弄潮弄浪，有着深刻的历史根源。士的出身和经历均十分复杂，概言之，是由没落领主中不甘寂寞的角色（要夺回失去的"天堂"）和平民中的不逞之士（要在平地上建造自己的"天堂"）所组成。两者虽都没有"依托"，但也没有"顾忌"，所以

敢于呐喊、敢于冲杀，在奋斗中勇往直前，也就敢于"以布衣之微，蔑万乘之尊"。

士在求逞的斗争中积累了丰富的经验，有成功的借鉴，也有失败的教训。成功了能高屋建瓴，更上一层楼；失败了也能忍辱负重，爬起来再干。变革时期政治上的大动荡、经济上的大改组、军事上的大争斗，给士这一阶层提供了亮相的舞台、表演的场所，不同层次的士均可一显身手。故上乘者"一言丧邦，一言兴邦"；下乘者"求禄求食"，但皆能获得一逞。

列国在兼并图存的斗争中均希冀士这一阶层为我所用，纵不能为我所用，也最好不被敌对势力所用。所以都争相"养士""礼贤下士"，所以士的身价日高。列国并存、互相争斗的政治局势不仅给士这一阶层提供了用武之所，也提供了充分的回旋余地。确实是"此处不留爷，自有留爷处"。"爷"一旦被敌对势力所用，后果自然十分严重。在这种情况下，各国的统治者都不敢得罪士，纵然不用，也要"礼敬"，以免"失士失国"之祸。

士是战国时代的宠儿，这个宠儿也确实没有辜负时代的希冀，在历史的舞台上威威武武地亮相，扎扎实实地表演了一出出风云变色的史剧。士大夫阶层风华正茂的童年在永恒的史册上留下了光辉的足迹。

四、难圆童年的梦

春秋战国时期，"礼崩乐坏"。其总体形势已经不仅是被统治者反对旧的秩序，而是统治者已经没有能力维持旧的秩序。在这种情况下，对如何建立新秩序，社会上各阶层的人士均有了发言权。这种发言权，正是百家争鸣的基础。在百家争鸣中，儒、道、墨、法、农……各显其说，均想按照自己的蓝图建立新的社会秩序。能够设计出一张未来社会的蓝图，并为之实施而呼吁奔走的人，无疑是各阶层知识分子中的代表人物，这张蓝图也就是各阶层的童年梦。

儒家的童年梦是天下为公的大同社会，"选贤与能，讲信修睦。故人不独亲其亲，不独子其子，使老有所终，壮有所用，幼有所长，矜、寡、孤、独、废疾者皆有所养。男有分，女有归。货恶其弃于地也，不必藏于己；力恶其不出于身也，不必为己，是故谋闭而不兴，盗窃乱贼而不作，故外户而不闭，是谓大同"。但直到康有为的《大同书》，仍然老儒谈经———一纸空文。

道家的童年梦是"邻国相望，鸡犬之声相闻，民至老死，不相往来"。所以小国寡民、无为而治是道家的政治思想。可是历史发展的趋势是九州一统，而且人类社会的分工越来越复杂。"无为"归为空寂，"有为"充满了世界。而且"有为"成了功名利禄的代名词。

墨家的童年梦是兼爱、非攻。可是人欲横流的社会里充满了恨。政治上的倾轧、经济上的竞争、思想上的辩争、文化上的伐异、情感上的争夺……即便是爱河，也会泛起血澜。

法家的童年梦是把世间一切事物均纳入规矩方圆之中，可是人类社会偏偏是行无规、居无矩、思无方、意无圆。无法可依，有法难依。

农家的童年梦是梦得更天真，从许行梦到工读互助团。许行不见容于孟轲；工读互助团只是书生空议，成立也就意味着解散。稚子的心，童年的梦，执着的追求……可是在两千多年的时间里，难圆童年梦，梦断了童年。

第四节　士大夫与诸子百家

一、百家争鸣时期的中西异同

人类历史的发展进程总体上来讲是一致的，但不同的地区、不同的民族、不同的国家在趋向进步的进程中，又均是"走自己的路"，彼此之间存在明显的差异。

中国封建社会以思想异常活跃的"百家争鸣"而兴始。在春秋、战国时期即创造了物质上、文化上、哲学上、思想上的辉煌，进入晚期之后却呈现出一片可怕的"万马齐喑"。中国封建社会从总体上来说是高度统一、高度集权，而且统一和集权是发展过程中不可遏止的大趋势，这个大趋势在清代的雍正、乾隆时期达到了巅峰，中国思想界当时也正沉浸在"万马齐喑"的可怕寂静之中。

西欧封建社会是在罗马帝国的废墟上建立起来的，但未能再现古希腊、古罗马时代的辉煌。政治上四分五裂，思想上"万马齐喑"，完全处于教会的禁锢之中，经院哲学统治了整个中世纪。直至文艺复兴运动兴起，思想界才活跃起来，以人文主义为武器，向神的体系宣战，提倡"人性""人权""人道"，反对"神性""神权""神道"。西欧封建社会的晚期思想可以说异常活跃，各种新思潮勃然兴起，以"人类是生而平等"的人权宣言，给封建社会画上了句号，为资本主义社会的始兴拉开了序幕。

中国封建社会的发展历程是由"百家争鸣"到"万马齐喑"；西欧封建社会的发展历程是由"万马齐喑"到"百家争鸣"。中国封建社会思想发展的辉煌期和西欧封建社会思想发展的辉煌期截然相反的原因不是本节所能全面论证的，但不妨以之为旁鉴，借以洞悉士大夫与诸子百家之间的内在联系。这种联系就是人类社会的任何辉煌都不会在人类社会中消失，古希腊、古罗马的辉煌再现于文艺复兴运动之中；中国春秋、战国时期的辉煌也像夜幕上的一颗明星，指引着探索者穿过黑夜走向黎明。

二、殊途难于同归

春秋、战国时期"百家争鸣"；汉武帝"罢黜百家，独尊儒术"。可谓百家殊途，至此同归。因为董仲舒之后，士大夫只能戴着儒巾，地主阶级的知识分子只能是儒生。这种同归是否是百家皈依了儒门呢？答案是否定的，儒冠之下还存留着百家。

（一）战国时期思想界发展的大趋势

经过春秋时期的兼并战争，战国时期只剩下齐、楚、燕、韩、赵、魏、秦七国，号称七雄。战国后期七国之间合纵连横的斗争异常激烈。强秦崛起，统一六国已经成为不可避免的大趋势，这种政治形势反映到意识形态领域中，就是《吕氏春秋》一书的出现。

百家争鸣的过程中，诸子之间相互驳难，彼此关系极为错综复杂。可以说是既有思想交锋，又有思想融合。百家争鸣的过程中，儒墨之争、儒法之争、儒道之争最为突出，其观点互相对立，进行了激烈的辩难。但这只是一方面，在百家争鸣的过程中，诸子还存在相互影响的一方面。班固在《汉书·艺文志》中指出，诸子百家"其言虽殊，辟犹水火，相灭亦相生也。仁之与义，敬之与和，相反而皆相成也"。"相灭亦相生""相反而皆相成"，就是说诸子百家在学术发展的过程中往往是互相影响、互相补充的，并不是处于绝对斗争之中。互相影响、互相补充的过程也就是趋向统一的过程。因为互相影响、互相补充的结果必然是产生新的学说、新的体系，互相影响、互相补充的双方也就均会对这个新的学说、新的体系有一种认同感，这种认同感给统一创造了前提。但统一只能是相对的，任何绝对的统一都只能是形式上的统一，不可能是实质上的统一。

《吕氏春秋》一书又名《吕览》，是战国末期杂家的代表著作，系投机政客秦相吕不韦及其门客汇而成书，吕不韦的宾客诸子百家皆有之，故该书最大的特点是"杂"。全书分为八览、六论、十二纪，共二十六卷，二十余万言。东汉史学大家班固对《吕览》的评价是"兼儒墨，合名法"；清代学者汪中认为《吕览》一书"诸子之说兼而有之"。《吕览》作者亦认为"物固莫不有长，莫不有短，人亦然。故善学者，假人之长以补其短，故假人者遂有天下"。该书采各家之所长的具体方法是把各家互相矛盾的学说拼凑调和起来，好似一个诸子百家之说的"大拼盘"，"拼盘"的核心内容就是统一。但如何统一，诸子百家又各有其道。法家提倡"一"，即统一于一个标准之下；儒家公羊学派提倡大一统；墨家提出"尚同"。以《吕览》为代表的杂家则采纳了儒、墨、法三家之所长，用折中的方法来"一"之。于是也就形成了"兼儒墨，合名法""诸子之说兼而有之"的"杂家"。杂家的实质是为了适应总体政治局势不可遏止地走向统一的一种"拼凑"——折中调和。亦可视为奉献到统一盛宴上的"超级大拼盘"。这个大拼盘是为投秦始皇所好而拼凑起来的。

（二）坑儒与尊儒

赢政统一六国之后，"振长策而驭宇内"，登上了始皇帝的宝座，自认为凭实力、能力可千世万世而为君，故号称为"一世"。这位"祖龙"对奉献到统一盛宴上的"超级大拼盘"未动一箸，即以"焚书坑儒"的火血方式结束了百家争鸣的局面，给知识分子指定了唯一的出路——"若有欲学者，以吏为师"。也就是说，只能学习、宣讲秦王朝的政策和法令。同时又公布了禁"挟书"之律，凡是"挟书"即是犯法。汉初废秦禁"挟书"之律，诸子百家开始复苏。这时的政治形势是内有异姓王、同姓王称雄踞地；外有强邻匈奴逞兵侵境。经济形势是"天子不能具醇驷，而将相或乘牛车"。适应这种总体形势，最高统治者只能"无为而治"，故黄老刑名之学颇有市场。经过半个多世纪的休养生息，西汉王朝从内外交困之中摆脱出来，进入了鼎盛时期。在这种形势下，汉武帝接受了董仲舒的建议"罢黜百家，独尊儒术"。凡"诸不在六艺之科孔子之术者，皆绝其道勿使并进"。儒学被定为一尊，百家"皆绝其道"。秦始皇"坑儒"，百家遭殃；汉武帝"尊儒"，百家又跟着遭殃。这绝不是历史的巧合，而是历史的必然。因为最高统治者"坑儒""尊儒"均是为了统一思想；"坑儒""尊儒"均是手段。但这说明了一个问题，即儒家学说在我国思想界居于主导地位。如果把先秦时期百家争鸣的形势总结一下，则可以归纳为"儒墨之争""儒道之争""儒法之争"，从中可以看出，儒家虽然不受最高统治者的垂青，但在社会上却颇有影响，在百家之中总领风骚，执"论坛"之牛耳。故最高统治者"坑儒"之时，诸子百家难以"犹存"；最高统治者"尊儒"之时，诸子百家亦难以"并进"。儒家与诸子百家关系之微妙，实难概之以一言。但可以说"坑儒"，诸子百家衰；"尊儒"，诸子百家亦衰。因为"牧羊者"只要控制了"带头羊"，就可以达到控制"羊群"的目的，而强大、统一、集权的封建王朝是完全有能力控制"带头羊"的。

（三）儒冠之下的诸子百家

"罢黜百家，独尊儒术"之后，诸子百家似乎不复存在，可以说是儒家的一统天下，但这只是表象，不是实质。以哲学角度来讲，任何事物均不可能是"绝对的""完全的""纯正的",人的思想更不可能是"铁板一块"。故所谓的"纯儒"是不存在的,即以董仲舒而论,其"天人感应论"无疑是承袭发展了战国时期阴阳五行家的代表人物邹衍的"五德终始"说。他的一些主张显然也接受了一些法家的观点。其直接原因是"汉家自有制度,本以霸王道杂之"。儒学如不适应最高统治者儒法合流的要求,就很难获得进一步的发展。被后儒誉为孔、孟嫡传的董仲舒尚且是个"杂儒",纯儒者,实难见诸其人。儒冠之下确实是诸子百家并存,产生这种现象的原因并不费解。

任何一种学术思想在其形成的过程中均是多种观点的组合。在组合的过程中形成自己的体系,在发展的过程中又会受到其他学说的影响,不断地补充一些新的内容。从政治上来讲,汉武帝"罢黜百家,独尊儒术"之后,儒家学说也不过是最高统治者的宣传教育大纲,绝不是用人施政的方针。能有所作为的最高统治者均是儒表、法里、道中的权谋家,儒学为了生存和发展,儒者为了能立于庙堂、守于封疆,也需要在儒冠之下隐藏诸子百家之说、诸子百家之术,以适应最高统治者的需要。

三、士大夫与儒家

士大夫是地主阶级的知识分子,是孔子的传人。科举制度确立之后,士大夫绝对是儒冠之士,因为不戴儒巾,就不能称其为士大夫了。士大夫是儒根所生,儒根溯源就是孔子。孔子学说在当世发挥的作用、在后世产生的影响均非诸子可比。春秋时期的儒墨之争,战国时期的儒道之争、儒法之争,在百家争鸣之中可谓"领风骚",论坛的主导一直是儒家。秦汉统一以后,儒家的地位历两千年而不衰,诸子百家只能"隐"于儒冠之下求一席之地。

二十世纪中叶以后,对孔子的研究总离不开这位老夫子是代表没落的奴隶主阶级利益,还是代表新兴的地主阶级利益。仿佛二者只能居其一,否则就"打乱了阶级战线"。其实,孔子生活的时代是"领主制"和"地主制"并存的,其特点是"领主制"开始解体,"地主制"开始兴起。但"解体"不是土崩瓦解;"开始兴起"亦不是其趋、其势均不可遏。上述特点正是春秋时期与战国时期政治局势的不同之处。

从孔子个人的出身、经历、结局来看，这位老夫子既不是世袭领主，也不是新兴地主，而且对两者均很不满。因为"破落户（领主）"在破落的过程中"为富不仁"，"暴发户（地主）"在暴发的过程中也"为富不仁"。要想"克己复礼，天下归仁"，就必须走第三条道路。但"上层"正处于破落过程、暴发过程中，两者均很难"克己"；"下层"在"礼崩乐坏"的过程中也想改变一下自己的处境，正准备有所作为，亦实难"克己"。为了使"上层"和"下层"都能够"克己"，孔子提出了"仁者爱人""己所不欲，勿施于人"的观点。"仁者"当然可以"爱人"，奉献上一片爱心；"己所不欲，勿施于人"，可以说是最大的"克己"。用"爱人"之心去"克己"，当然可以克制住自己的一切"非礼之念"，形成"礼序"的准则，进而将人类的一切社会生活纳入"有序"之中。孔子虽然声称"仁者爱人"，但其"礼序"是尊、卑、贵、贱、上、下的等级制度；是君君、臣臣、父父、子子的封建义务。这也无足为怪，在封建社会初始之时所产生的"仁者爱人"之说，绝不会否定封建等级制度，也不会否定在等级制度基础之上产生的封建义务（西欧的"博爱"说产生于封建社会解体时期，当然会导致"平等"论，导致对封建等级制度的全面否定），而是让对立的双方奉献自己的爱心；让对立的双方克制自己的欲念。在此基础之上，建立起"上层"和"下层"均能"认可"的社会，使"小人"和"君子"均能各尽所能，为社会做出贡献。也就是《礼记》中所说的"大道之行也，天下为公，选贤与能，讲信修睦。故人不独亲其亲，不独子其子，使老有所终，壮有所用，幼有所长，矜、寡、孤、独、废疾者皆有所养。男有分，女有归。货恶其弃于地也，不必藏于己；力恶其不出于身也，不必为己，是故谋闭而不兴，盗窃乱贼而不作，故外户而不闭，是谓大同"。孔子的"大同社会"的实质不是"平等"，而是"礼序"。用爱人之心、克己之心达到"归仁""复礼"的大同。在封建社会始兴时期生产力的限制下，这种"大同说"可以说是"爱人之心"所能达到的最高境界了。

孔子在"领主"和"地主"之间要走第三条道路；在"上层"和"下层"之间也要走第三条道路。他呼吁对立的双方"克己""爱人"，其结果是对立的双方均对他的说教不感兴趣。他虽也一度贵为鲁司寇，但只有三个月就被赶下了台。为了实现自己的政治主张，孔子率弟子周游列国。结果是四处碰壁，只好回到家乡当个教书先生。孔子首开中国私人讲学之先河，使独家相传的史官文化转化为"聚徒讲学""有教无类"的诸子文化。促成了学术知识下移，为战国时期的"百家争鸣"提供了条件。

孔子在天道观方面不强调天的意志，可是相信天命，但不坐待天命的支配，主张"尽人事而听天命"。在对鬼神的信仰方面不强调鬼神能降灾赐福，但又肯定祭祀，主张"祭如在"；虽认为"未知生，焉知死"，可是又"敬鬼神而远之"，并不否定鬼神的存在。在认识论方面，虽然相信有"生而知之者"，但也承认"我非生而知之者"，主张以"多闻"和"学"作为"思"的基础。

殷亡周兴，"敬天保民"的思想在统治阶级内部开始形成。"敬天"和"保民"之间的关系不是目的和手段，而是互为因果。这是周人思想意识与殷人之间最大的区别。夏、商相继灭亡之后，周的统治者认识到"惟命不于常"，而且"天视自我民视，天听自我民听"。所以要"怀保小民，惠鲜鳏寡"。孔子提倡"为政以德""节用爱人"说，承袭了西周以来的"敬天保民"思想。

孟子进一步将"敬天保民"思想发展成"民贵君轻"说，而且提出了"诛一夫（暴君）"有理论。这种思想能产生在封建社会的始兴时期，殊为难能可贵。所惜者，后儒莫传焉。

综上所述，孔子的政治地位既不是"没落领主"，也不是"新兴地主"，故希望在两者之间走"克己复礼，天下归仁"的第三条道路。在天观道、认识论、对鬼神的态度上，孔子均有二元论的倾向。言其有二元论的倾向，是由于孔子并不是二元论者，而是希望在二元之间找出一个"离有无而合中道"的"第三元"。孔子寻求第三条道路，探索"第三元"的原因是其生活的时期，在政治上并不是"大势已成，大趋已明"的"定局"，而是即将进入大动荡的"起始"。所以孔子在政治上不可能有一个十分明确的大方向，但有一个十分明确的大理想——"天下归仁"。"天下归仁"的途径是通过对立双方的"克己复礼"，共同步入"大同"。在孔子的大同世界里，尊、卑、贵、贱、上、下的等级制度，君君、臣臣、父父、子子的封建义务仍然是不可动摇的，并在"礼序"中表现出来。在"礼序"中表现出来的一切，均符合中庸之道。人能够"中庸"的原因是仁、义、礼、智、信的良知、良能，特别是"仁者爱人"的情怀发生了内在的作用。中庸之道的实质是在对立的双方所走的道路中找出一条中间道路。这条中间道路把对立双方不同的利益用"礼序"连接起来。于是"小人"和"君子"也就能够平和地共处于这个大同世界之中。这个大同世界是孔夫子的理想王国，"王国"能够"组合"的前提是对立的双方均能"克己"，各自后退一步，于是两条道路中间也就形成了第三条道路——中庸之道。但对立的双方均不可能退后一步，所以这条通道也就永远不可能打通，这是两千多年的历史所证实了的"铁案"。士大夫在政治舞台上的殿军——康有为写了《大同书》，但他没有找到，也不可能找到通向大同的路。

孔子有弟子三千，三千人之中又有七十二位佼佼之士，号称贤人。孔子死后，三千弟子跟随着七十二贤人各有所趋，儒家"一分为八"。战国时期儒家又"合八为二"，形成了孟子、荀子两大学派。孟子主张性善，荀子主张性恶；孟子主张行仁政，荀子主张施法治；孟子主张法先王，荀子主张法后王。在世界观上孟子是个唯心主义者，对于"天"，认为"顺之则存，逆之则亡"；荀子是个唯物主义者，宣称"人定胜天"。同是儒门之士，所言甚有所殊。早在先秦时期，《春秋》即有三传（《左传》《公羊传》《穀梁传》）；西汉时期《诗经》亦有三家之说（韩婴的"韩诗"、辕固的"齐诗"、申培的"鲁诗"）。其后所产生的今文经、古文经之争，更是儒门"大是大非"的问题。

唐以后又形成了程朱理学、陆王心学两大体系，心学和理学之争虽系主观唯心主义者和客观唯心主义者之间的辩论，而且辩论的双方均自称"吾儒"，但理学和心学对佛、道体系中的成分均有所吸收。总之，士大夫虽是儒门之士，儒根所生，但儒家不是"铁板一块"，儒根更是盘根错节，士大夫无论自己认为还是被别人认为是"纯儒""醇儒""迂儒""愚儒""杂儒""通儒""陋儒"，都只是儒门、儒林的一个"儒"。而且儒字前面难免被时人、后人冠以修饰语或褒贬词。因为戴儒巾的人太杂了，不但学术观点杂、治学之道杂、仕途之道杂，为人之道亦杂。

四、士大夫与道家

儒家"用世"，道家"避世"。儒家用世是实，道家避世是虚。但儒家能够真正"用世"者终归是少数，道家能够真正避世者更是少数。如果能够真正地"避世"，世人也就不会知道道家的学说，世上也就不会流传道家的著述，道家也就不会成为历两千年而犹存的学派。儒、道两家均是中国封建社会出色的政论家，道家是唯一可以和儒家学说相抗衡的思想体系。其原因是儒、道两家共存于世，才能保持中国封建社会的平衡，缺　不可。如果地主阶级的知识分子均"积极用世"，从群体上来说必然造成千军万马挤一座独木桥，所以需要一些人不挤这座独木桥，更需要让挤不过独木桥者亦能保持心态上的平衡，故士大夫阶层的"挤桥运动"不能"过热"。从个体上来说，挤过独木桥，能够"用世"者的"积极用世"精神也要有一个限度，亦不能"过热"。即对社会的责任感和使命感不能超越一个"极限"，这个极限就是忠君桎梏所能枷锁的范围。"积极用世"精神如果超越了这个"极限"，对最高统治者来说不仅是"失控之虞"，还会造成不堪设想的后果——焕发出儒者"敬天保民"的初衷。为了"敬天保民"，在"民贵君轻"的思想指导下，当然可以"臣弑其君"。故孟子明确地指出："贼仁者谓之'贼'，贼义者谓之'残'。残贼之人谓之'一夫'。闻诛一夫纣矣，未闻弑君也。"(《孟子·梁惠王章句下》)在君臣关系上，孟子亦明确地指出："君之视臣如手足，则臣视君如腹心；君之视臣如犬马，则臣视君如国人；君之视臣如土芥，则臣视君如寇雠。"(《孟子·离娄章句下》)君臣之间的关系是互为因果的，绝不是单方面的片面义务。范文澜先生在其《中国通史简编（修订本第一编）》中评价孟子的这种思想时认为："孔子在《春秋》弑君书法中，承认国人有权杀暴君。孟子依据孔子及西周时敬天保民的思想，大胆予以发挥，成为封建时代最可宝贵的一种政治理论。"可惜的是孟子思想中的积极因素和敢于"诛一夫"的精神于后儒"无传焉"。但这种"民贵君轻"的生民至上主义使后世的封建君王看来有些触目惊心，故明初朱元璋把《孟子》一书删节成《孟子节文》。

最高统治者利用道家思想防止过热的"挤桥运动"和"积极用世"精神

（对社会的责任感、使命感），视道家思想为淡漠人生的"清心剂"。因为对士大夫阶层来说，绝大多数人是无法真正面对人生的。道家中的庄子之说比老子之说更具有"清心剂"的功效。

两汉时期称道家思想为"黄老之学"，魏晋则称道家为"老庄之学"。由黄老并称到老庄并称这一变化是有着深刻内在原因的。老子讲"无为"，臣民"无为"了，最高统治者正好"有为"。老子的辩证思想，特别是权谋转换之道正是最高统治者的驾驭臣民之道。"将欲歙之，必固张之；将欲夺之，必固与之"的实质是把握时机，促成矛盾向相反的方面转化。不正视矛盾的原因是没有力量解决矛盾，所以静以待变，把握住时机，促成矛盾向相反的方面转化，这是"无为"之中最大的"有为"。故社会矛盾错综复杂之时，明智的最高统治者大多采用老子的治世之道，并不急于"有为"。因为"有为"的结果往往是不但解决不了矛盾，反而激化了各种矛盾，使"火山"爆发。明末的崇祯皇帝如果读通老子的《道德经》，纵不能成中兴之主，大概也不会在景山古槐上结束自己的一生。《道德经》五千言，真是妙不可言。

庄子的学说是从消极的方面进一步发展了老子的思想，把老子对现实的诅咒和不满发展为对人类社会生活和政治生活的厌弃和否定。但这种厌弃和否定并不能改变现实，只能是一种悲观绝望。在悲观绝望之中寻求一种和客观达到平衡的解脱。这种平衡使激愤和诅咒化为乌有，于是和被厌弃、被否定的一切又在平衡之中共存了下来。所以这种解脱是解而不脱，即在不脱离现实的情况下用"逍遥"来解除自己内心的烦恼，烦恼解除了也就可以"悠然自适"了。"悠然自得"和"悠然自适"的区别在于前者是"自足"，后者是"自适"。如果说"自足"大多是主观上的感觉；"自适"则完全是闭起双目的"鸵鸟政策"。

中国封建社会的知识分子对"用世"十分热衷，这种热衷既有来自对社会、对国家、对民族的责任感和使命感；也有来自对功名利禄的追求。但能用世者在仕途之上不能"过热"；不能用世者也要有"甘当分母的精神"，安于当田舍翁，怡然做山林隐逸。对于最高统治者来说，不但需要用世者的心理状态达到平衡，也需要不能用世者的心理状态达到平衡，两个平衡均达到之后，阶级内部也就基本上处于稳定之中，而对现实的解脱正是达到平衡的最佳途径。因为道家学说中的"解脱"永远是"解"而不是"脱"，使诅咒、厌弃现实者和现实共存下来，达到了一种主观上的平衡，实可谓自欺欺人。

中国封建社会里，儒家思想是"显流"、道家思想是"暗流"。从最高统治者的角度来讲，儒家是治世的"宣传教育大纲"；道家是驾驭臣民的"人君南面之术"和保持诸方面平衡的"杠杆"，两者缺一不可。故长达两千多年的中国封建社会里儒、道共存，只不过一显一暗，显者发挥作用在明处，故尊荣显赫；暗者发挥作用在不言之处，亦长传不衰，暗受垂青。

从中国封建社会的发展过程上来讲，儒、道两家也均有一定的积极作用。儒家学说焕发了士大夫阶层以天下为己任的抱负、忧国忧民的初衷、仁者爱人的情怀、威武不能屈的意志、富贵不能淫的操守、贫贱不能移的气节，敢于为民请命、舍身求法，亦敢于慷慨成仁、从容就义。道家的学说使士大夫产生一种洁身自好的傲岸精神，能够和居位不仁的最高统治者、王公显贵、当轴重臣抱不合作的态度。纵然不能"避世"，亦可"避时"。避时从士大夫个人角度来讲是一种明智的选择；从社会角度来讲是对居位不仁者一种消极的抵制；从仕宦之道上来讲更是一种不同流合污的果敢行动。总之，道家学说是令人产生明智选择的"清心剂"。对最高统治者来说防止了臣民赤诚的心"过热"的跳动；对士大夫来说亦防止了功名利禄之欲的过热。在佛教诸大乘空宗未中国化之前，道家学说可以说是唯一的"清心剂"。

论及士大夫及道家思想的影响，绝不可忽视了玄学。玄学家称《老子》《庄子》《周易》为三玄，三玄之说可谓儒道并蓄了。玄学家用道家的思想注释儒家经典，何晏、王弼、嵇康、阮籍、向秀、郭象可为其代表人物。玄学风行于魏晋，这一时期正是九品中正制确立、门阀士族得到进一步发展的时期。文学史上有"老庄（玄学诗）告退，山水（诗）滋生"之说，山水诗首领风骚者是东晋、南朝宋之际的谢灵运。谢灵运活跃在文坛上的时期，正是门阀士族开始走下坡路的时候。由此可见，玄学的形成、发展、衰落和门阀士族的兴衰有直接的关系。黄巾起义被平息在血泊之后，三国鼎立的政局开始形成。这一时期的特点是各种矛盾错综复杂，而且十分尖锐。既有阶级矛盾，也有统治阶级内部不同阶层（豪门地主和庶族地主）、不同集团（魏、蜀、吴）之间的矛盾，而且统治阶级中的各阶层、各集团均无能力解决这些矛盾。所以只有对矛盾进行调和，调和矛盾最好的方法是"上层"无为而治；"下层"无为而处。"上层"和"下层"均能"无为"，社会也就处于相对稳定之中。从"无为"出发，玄学家提出了"名教出于自然""名教即自然"。把儒家的名教和道家的自然结合到了一起，也就是说，儒家的名教合乎于道家的自然，合乎于自然也就是世间所固有的，不能否定。宣称圣人"虽在庙堂之上，然其心无异于山林之中"。意在集儒家的"用世"、道家的"避世"于玄学家一躯。强大、统一、集权的秦王朝"坑儒"。汉初重黄老之学，汉武帝时西汉王朝可以说是达到了空前的强大、统一、集权，故实行了"罢黜百家，独尊儒术"。魏晋时期玄学风行，玄学的实质是糅合儒道达到"无为而治"、"无为而处"、上下皆安的目的。但这个"安"并不是"安然自得"，而是安于现状。在安于现状的前提之下，求得"自适"。由此可见，"坑儒"固然需要实力，"尊儒"也需要实力。汉初及后来魏晋的统治者皆不具备这种实力，所以只能提倡"无为"，一切顺乎自然之道。可是汉初统治者所重的不仅是"黄老"，而是"黄老刑名"之学。"黄老"之道、"刑名"之术是文景之治的实质。魏晋时期阶级、阶层、社会集团之间的矛盾错综复杂，玄学风行的实质是寓"名教出于自然"之中，使"名教"——儒家尊、卑、上、下的礼序成为世间所固有的永恒体。玄学的"顺天知命"说，就是要求"下层"放弃一切"欲望"。这种观点可以说是开宋代程朱理学"存天理，灭人欲"说的先声。从学术观点上来讲，玄学对理学有一定的影响。玄学家讲"无为"，重在"处世之术"。由重"治世"到重"处世"的转变过程中，反映了"无为之道"在实践过程中的无能为力。老子的学说是"无为治世"，庄子的学说是"无为处世"。汉初风行黄老之学，魏晋风行老庄之学。庄子学说从整体上来讲是发展了老子学说中消极的成分。把老子的辩证思想蜕化为不可知论。于是"无为治世"也就蜕化为"无为处世"。

　　玄学家的"顺天知命"说是企图在错综复杂的矛盾之中折中调和，寻找出一条顺时应变的处世之道，在乱世中保全自己。可是何晏、嵇康均成了统治阶级内部斗争的牺牲品。一曲《广陵散》，实可谓玄学家的挽歌。自从汉武帝"罢黜百家，独尊儒术"之后，儒家学说一统天下，对思想界的禁锢之趋业已形成。玄学兴起之后，用道家思想解释儒家的经典，这无疑是对儒家独尊地位的变相挑战。玄学家不但"旷达"，甚至"放荡"，在谈玄的过程之中思想可以说相对解放。嵇康提出"非汤武而薄周孔"之说，这已经不是对儒家独尊地位的变相挑战，而是面对面的"叫阵"了。但从总体上来讲，玄学还是"糅合儒道"，而不是向儒学挑战，通过注释儒家的经典，特别是《周易》一书，把道家思想糅合到儒家体系之中，这说明了玄学家仍然戴着"儒冠"。

五、上人夫与法家

一提到法家，有些人就顾名思义，把"法家"和"法制"联系到一起。甚者竟然有云："西方的法制精神是'在法律面前人人平等'，中国的法制精神是'王子犯法与庶民同罪'。"持此说者可谓谬矣！在奴隶社会里，可以说是没有奴隶主阶级和奴隶阶级均须遵行的法律，在封建社会里才产生了一些地主阶级和农民阶级均须遵行的法律。但孔子有云："刑不上大夫，礼不下庶人。""刑不上大夫"者，大夫绝不会"犯法"也。大夫尚且不会"犯法"，王子又怎么能"犯法"？即便王子犯了法，又怎么能与庶民同罪？商鞅是法家的代表人物，秦孝公时在秦国推行了全面的"变法"，可谓得时、得势一时。但面对太子犯法，也只能惩处太子的两位老师。此例一开，后世循之，直到明永乐时期仍然是太子"犯法"，老师获罪。明仁宗为皇太子时，"遣使迎帝太迟"，太子洗马杨溥"获罪"，下狱达十年之久。《大清律》中，对宗室、觉罗们有减罪的条款。所以说王子不会"犯法"，即便犯法，也不可能与庶民同罪。正因如此，才产生了"王子犯法与庶民同罪"之说，此说是中国人在封建社会中的一种向往。但那时不但没有实现过，也没有见诸任何封建王朝的律条之中。可以说实际上、形式上均没有存在过这种"法制精神"。但在历史上又确有太子（皇子）"死于法"的记载，太子（皇子）死于法是由于犯了"谋逆罪"，太子（皇子）只要不"抢班夺权"，是不会触犯"谋逆罪"的。即便是犯了"谋逆罪"之外的法，任何"法司"也不可能将其治罪，更不用说与庶民同罪了。

法家初始于战国初期的李悝，中经战国中期的商鞅，至战国后期的韩非方集法家之大成，形成了"法""术""势"的完整体系。韩非明确地指出："法者，编著之图籍，设之于官府，而布之于百姓者也。术者，藏之于胸中以偶众端而潜御群臣者也。故法莫如显，而术不欲见。"所以"君无术则弊于上，臣无法则乱于下，此不可一无，皆帝王之具也"。所谓的"势"，也就是君主手中的实力和权力。"万乘之主，千乘之君，所以制天下而征诸侯者，以其威势也。威势者，人主之筋力也。"由此可知，"法""术""势"三者有机地结合起来，构成了一套完整的"人君南面之道"。"法"是目的，"术"是为了达到目的所使用的手段，"势"是使手段得逞所必须拥有的实力和权力。

最高统治者"居其位"，当然也就"据其势"了；身为独寡当然是"言出法随"，是法律的制定者。所以"法"和"势"对最高统治者来说并不重要，受到垂青的是"藏之于胸中以偶众端而潜御群臣"的"术"。这本是不可泄露的"天机"，可是韩非将其布之于竹简。秦始皇见到韩非的著述后表示："寡人得见此人而与之游，死不恨矣。"但韩非到达秦国之后，却被投入狱中，在狱中被迫自杀。

商鞅被车裂，韩非遭狱毙，皆不得善终。而"法""术""势"之说也说得太"透"、太露骨了。所以最高统治者"藏其术而狱毙其人，岂不宜哉"。韩非之后法家似乎没有传人。后世所谓"酷吏"者，也难以称其为法家。但封建帝王，可以说均是儒表法里的角色。因为法家的"法""术""势"构成了完整的"人君南面之道"。但法家奉献给人君的"南面之道"，也启发了人臣的"北面之道"。可谓"以其人之道还治其人之身"。人臣北面之道的"法"是忠君，"术"是媚君，"势"是蔽君。

人臣之中也不乏儒表法里的角色，溯其因可以说法家是由儒家分化出来的。孔子死后儒家"一分为八"，战国时又"合八为二"，形成了孟子、荀子两大派。孟、荀之间最原则性的分歧是孟子主张性善，荀子主张性恶；孟子主张法先王，荀子主张法后王。产生这种变化的原因有两点：从学术发展的角度来说，孟子生活在战国中期，其时，法家尚未形成大气候，其学说不可能影响到儒家。从政治形势的角度来讲，战国中期兼并图存的战争方兴未艾，总体形势尚未见分晓，所以孟子还有可能坚持自己的观点，试图说服"人主"，把自己的"仁政"说付诸实践。荀子生活在战国后期，法家在百家之中的影响业已形成，商鞅变法之后，秦国迅速崛起，"实践是检验真理的唯一标准"，政治上的大气候已归属于法家，结束战国以来"诸侯异政，百家异说"的局面业已成为不可抗拒的大趋势，荀子的学说只有适应这个大趋势才能不被时代所淘汰。孔子、孟子均率弟子周游列国，游说的结果均是遗憾地回到家乡继续当教书匠，一面课徒，一面著书立说。孔子、孟子周游列国四处碰壁不为"人主"所用，但在政治上仍然坚持自己的观点；在学术上不修正自己的见解；在为人之道上不放弃自己的立场。

　　为了自己的信仰可以去周游列国以求大用，为了自己的信仰也可以穷归故里著书授徒以启后世。由此可见，这两位老夫子虽然有点儿"迂"，但其风、其节足可楷模后世，和苏秦、张仪之辈实不可并世而语。前者为了信仰而奔走游说，故其在游说过程之中不会改变自己的政治观点、学术见解、为人的立场；后者为目的（相位）而游说，政治观点、学术见解、为人立场也就均成了"手段"，为了目的不但可以不择手段，更可以变化手段。这正是"国士"和"附士"的区分，国士考虑问题的立足点是国家、社会、民族；附士考虑问题的立足点是个人。为了国家、社会、民族，国士敢当，也只能当顶天立地的巨人；为了个人，附士敢附，也只能阿附于各级统治者。

　　荀子生活在战国后期，政治上兼并图存、学术上百家争鸣的局面已是"一局残棋"，快要收场了。孔子、孟子的学说尚且被"人主"视为"迂远而阔于事情"，也就是说，无济于兼并图存的燃眉之急。"人主"所需的不是"为民立基"之说，而是"立竿见影"之术。荀子在战国后期的大趋势之下，如果再发"迂论"也就不必去周游列国了。所以荀子适应发展了的客观形势，对儒家的传统观点做了一系列的修正，使之顺应时代的潮流。在最高统治者听来，"法后王"比"法先王"要入耳，因为"法后王"是给自己唱赞歌。"性恶"比"性善"要中听，因为"性恶"是实行"法治"的依据。韩非是荀子的学生，为了进一步适应最高统治者的需求，韩非抛弃了"儒冠"，向最高统治者奉上了"法""术""势"的"人君南面之道"。而"法""术""势"的"人君南面之道"又启发造就了"人臣北面之道"。如果说中国封建社会的人君大多是"儒表法里"的谋夫，那么中国封建社会的人臣也不乏儒表法里的佞臣。这也无足为怪，有其君必有其臣，人君需要以儒家学说为育民的"宣传教育"大纲，人臣也需要以儒家学说为媚君的"宣传奉上"大纲。"挂羊头卖狗肉"是中国封建社会里"人君""人臣"的共同"方法论"。

六、士大夫与农家

绝对平均主义是"弱者"的一种向往，因为"弱者"不可能"多占"（攫取别人的劳动成果），所以就希望"平均"。"平均"的实质是保护自己的劳动成果不被"强者"所攫取。绝对平均主义是一种幻想，是不可能付诸现实的，但在中国却颇有市场。言其有市场是有人公开为其高声呐喊，有人暗中为其谋求实行。公开为其奔走呐喊的是农家，暗中为其谋求实行的是儒家。

因为中国封建社会是建立在自给自足的小农经济基础之上的，绝对平均主义虽然是一种幻想，但确实代表了小农的利益。经济基础中的要求，必然会在意识形态领域得到反映。

中国自秦在郡县制的基础之上进一步统一之后，历代封建王朝均实行重农抑商政策。原因是春秋、战国时期商业出现了空前的繁荣，商人的势力迅速地发展了起来。商人凭借着丰厚的物质财富在政治舞台上要占一席之地，代表地主阶级利益的封建王朝不容许商人分享剥削农民的"专利"。所以士、农、工、商，士居首，农居次，商居末。士大夫以"耕读传家久，诗书继世长"相标榜，士大夫和农民之间的关系并不复杂。首先，农民是士大夫阶层的剥削对象，而且这种剥削已经获取了一定的"特许专利"。所以士大夫阶层为了自身的利益，要保护自己的剥削对象，希望封建王朝实行"养鸡取蛋"的政策。其次，士大夫和农民之间并没有一条"鸿沟"，士大夫是能上达但不能顺利上达的阶层，同时也是怕下降但有可能下降的阶层。士大夫和农民虽然分属于不同的阶级（地主和农民），分属于不同的社会集团（脑力劳动和体力劳动），处于对立之中，但两者之间在政治、经济利益上又有着千丝万缕的联系，其微妙之处可谓分不开、斩不断、理还乱。

农家的代表人物是许行，许行及其弟子均不务农，以打草鞋、编席子为生。但其思想体系却反映了战国时期农民的要求。西汉时期的刘歆和东汉时期的班固均认为"诸子百家"主要指儒、道、阴阳、法、名、墨、纵横、杂、农、小说十家，并以许行为农家的代表人物，这种观点可以说是入木三分的"透辟"。

儒家的代表人物孟子称许行为"南蛮𬶍舌之人"。其实许、孟之间的矛盾主要是"君民并耕"之说，因为"君民并耕"说必然导致"士农并耕"论。许行否定体力劳动和脑力劳动的分工，激怒了"四体不勤，五谷不分"的孟老夫子。于是"教书匠"和"编织匠"之间发生了激烈的冲突。其实，许行的"并耕"说代表了农民不现实的要求，但不现实的要求在各个历史时期均能通过不同的形式反映出来。最直接的反映是唐以后历代农民起义军所提出的"平均"主义口号。

孟子的"仁政"说在统治阶级内部最能代表农民的利益，这位老夫子主张给予农民"百亩之田""五亩之宅""制民恒产"，使农民"死徙无出乡"。并在法律上承认农民的"土地使用权"，限制土地兼并。孟子的仁政说在不同的历史时期均有所反映，最直接的反映是唐以前历代封建王朝的"均田"政策。由统治阶级实行"均田"，由于生产力的发展、人口的激增，在唐以后已经没有实施的客观可能，所以唐以后的农民起义军喊出了"平均"的口号，由唐末的黄巢一直喊到清末的洪秀全。

任何封建王朝的最高统治集团从主观上、客观上均不可能实行"均田"，也不会实行"均田"。农民起义军虽然喊出了响亮的口号"等富贵、均贫贱"（北宋初年王小波起义的口号），要"杀尽不平方太平"（南宋钟相、杨么起义的口号），要"均田免赋"（明末李自成起义的口号）。农民起义军在揭竿而起的时候或许有"杀尽不平"的气概，但在胜利进军的过程中却又制造了许多新的"不平"。历史上的任何农民起义军都没有实行过，也不可能实行所谓的绝对平均主义。

　　许行的学说代表了农民的要求，可是这个要求永远不可能实现。历朝历代的农民为了实现自己的这一主张付出了血的代价，但只能是一次又一次的上演悲剧。孟子的仁政说在统治阶级中代表了农民的利益——保护自给自足的小农经济，但客观上却停滞了生产力的发展。因为不打破小农经济，商品经济就得不到发展，生产力也就只能停滞在铁犁牛耕的水平之上。生产力得不到发展，"仁政"也就成了画饼，儒家也就只好用"不患寡而患不均"的理论来平衡社会矛盾。

　　孟子和许行是百家争鸣中的"论敌"，但儒家和农家的学说又有着千丝万缕的内在联系，言其"内在"是农家的要求和儒家的"农民政策"两者之间有一种内在的趋向——平均主义。这种趋向可以说影响了中国社会发展的进程，当然也就影响了整个士大夫阶层的政治倾向。

七、士大夫与杂家

（一）名厨与名相

　　杂家之说西汉就已经出现，刘歆认为诸子百家可综汇其说为十家。杂家以《吕氏春秋》一书为代表。《吕氏春秋》一书不但很"杂"，而且没有在杂的基础之上形成自己的思想体系，可以说是一个先秦诸子的"超级大拼盘"。拼盘虽然没有独具特色的风味，但颇具"兼味"，是厨师弄不清食客的口味，所以盛宴的第一道菜往往是拼盘，拼盘撤下来后，厨师对食客的口味可以说是有一定了解了。再上菜，一定会使食客"闻香动欲，阅目赏心"，极尽口腹之美。

　　第一道菜是拼盘，厨师在设计拼盘时心中总得有个大方向，如食客喜欢吃川菜，那么拼盘中绝不会呈上粤菜的风味，但一定会让湘菜中的佳肴在拼盘中显露风采。一旦食客对"新品种"垂青，厨师的身价当然也就会倍增，按"新品种"的风味进一步呈上各种佳肴，一定能成为"天下名厨"。中国古有"宰相调羹"和"众口难调"之说，其实宰相虽名为亿人调羹，实为一人调羹。因为宰相身居亿人之上、一人之下，调出的羹来只要对"一人"的口味即可永享荣华富贵，至于"亿人"的口味，似乎可以忽而略之。

因为羹系"合众物而煮之"，不论如何"调"，也只能是"一味"，不可能是"兼味"。故宰相调羹既难也不难。调出来的羹让"一人"和"亿人"均能认可，确实是件难事，若能让"一人"和"亿人"均能满意，则难于上青天。

如果调出的羹来只让"一人"满意，则并非难事，投"一人"的所好也就行了。所以宰相调羹——先上"拼盘"，摸清"一人"的口味。中国人的宴席上菜顺序和欧洲人相反，西餐第一道菜是汤，中餐是拼盘。由于拼盘系用加工好的凉菜组合而成，故又称为"冷拼"。中国剧院的表演顺序和欧洲也相反，西方是"大轴戏居首"，中国是"大轴戏在后"。两者截然相反的原因概而言之：中国人"含蓄"，其性格像茶，更像一杯清茶，越饮越醇、越饮越酽；西方人"奔放"，其性格像酒，更像一盅烧酒，举盅入口香辣四溢。所以中国人是"好菜留在后头吃，好戏留在后头看"。"重头在后"的妙用是使整个过程有了调和、回旋的余地，而且"重头"也是可以"调整"的，免得"重拳头出手——收不回来"。

先上拼盘后上汤，是中国名厨的成名之道。先上拼盘即可摸清食客的口味，但人的口味也是可以改变的，通过十几道、几十道、上百道菜的"系列引导"，食客完全有可能改变入席时的"所好"，沉浸在名厨安排的压桌大菜——汤的色、香、味之中，赞不绝口。久而久之，食客也就离不开这位名厨，否则将"无下箸之处"，造成"食难果腹"之虞。

中国宰相的成名之道颇与厨师成名之道相同。不知是相爷受了厨子启发，还是殷商贤相伊尹本身就当过厨子。《史记·殷本纪》载：伊尹"欲奸汤而无由，乃为有莘氏媵臣，负鼎俎，以滋味说汤，致于王道"。故名相和名厨也就产生了历史上的内在联系，形成了"盐梅相成，调和鼎鼐"之说。名厨、名相的成名之术均是巧妙地利用了"拼盘"，但能在"冷拼"上露一手也不是一件容易的事。首先是要"杂"，以名厨而论，要"八大菜系"均通晓；以名相而论，要诸子百家均精通。具备了上述条件，摆冷拼时才能"信手拈来色香俱佳"。囿于一系一家者是摆不成冷拼的。拼盘被称为冷拼的原因是为区别于热炒。不同的原材料即便均是熟食，一旦重新加热也就会"诸味贯通"，并在诸味贯通的基础之上形成自己的特色。特色一旦形成也就失去了折中、调和、回旋的余地，食客吃起来不对口味，名厨也就不可避免地要承担后果。冷拼未经过加热的程序，食客欣赏，名厨立即照味赶制，食客不欣赏，名厨可以说"首次引进，下不为例"。冷拼之妙真是妙不可言。不但寻来全不费功夫，而且有功则居之，有过则委之。其次是拼盘上的佳虽然均是成品汇集，未经自行加工，但总要有个总体趋势，才能在食客面前"不犯方向性的错误"。不论是"诸子百家"还是"八大菜系"，均有邻家、邻系，所以名厨、名相在"通晓"诸家、诸系的同时，还要糅合贯通"食客"所好邻家、邻系，在"大方向一致的基础之上实行大联合"。不是真正的"杂家"，绝不可能成为"通家"，故"杂而通"亦是名厨、名相的成名、保名之道。

（二）思想杂与学问杂

先秦时期的杂家，主要是思想上杂；后世所谓的杂家，主要是学问上杂。因为董仲舒之后从形式上来讲，"读书人"均戴上了儒巾。其实，学问杂也可以说是思想杂的一种反映。"两汉"以后，士大夫心目中的诸子百家已经不是治世之道的哲学体系、思想体系，而是一种"学问"。士大夫的治学之道是广涉博采，把先秦的诸子百家和后兴的佛、道二教均当成学问，既是"学问"当然要涉猎一下，涉猎的目的只是进行探讨，既不是崇信，更不是皈依，但在涉猎的过程中也就难免受到影响，成为思想上的"杂家"。但后世所指的杂家，从总体上来讲已不是思想上的杂，而是指学问上的杂，也就是治学之道上的杂。

治学之道上的杂家于经史子集、诗词歌赋、琴棋书画、金石甲骨、版本目录、典章制度、辨伪考真、天文地理、文字音韵、算术物理、星象历法、水利河工、矿脉冶金、林木鱼鸟、医药农桑等诸科、诸门无不涉及。

由于董仲舒以后知识分子均戴上了儒巾，治学之道上的杂者也就被称为"杂儒"，以区分"非儒经不读，非朱注不诵"的"纯儒"。由此看来，"杂儒"的肚子里多少还有些经世致用的真学问；"纯儒"的腹中只有"四书""五经"，只会背"朱注"，只研习八股文的起、承、转、合，除此以外别无他术。如果普天下的士大夫均是所谓的"纯儒"，那么中国封建社会真可以成为一具保持得最完好的"木乃伊"，这正是历朝历代的孤家寡人所梦寐以求的。正因士大夫不乏"杂儒"，在儒冠下仍然存留了几分诸子百家。中国封建社会在长期停滞之中才能有所缓慢地发展，中国的传统文化才能如此丰富多彩。

视杂家为"杂儒"。其实，杂家是"通儒"的初成。"通儒"者，"学而不迂"。学而不迂也就难愚，所以"通儒"在"通"的过程之中认识了别人也认识了自己。认识别人和认识自己是相辅相成的，认识别人才能更好地认识自己，真正地认识了自己之后才能真正地认识别人。认识别人、认识自己均须在"杂"的基础之上，在"杂"的比较之中进行。

"通儒"在治学道路上读自己的书、说自己的话、写自己的文章、著自己的书，在人生的历程之中当然也就应该走自己的路。但两千多年以来，士大夫的脚下可以说是没有自己的路。"通儒""学而通"，对于"以往的路"是知道怎样走过来的，但对"未来的路"实不知如何走下去，因为他们毕竟是"儒"。但是，一旦客观条件发生了变化，"通儒"是会立即振起奋跑的，但最可悲的是在奋跑的过程中，总难告别过去。这也不足为怪，在学而"通"的过程中，对过去的轨迹太清晰了，烙印太深了。

综汇本章所述，士大夫源自诸子百家，后虽均戴上了儒冠，但在儒冠之下仍然存留着几分诸子百家。这种存留既是政治上生存、发展的需要，也是学术上的影响和承袭。最高统治者希望士大夫均是董仲舒之后的"纯儒"，但董仲舒本人就是个典型的"杂儒"。人君有南面之道，人臣也就只能有北面之道。人君的"南面之道"和人臣的"北面之道"合二为一，组成了中国封建社会的"为政之道"。诸子百家"殊途同归"，诸子百家"殊途难于同归"，二者合二为一组成了士大夫的处世之道、治学之道。其微、其妙，尽在不言中。

第二章

缠足跋涉两千年——秦统一以后的士大夫综论

　　中国恶俗大概莫过于妇女裹小脚了，"三寸金莲"是明清两朝的时尚。女人裹小脚后，举步维艰，只能当"屋里的""炕上的"，这当然是村民俗夫对妻子的称谓。士大夫对妻子的称谓要文雅得多，内子、内人、糟糠、荆钗、夫人……丈夫不遇，"糟糠不厌"。若夫君得道，夫荣妻贵。

　　中国女人裹小脚，有文字记载可考的历史当始自南唐孔贵妃，不过千余年的历史。女孩子童年时是天足，可以追逐跑跳，行将进入少年时就给裹上小脚，以防变成"疯丫头"。因为"疯丫头"都是"大脚婆"，不好管。中国士大夫的"缠足"史比中国女人的缠足史要悠久得多。只不过士大夫被缠足不是缠裹躯壳之足，而是缠裹灵魂之足。春秋、战国时期是士大夫的童年，当这个充满生机的小姑娘行将进入少年之际，不幸的命运就降临了，被两根"大棍子"（秦始皇"焚书坑儒"，以吏为师；汉武帝"罢黜百家，独尊儒术"）打昏后，用三条"裹脚布"（察举征辟制度、九品中正制度、科举制度）把活蹦乱跳的小姑娘的一双"天足"裹成了"小脚"。"三寸金莲"在历史的征途上艰难地跋涉了两千多年，中国封建社会也徘徊了两千多年。缠足女人苦，缠足男人更苦，因为男人缠足后步履艰难，但还要当兼济天下的伟丈夫。男人的形象高大，是小脚女人站不起来，跪在地上比夫君矮了半截儿；封建君王的高大，则是缠足男人也站不起来，跪在地下。但跪在地下还要积极用世，硬要挺胸昂头"安社稷，济苍生"。

第一节　两千多年的大徘徊

春秋、战国时期是中国古代社会发生深刻变革的时期。春秋、战国时期可以说奠定了中国文化和学术发展的基础。翻开华夏文明的史册，大部分传统文化和学术思想是在这一时期产生的。而在两千多年的发展过程中，似乎难以冲破在这丰厚的基础之上所建立起来的格局。中国是世界上封建社会最漫长的国家，中国封建社会长期停滞不前的原因很多，溯其因是铁犁牛耕造成的生产力和农业发展的比值在整个封建社会时期均未有多大变化。战国时期，人均粮食的占有量已达六百斤，秦汉以来漫长的中国封建社会里，中国的人均粮食占有量始终在这个数值上下波动。这个数字虽然是专家学者推算出来的，不是历史文献的直接记载，但对洞悉中国封建社会发展的历史还是有着重大意义的。因为在生产力长期停滞不前的情况下，上层建筑领域中的文化和学术思想的发展难以冲破在春秋、战国时期所建立起来的格局也就不足为怪了。本节所揭示的就是中国封建社会徘徊、停滞的原因。

一、经济上停滞不前——不患寡而患不均

儒家思想在西汉以来一直处于绝对的统治地位，儒家在先秦时期就反对"趋利"，认为"天子不问有无，诸侯不言多少"方是垂拱而治的泰安之策，仿佛尧舜之民都是遵礼从义不食人间烟火的圣人。治国之道"不患寡而患不均"，"寡"就是生产力低下，"均"就是如何分配。儒家的"均"当然不是绝对平均主义，而是在等级制度的前提之下，对社会的物质财富如何进行分配。分配的原则是统治阶级中的各阶层和被统治阶级中的各阶层都能容忍的限度。

如果统治者"患寡"，自然就要"趋利逐末"（发展工商业）。末业的发展就会"伤农"，破坏自给自足的小农经济。也就是说，剥削农民是封建统治者

的"专利"，不能让工商业者染指。在这种思想的指导下，历代封建王朝执行了以下政策。

（一）重农桑——保持最原始的小农经济

历代封建王朝均力求把农民束缚在土地上，组成八口之家，男耕女织，形成一个生产单位，有效地发展自给自足的小农经济，为统治者提供赋税和力役。把农民束缚在土地上最好的方法就是让农民和土地有效地结合起来，成为守土重迁的"地著"之民。对最高统治者来说，让农民成为"地著"之民，是通过法律的形式分配给农民一块土地（部分可成永业田），让农民有土可守，在有土可守的情况下，当然也就重迁了。农民和土地有效地结合起来后，租、庸、调的收取也就有了保障。故许多封建王朝均实行过课田制、占田制、均田制。唐以后由于人口增长，封建王朝不可能再实行"均田"，于是就奖励农民垦荒，不但开垦后的田可为永业，而且可以享受一定年限的优惠政策，免除新垦田的田赋。但是，"太平之时"内地已无荒可垦，故收效不大。

唐代的均田制和租庸调制，无疑是盛唐之世的经济基础，也是在自给自足的小农经济基础之上推行的重农政策的最后辉煌，中国封建社会的发展，盛唐可以说是巅峰时期。"开元盛世"一去不复返，说明了均田制只能退出历史舞台，因为在土地已经成为商品的情况下，随着经济的发展和人口的增多，土地兼并是不可避免的正常现象。封建王朝无田可均就使儒家的重农思想、重农学说变成了纸上谈兵的说教，根本无法对号入座。"理学"和"心学"都是在儒家学说和现实无法对号的情况下畸形的发展、扭曲的延伸。大小地主兼并的巨额土地均切割成许多小单位，用租佃的方式让农民耕种，仍然是自给自足的小农经济。在这种情况下，土地集中只是集中了所有权，并未松动自给自足的小农经济。从社会发展的角度来看，土地兼并可以打破自给自足的小农经济，但中国封建社会的土地兼并，只是破坏封建王朝对农民的直接控制，减少国家的田赋收入。所以封建统治者在重农桑的旗号下实行抑制工商的政策，防止工商业者加入兼并土地的行列，这是中国传统重农思想的实质。

（二）抑工商——抑制在末业的基础之上产生异端思想

商鞅变法首开抑商政策之端。秦统一后，统一了货币、度量衡，统一了税收。修驰道、车同轨，畅通了商路，在客观上有利于商业的发展，但仍然继承了"尚农除末，黔首是富"的抑商政策。"汉承秦制"，把抑商作为一项巩固统治的国策。在法律上贬低商人的社会地位，在经济上加重商人的负担，出告缗令，直接没收商人的财产。汉武帝时期又制定了更加严格的盐铁专卖制度（由生产到销售均由国家控制垄断），并把专卖制度扩大到酒类。同时制定了调剂物资余缺的"均输法"、平抑物价的"平准法"、平抑粮价的"常平仓"，几乎把全部商业活动都置于国家的控制之下。汉代开辟丝绸之路，打通了国际商道，但贸易不是双方民间的自由贸易，而是在政府严格管控之下的官营贸易，违犯者处以极刑（处死）。唐朝把专卖制度扩大到茶，宋又把香料、石炭、醋、矾等物品列入专卖，凡有利可图者，几乎囊括无遗，干预经济和商业活动的机构繁多，如榷货务、博买务、市舶司、市舶务等。明朝几度严行海禁，"寸板不许下海"，实行朝贡式的海外贸易。清朝在鸦片战争之前实行闭关锁国政策，于广州设十三行，垄断海外贸易。在明清两朝的限制政策之下，我国工商业者开辟海外市场的可能性变得极小。在国内发展的余地也几乎没有，矿禁——禁止聚众开矿，山禁——禁止入山垦荒，边禁——禁止私自移边谋求发展。工商业者要把手中的游资投入新的生产、经营领域可以说是十分困难的。

中国的工商业者长期在抑商政策的压制之下，只能视经营工商业为发家致富的手段，也把工商业视为"末业"。致富之后就要"逐本"，故所获之利大部分不投入再生产（也不可能大部分投入再生产，因为封建王朝对生产规模有种种限制，如限制织机的数量、开矿的人数等），而是用于兼并土地。在这种情况下，工商业的生产和经营规模大多停留在"前店后坊"的水平，自产自销，类似农村中的小农经济，依附性很强，也就更谈不上摆脱封建制度的束缚了。西欧封建社会里，以工商业者为主体的市民阶层是封建领主的对立面，城市是在摆脱封建领主控制过程中发展起来的经济、政治、军事的实体。所以，"城市的空气都是新鲜的"。在充满了生机的城市中产生了新的生产力、新的生产关系、新的科学技术、新的文化、新的思潮，猛烈地冲击着封建制度，文艺复兴运动就是在这种情况下诞生的。中国的工商业者是封建地主阶级的附庸，在漫长的封建社会里一直没有成为一支独立的政治力量。

中国的城市是在军事中心、政治中心基础之上形成的消费中心，是封建制度的堡垒。新文化、新思想不可能以工商业者和城市为依托迅速地发展起来。这是儒家思想能在两千多年里"独尊"的关键所在——没有产生新思潮的生态环境。

（三）斥淫巧之物——科学技术由领先到落后

工商业被封建统治者视为"末业"，科学和技术则被斥为"淫巧之物"。中国古代的科学技术在世界科学史上长期处于领先地位，但科学和技术的成果得不到推广和应用。失传之后再"发明""创造"的事例实不罕见。

圣人们理想的社会里"邻国相望，鸡犬之声相闻，民至老死，不相往来"。为了保持最原始的小农经济，"抱瓮灌园"受到赞许，使用"桔槔"（杠杆）竟遭到痛斥。在这种思想指导之下，中国是四大发明的故乡，但不是，也不可能是蒸汽机的故乡。尽管东汉初期水碓、水排已见诸史载，但直到十九世纪八十年代，愚儒朽宦们仍斥火车为"淫巧之物"，极力反对修建铁路。认为木轮牛车行驶起来既稳当又方便，"无须假外洋之淫巧"即可"交通九州"。在汽笛的长鸣声中发此高论，实可谓悲夫。

二、思想上停滞不前——先秦时期的种子库

翻开中国思想史，似乎所有哲学体系、思想体系都可以追溯到先秦时期。学术思想具有承袭性是正常的现象，但后学总难以超越前人的体系，前人独领风骚，则是后学不兴、后进乏人了。后学不兴、后进乏人的原因很多，从哲学思想体系中探讨是先秦时期的种子（封建社会的胚胎）一直没有遇到发生变异的土壤。

（一）百家争鸣到儒学独尊

战国时期，儒、道、墨、法、名、阴阳、兵、纵横、农等百家争鸣，诸子各显其学、明其说、宣其理。汉武帝时，"罢黜百家，独尊儒术"。由百家争鸣到儒学独尊的过程，也就是中国思想界由百家争鸣到走向万马齐喑的过程。"以孔子之是非定是非"，后学者只要能重复先圣之言，也就"笃道不惑"了，故"半部《论语》"就可以治天下。直到明朝万历时期，李卓吾才发出了"咸以孔子之是非为是非，固未尝有是非耳"，六经、《论语》《孟子》，"不过因病发药，随时处方"，"岂可遽以为万世之至论乎"？

（二）难以产生变异的土壤

《晏子春秋》有云："橘生淮南则为橘，生于淮北则为枳，叶徒相似，其实味不同，所以然者何？水土异也。"此论精辟地说明了任何事物都会随着客观环境的变化改变自己。中国漫长的封建社会里天不变、道不变、法不变……溯其因，产生"天""道""法"的经济基础没有变，儒学的正统地位没有变。自汉武帝"罢黜百家，独尊儒术"之后，儒学的正统地位一直没遇到挑战。孔、孟遗留下来的种子，年年、代代、朝朝播种在难以发生变异的土壤里，儒根越扎越深，在儒家这棵参天老树的遮盖下，凄凄小草实难独显青绿色的生机，也就更谈不上苗壮成长和老树竞阳光、争水分了。

三、天朝——四塞之国的大天地

（一）居天下之中而抚四夷

"中国者，居天下之中也。"故称周边地区为"四夷"。蔑称周边地区为"四夷"，在古代也绝非夜郎自大，因为"中国"在幅员、人口、政治、经济、文化诸方面确实均优于"四夷"。这种绝对优势不仅是统一的盛世所具有，就是分裂时期也没有完全消失，所以长期以来"中国"以天朝自居。从地理位置上来讲，天朝是个四塞的大天地。东南濒临一望无际的太平洋，在古代科技条件的限制下，望洋兴叹绝非虚语，故在浩瀚的太平洋沿岸不可能演出地中海之滨的史剧。东北与西伯利亚无人区相连接；西北是令人望而生畏的"死海"大漠和戈壁；西南耸立着常年积雪的喜马拉雅山，是飞鸟难逾的世界屋脊。"天险"把中国和世界上其他区域隔绝起来，在前蒸汽时代华夏子孙就囿于"九州"这个大天地之中。

九州之地土壤肥沃，气候温和，四季分明，是地球上最早进入文明社会的区域，华夏子孙在这片土地上创立了令世界瞩目的农业文明。中国的生态环境和气候特点平和有序，大自然的温和使在这片土地上居住的人们很难产生生存斗争的紧迫感。由于周边地区的地理环境和自然条件均属"花不香，鸟不鸣"的地区，在"采菊东篱下，悠然见南山"的文化基调中成长起来的"中土之士"，确实无意于向大漠、荒滩、高山开拓；更无意于驾帆弄舟挑战茫茫的太平洋。人们所追求的是"五亩之园""百亩之田""八口之家"安居乐业的小康生活，向往的是"衣帛食肉"水平的温饱。生怕外来者打破这种悠然自得的宁静与平和，所以筑长城，甘于、乐于囿于九州之中，所谓的"盛世"对周边地区的冀望也就是"万邦来朝"的虚礼，绝不向蛮夷开拓、索取。"居天下之中而抚四夷"的"抚"字，最能说明"泱泱天朝"的心理状态。

（二）丝路——朝天可汗之路

翻开世界探险史，无论是苏联还是欧美各国的版本，第一章均是中国西汉时期张骞出使西域。汉武帝在中国历史上称得上是一位雄才大略的皇帝，颇有开拓进取精神，他派遣张骞出使西域，并在《求茂才异等诏》中宣称"非常之功，必待非常之人""茂才异等可为将相及使绝国者"。汉武帝打通了丝绸之路，东汉班超"都护西域三十六国"。可是丝路的开通并没给中国社会带来多大的影响，"年年战骨埋荒外，空见葡萄入汉家"固然是诗人的感叹，但从历史学家的角度来说，也实难从丝路的开通上找到西域（阳关、玉门关以西地区，中亚、西亚及欧洲地区的泛称）对中国的经济、政治、文化产生的直接影响。因为丝路为朝廷所控制和垄断，历代封建王朝严禁国人"自弃王化"，异域之士前来"中土"又受到严格的限制。在这种情况下，不但"春风不度玉门关"，同时也是"春风难入玉门关"。封建统治者开通丝路的目的不是开展经济、文化上的交流，而是开通了一条"朝天可汗之路"。唐人玄奘西行求法，由于行前未获朝廷批准，归国后在酒泉上书唐太宗，待罪听候处理。

纵观一部中国古代史，在中外交流中对中国社会产生了一定影响者，唯佛教的传入而已。伊存、安世高、支谶、佛图澄、鸠摩罗什、达摩等东来；蔡愔、法显、义净、玄奘等西去。佛教的传入确实对中国的文化、思想、哲学造成了一定的冲击，但只是"微波一荡"，几度回澜之后，佛教完全中国化了。北宋初期《百丈清规》的制定，说明佛教已完全"拜倒"在皇权脚下，把自己的传教、布道活动纳入了不触犯儒学纲常的轨道，在完全圆通的前提下求生存和发展。

（三）郑和与哥伦布

在世界航海史上，郑和与哥伦布都留下了自己的业绩。郑和下西洋早于哥伦布发现北美大陆六十余年，而且郑和比哥伦布要阔绰得多。三宝太监下西洋的庞大舰队拥有二万五千多名官兵、六十二艘"宝船"。所谓宝船，就是宽十八丈、长四十四丈的无敌巨舰，在当时确有踏平西洋万里浪的气派。

相比之下，哥伦布就显得十分寒酸了，几度奔波才凑足了航海的费用。舰队由一艘一百二十吨和两艘六十吨的帆船组成，航行在茫茫大西洋上，可称为一叶扁舟。但两者的指导思想不同，航行的目的不同，所以结果也截然不同。郑和下西洋的直接目的绝不是寻找建文帝，因为永乐帝在天下已定的情况下，即便是建文帝复出也无关大局。郑和七下西洋的直接目的是"宣国威于异域""召万邦朝贡共主"。所以这支世界上最强大的舰队在异域进行了七次和平大游行，只是亮亮相、风光风光而已。海外万国来朝的结果是弄得明王朝国库空虚，故明宣德以后明廷已经无力再扬帆出海、耀兵异域了。哥伦布相信地球是圆的，其航海是为了绕地球一周到达中国、日本、印度……向海洋挑战的实质是圆他的黄金梦，是向海外扩张、掠夺、殖民。郑和航海只是给明王朝的宫廷之中增添了海外的珍奇物品，当然在客观上也扩大了中国在东南亚、西亚乃至非洲地区的影响。但随着庞大舰队的消失，这种影响也逐渐淡化，以致消失了。

（四）走出中国国门的中国人与走进中国国门的外国人

在漫长的封建社会里，走出中国国门并留下著述的中国人不多，屈指算来，除西行求法的僧人，费信（《星槎胜览》）、马欢（《瀛涯胜览》）、巩珍（《西洋番国志》）、图理琛（《异域录》）、杜环等人均在"九州"之外开过眼界，但其著作可以说没有造成什么影响，更没有激发出中国人向"异域"开拓进取的憧憬与豪情；走进中国国门并留下文字著述的外国人更少。中国人的著述均流传不广，甚至已经失传，其原因主要是中国人对"异域"并不感兴趣，而且戴着有色眼镜进行观察，多有贬义和微词。外国人的著述以意大利旅行家的《马可·波罗游记》为代表，对中国、对东方极尽夸颂之能事，在国内外广为流传，至今仍是出版界的长销书。两者截然不同的原因是中国人以天朝自居，对"四夷"当然是不屑一顾，在这种心理状态之下，"出国考察"也就起不到"吸收引进"的效果。外国人到中国来的目的十分明确，宗教人士是为了传教；胡商、洋商是为了发财；遣唐使是为了学习考察后回国致用……总之，不同的目的、不同的心态，使主观拥抱了客观；在拥抱的过程中，客观也就为主观服务了。

当蒸汽机驱动的铁甲战舰出现在中国大门口，耀兵定城下之盟、城内之盟的时候，走进中国国门的外国人变了，视中国人为"东亚病夫"。走出中国国门的中国人也变了，认为"中国的月亮没有外国的圆"。

第二节　君为臣纲

一、统一与集权

（一）一统金瓯

《禹贡》一书的成书年代最迟是战国时期，该书中的"九州"即冀州、兖州、青州、徐州、扬州、荆州、豫州、幽州、雍州，和"中国"可以说是同一概念。秦始皇统一中国，应该说是在郡县制基础之上的进一步统一，给统一增添了新的内容。在秦统一之前，诸民族同源同祖之说古已有之，《礼记》等文献中均载有太昊赐炎帝姜姓，炎帝赐黄帝姬姓之说。炎、黄二帝共祖太昊。故班固《典引》中云："厥有氏号，绍天阐绎者，莫不开元于太昊皇初之首。"太昊可谓炎、黄两族之共祖。太昊的母族系华胥氏，华胥氏之女履熊迹而生太昊，故又称有熊氏。

炎帝、黄帝、蚩尤三族在"涿鹿之战""阪泉之战"后开始融合。炎帝、黄帝被推奉为中华诸民族之共祖。陕西、湖南等地有炎帝陵，陕西、河南、广东、甘肃、河北等地均有黄帝陵。中国人以炎黄子孙自居，但也绝不排斥蚩尤，南方的一些地区及民族尊奉蚩尤，北方也为蚩尤立庙供奉香火，因为北方也不乏蚩尤的苗裔。

《魏书·序纪》中载："黄帝有子二十五人，或内列诸华，或外分荒服。""内列诸华"者也就是汉族；"外分荒服"者也就是沿边少数民族。故夏是黄帝之后，匈奴是夏之支族。鲜卑族是黄帝之后，契丹族亦是轩辕氏之裔。蒙古族出自东胡，而东胡是有熊氏之后裔。女真族、满族出自肃慎氏，而肃慎氏是黄帝同族。维吾尔族出自北狄，而北狄是黄帝族分支。西南蛮夷是高辛氏之后，而高辛氏是黄帝族。荆蛮（楚）是颛顼之后，颛顼是黄帝之孙。越族、濮族是南迁秦人大费之族，而大费与黄帝同族。藏族出自西羌，羌是炎帝之后，苗族有盘瓠的图腾崇拜，盘瓠是黄帝之婿。

古代的诸族同源同祖之说，是在民族融合基础之上产生的特定意识，是各民族人民在融合的进程中所形成的设想和愿望，既然同为兄弟之族，当然是同源同祖、血脉相连。

由于我国幅员辽阔，境内的地理环境和生态环境有很大的差异，所以生活在不同地区的民族在发展水平上也产生了很大差距，诸民族之间各有自己的"优势"。在阶级社会里，民族之间利用自己的"优势"去压迫、歧视其他的民族，可以说是正常的现象。可是我国境内的民族，古有诸族同源同祖之说，有一种超越狭隘的广阔认同感。诸民族间既然同源同祖、血脉相连，彼此之间又互相认同，所以在某种程度上来说，中国历史上可以说是不存在"异族统治"问题的。因为在统一的多民族国家中，无论哪个民族处于统治地位，统治者和被统治者都是同源同祖的大家庭中的成员。同源同祖的认同感，是历史遗留给中华诸民族最宝贵的精神凝聚力。在这种情况下，诸民族尽管有纷争，但融合一直是不可遏制的主流。

纵观我国历史上的民族融合，历朝历代只有融合的方式不同，融合的速度不同，但在任何情况下，民族融合从未停止过。最高统治者有时积极地促进民族融合，有时想方设法地阻止民族融合，但是民族融合一直是不以任何人的意志为转移的历史潮流，对于最高统治者来说，更是顺之者昌，逆之者亡。这是中国五千年的文明史所证实了的真理。

中国不但有诸民族认同的人文始祖炎、黄二帝，也产生了诸民族、诸方国认同的夏、商、周三朝。春秋、战国之际的纷争虽然激烈，但周天子仍是列国共同承认的"天下共主"，周天子名号，就是中国统一的象征。战国时期列国纷争，战争频繁，人们更渴望统一。因为在统一的政局下，世人皆可有一个相对安定的环境休养生息。天下大乱时盼天下大治；天下分裂时盼天下统一。中国自古有九州一统的观念，秦统一后书同文、车同轨、量同度、货同币……在其后漫长的岁月里，习同俗、思同绪的范围也不断扩大，形成了在文化认同基础之上的统一。陆放翁在《示儿》诗中写道："死去元知万事空，但悲不见九州同。王师北定中原日，家祭无忘告乃翁。"展示了虽已身为野老，仍有国家不统一死不瞑目的气概。

（二）皇权的巅峰——军机处

中国幅员辽阔，在九州的大地上生活着众多的民族。而且地区之间经济、文化的发展水平存在着巨大的差距。历史上，为了保障国家的统一，确实需要实行中央集权的军政、行政、财政体制。在交通、通信条件的限制下，为了有效地对地方进行"镇抚"，封建帝王也不得不因地制宜地允许封疆大吏实行地方集权，因为封疆大吏的职责是"代天行守"，是皇权在地方上的直接表现。

秦朝实行"三公九卿制"，开始了高度的中央集权制度。汉承秦制，但东汉时期地方豪强势力兴起，名门大族在经济上、政治上恶性膨胀，成了三国分裂的基础之一。曹魏为了获得门阀士族的支持，实行"九品中正制"。

两晋南北朝时期，中正官逐渐为士族所把持，无疑对皇权有所削弱。士族把持仕途，再加上国家分裂，皇权自然降低，故东晋有"王（王导家族）与马（司马氏皇族）共天下"之说。隋唐统一之后，皇权又大大加强了，科举制度代替了九品中正制度，门阀士族走向了全面的衰落，中央集权在新形势下又有了发展。隋唐均实行三省六部制，三省（中书、尚书、门下）长官均称宰相，共同在政事堂议政，把相权分散了，皇权得到进一步的加强。元朝废除了有"封驳"之权的门下省。秉承皇帝旨意下达政令的中书省权力大大加强，也就是皇权进一步的加强。明洪武十三年（1380 年），朱元璋废中书省，永不置宰相，六部尚书直接对皇帝负责，置内阁大学士辅佐皇帝处理政务。明仁宣以后内阁首辅无宰相之名而有宰相之权，故清朝设军机处，军机处是皇帝的机要办事班子，由皇帝指派尚书、侍郎等高级官员"入军机处办事"，称为军机大臣。用现代术语来表示：军机处没有编制，没有办事公所，只在内廷隆恩门外有几间"值庐"为候旨之所。军机大臣完全秉承皇帝旨意向全国发布政令，使相权不复存在。清朝在雍正年间设置的军机处使皇权发展到了巅峰，发号施令不但不受任何制约，也不用通过任何行政机构即可直接下达。

皇权独断，"代天行守"的封疆大吏也高度集权。汉代的刺史、州牧，唐代的节度使，元代的行中书省，明清的总督、巡抚均集军政大权于一身。在"天高皇帝远"的情况下，"土皇帝"只要不反叛朝廷，也就可以"诸事独断"。

二、先有亡国之君，后有亡国之臣

旧史学界有"崇祯殉国"之说，对崇祯的评价是"君非亡国之君，臣实亡国之臣"。明朝亡于君还是亡于臣，姑且不论。自孔子创三纲五常说，君为臣纲，有明天子在上，焉有奸佞得意于庙堂之理。民间有云："上梁不正下梁歪。"综观历朝亡国，皆因亡国之君在上，对有能力挽狂澜、阻陆沉、肩长天之臣，非杀即逐。以崇祯而论，镇守辽东的国之干城，如袁崇焕、孙承宗、卢象升、熊廷弼……皆蒙不白之冤。叛国投敌的洪承畴、吴三桂却是宠臣和爱将。洪承畴投降后金，崇祯还认为他是死节，亲自祭奠，并为之在正阳门瓮城之中立庙，"永享人间烟火"。

有明一代的士大夫最讲气节，前有东林后有复社疾恶如仇，立于朝不苟立，敢说、敢净、敢哭、敢死，可是皇上却偏偏"亲宦官、信东厂"。试观明朝诸君，仁宣以后，皆可谓亡国之君，所以到崇祯才亡国，实因朝朝皆有兴国之臣挽狂澜于既倒，朱明江山才传十六帝二百七十六年。

第三节　"大棍子"与"裹脚布"

一、两根"大棍子"

（一）焚书坑儒，以吏为师

秦始皇统一六国之后，改变了对士的态度。因为当时已经天下一统，不怕士投向敌对势力"说列国之君以制秦了"。而士的队伍正在急骤扩大，六国旧贵族失去了政治上的特殊地位后，凭借着文化素质上的优势，拥进了士的行列。这些人的思想意识相当复杂，承诸子百家之后各发异论，"异论"当然不利于思想上的统一。于是秦始皇"焚书坑儒"，"焚百家之言，以愚黔首""若有欲学者，以吏为师"。也就是说，只能学习秦王朝的政策和法令。秦始皇血和火的手段，确实达到了预期的目的。士被这一棍子打闷了，由百家争鸣瞬间变成万马齐喑。

（二）罢黜百家，独尊儒术

汉初废挟书令，思想、学术开始复苏。黄老刑名之学颇有市场，儒学的地位并不显赫。士这一阶层又活跃于异姓王、同姓王之庭，奔走游说。士这一阶层的大多数人，无疑对战国时期依然还是留恋的。因为在统一王朝、统一政局之下，士几乎没有游说之地。景帝平息七国之乱以后，刘氏诸侯工亦逐渐失去政治、经济实体的地位，中央集权日趋巩固，士这一阶层由游说诸侯转向了争鸣求显。今古文经之争、盐铁论之争、重农重商之争……故汉初有小百家争鸣之说，思想界、学术界颇不寂寞。但统一王朝、集权政治需要在意识形态领域之中统一思想，所以汉武帝时实行了罢黜百家定儒学为一尊的政策。"独尊儒术"是春秋公羊学家董仲舒提出的，即"春秋大一统者天地之常经，古今之通谊也。今师异道，人异论，百家殊方，指意不同，是以上亡以持一统，法制数废，下不知所守……诸不在六艺之科，孔子之术者，皆绝其道，勿使并进"。刚刚开始活跃起来的学术思想又呈现出一片沉寂。汉武帝这根棍子，虽然不是在血火之中挥舞，但比秦始皇打得更准、更狠，因为秦是个短命的朝代，由统一到灭亡不过十五年。汉武帝所奉行的定儒学为一尊的国策，历代封建王朝遵循了两千多年，直到新文化运动中，才遇到了全面的挑战——呐喊出"打倒孔家店"的口号。

儒学被独尊后，不但百家被罢黜，而且自身的发展也陷入了停滞之中。战国时期儒家外有百家相争，内部有荀孟两派之争；西汉初期外有黄老刑名相竞，内有今古经文之争，儒学处于不断发展之中。被定为一尊之后，儒学的统治地位一直没有遇到挑战，所以自身也就得不到发展。宋以后产生的程朱理学与陆王心学之争，只是客观唯心主义与主观唯心主义之间的争论，是一种扭曲的延伸，其结果只是进一步地磨灭了儒家务实和用世的积极精神，使儒学完全沦为最高统治者禁锢士人思想的工具。所以"理学"是元、明、清三朝造基之君（忽必烈、朱元璋、康熙）的宠儿。对于"心学"，只要不向"异端"发展，也不失为救世之良方。因为在儒家理论和现实根本无法"对号"的情况下，只有一切"求诸吾心"了。

秦始皇的"大棍子"虽然血腥，但只是把士打闷了，头脑仍然清醒着，伺机而动，待风云之变以逞其志。汉武帝的"大棍子"是包着橡皮的软棍子，打人不见血，但打成致命的内伤，即打坏了最活跃的一根中枢神经。

二、三条裹脚布

被打昏在地的人苏醒之后仍然可以奋起奔跑；被打坏了神经变得麻木的人或许可以在奔跑中清醒过来。所以，最高统治者在用硬棍子、软棍子大打出手之后，又依次抛出了三条裹脚布。把"奔走游说"之士的一双"天足"——"先天足"，裹成了"三寸金莲"——后天扭曲。于是小脚男人在九州的大地上艰难地跋涉了两千多年，在站都站不稳，甚至根本站不起来的情况下，仍然挺胸昂首，自认为是伟丈夫，要安社稷、济苍生。

（一）察举与征辟

春秋战国时期的士"周游列国"，汉初的士奔走于异姓王、同姓王的阙门。无论是游说人主、诸侯，还是卿相，"游"字说明了"不定性"，一言不合即可扬长而去；"说"字说明了"主动性"，即以自己的方针、策略、计谋影响对方。总之，士在游说过程中不但是主观能动的，而且具有很大的自主性和回旋余地。汉景帝平定吴楚之乱后，士开始失去游说的场所。而且统一、集权的西汉王朝也不容许士四方奔走游说，"显其学而扬其用"。因为这种游说活动不但破坏了"统一思想"，而且削弱了"中央集权"。所以在"罢黜百家，独尊儒术"的同时，又实行了察举、征辟制度。在这种制度之下，士只有定居乡里，修身养性，砥砺名节，等待着朝廷的"发现"。士是"卖主"，但人才市场绝对是买方市场，而且独家经营。所以必须让买方满意，即按照买方的要求塑造自己，买方爱"三寸金莲"，卖方当然就要下狠心把自己的"天足"裹成"小脚"。

（二）九品中正制

九品中正制，又称九品官人法，后者比前者更直截了当地揭示了问题的实质。

东汉时期豪门士族迅速发展，逐渐形成了门阀士族，在经济、政治、军事、文化、教育领域内均有举足轻重的实力。曹魏王朝为了换取门阀士族的支持，实行了九品中正制。九品中正制选拔"人才"的过程中，完全凭门第，故上品无寒族，下品无士族。这时的"士"，可谓其为"士大夫"了，因为只要能入"士林"，就可以成为大夫，就可以当官。九品中正制不但失去了选拔人才的实质目的，也削弱了皇权。故隋唐统一之后，科举制度即取代了九品中正制。

（三）科举制度

科举制度十分"完善"，具有平等性（不论门第）、竞争性（凭本事考试）、稳妥性（"朱注"是标准答案）、长期性（实行了一千多年）、可控性（完全由朝廷控制）。所以"赚得英雄尽白头"，考不上只能怪自己"没本事"或时运不济，故老死于牖下亦无怨。科举制度使儒学成了儒条（学是动词，条是名词），"朱注"代替了大脑。只要裹上了这条义臭义长的裹脚布，再奔放的"天足"也会变成玉立于莲花瓣上的"金莲"，成为为封建制度殉葬的金童玉女。

第四节　心灵与躯壳的扭曲

一、志在兼济天下

士大夫所受的封建正统教育是修身、齐家、治国、平天下，故积极进取，志在用世，以兼济苍生为己任。立于朝，不苟立——文死谏。守封疆则为官一任，造福一方。儒家的精神、仁者的情怀，"大同世界，环球同此凉热"。

二、奴才与戏子

鲁迅先生称《史记》一书为"史家之绝唱，无韵之《离骚》"。东汉王允（司徒）认为《史记》是一部"谤书"。这是站在不同立场之上，对《史记》截然不同的评价。

春秋、战国时期的列国之君礼贤下士，汉武帝处司马迁以宫刑，古人云"士可杀而不可辱"，辱而后用，可谓耻莫大焉。故司马迁在《报任少卿书》中云："文史星历近乎卜祝之间，固主上所戏弄，倡优所畜，流俗之所轻也。"

清代著名学者纪晓岚是《四库全书》的总纂官，可谓执士大夫之牛耳了。乾隆六下江南，虽无隋炀帝之水殿龙舟，但给江南人民增加的负担也"不胜其苦"了。纪晓岚曾伺机从容对乾隆进言，意在谏阻江南之行。乾隆勃然大怒道："朕看你的文章还好，叫你管四库书馆，只不过是养一个戏子罢了，你怎么敢妄说国家大事。"乾隆在盛怒之中一时失控，说出了"心里话"，原来圣主爱贤才，明君礼斯文是假，养个戏子唱唱"太平戏"才是真。

第五节　读书与臣节——刘项原来不读书

一、十年寒窗苦——养成兼济之志

科举制度下成长起来的士大夫，大多数出身于中产之家或小康之家，属于中间阶层。所谓十年寒窗苦，当然主要是苦读，但有些士大夫在未发迹之前，确实十分清苦。北宋的范仲淹"划粥三餐"，可为其代表人物。十年苦读，也就是接受了十年的儒家正统教育，经历了十年的清苦。十年苦读，确实也养成了先天下之忧而忧的大志。所以越是"穷儒"，越有"大志"，越有对时代、对历史的责任感和使命感。中国封建社会之所以存在了两千多年，原因很多，"穷儒"阶层一身正气，两袖清风，梗着脖子，咬紧牙关，用心灵、用躯壳硬撑着，实可列入原因之一。

十年寒窗苦养成了兼济之志，十年寒窗苦也把"天足"裹成了"小脚"。春秋时期，"礼崩乐坏"，官学衰颓，私学兴起。秦统一后"焚书坑儒"，既不立官学又严禁私学"以吏为师"，并在基层置三老以掌教化。汉武帝在"罢黜百家，独尊儒术"的同时，兴太学于长安，"令天下郡、国皆立学校官"。以后历代封建王朝在中央设太学、国子学，在地方设立各级官学，置博士、训导等学官。对于民间塾师，亦"复其身"（免除力役），以示尊师之道。设学、置官、尊师的目的是让"小脚婆娘"给"小姑娘"缠足，"过来人，行过来事"，小脚一定能裹得符合"三寸金莲"的标准，不至于产生"流弊"。"为圣朝育人"，其实质就是用科举制度这条裹脚布培养小脚男人——正统的士大夫。

二、秀才不造反

"秀才造反，三年不成"，这句谚语意思是秀才"光说不练"。所谓"练"，就是实干。其实，秀才不造反，读书人最能守臣节。中了秀才就想考举人，跳了小龙门（中举）还想跃大龙门（中进士）。只要圣上"思贤"——开科取士，由弱冠考到白头，文曲星不入室，老死于书窗之下亦无怨。秀才不造反，首先是不想造反，"黄花大姑娘"时就已经立下了"守节"之志。其次是不敢造反，十年寒窗的正统教育，三纲、五常充塞了五脏六腑，焉敢为"乱臣贼子"？再次是无力造反，学的是忠孝之义、中庸之道，即便看破了世事，想铤而走险，也是心有余而力不足。故"秀才造反，三年不成"，只是说说而已。但刘、项式的草莽英雄振臂一呼天下响应时，"秀才"（广义的读书人）亦不乏"投笔从义"之士。因为没有士大夫阶层中的精英之士为王师帝佐，任何改朝换代都是不可能成功的，草莽英雄不可能只凭三尺剑在马背上创建新王朝。秦始皇"焚书坑儒"，所防的就是秀才造反。"坑灰未冷山东乱，刘项原来不读书。"历史无情地嘲弄了这位"祖龙"。

历史发展到十九世纪中叶，中国已沦为半封建半殖民地社会。天变了，道变了，人们脚下的路也变了，可是秀才仍然不造反，却在曾国藩、李鸿章、左宗棠等士大夫阶层代表人物的带领下，把太平天国运动平息在血泊之中。

第三章

士大夫文化的特征

第一节　儒家思想与儒家文化

一、用世的士大夫

儒家主张积极用世，把修身、齐家、治国、平天下视为人生的路程。童生入泮，院试中秀才，乡试中举人，会试、殿试金榜题名是进入仕途的阶梯。获得科举正途出身后，无论是外放州县亲民之官，还是依阙为部曹之属，均是以儒家思想为指导，在封建法制的范围内做好本职工作，行忠君爱民之道。

忠君爱民是"十年寒窗苦"的初衷，也是"十年正统教育"的硕果。儒家的积极用世思想，包含着浓重的功名利禄的动机。孔夫子"三月不仕则惶惶然"，周公相成王固然是施展抱负的最高理想，退而次之为世卿当家臣也可屈就。虽然认为"乡愿，德之贼也"，但也和阳虎、南子周旋。圣人尚且如此，"庸儒"之行也就可想而知了。所以热衷于官场，贪恋荣华富贵，于利禄之际，有进无退，为名为利鲜知廉耻者在士大夫中虽然为众人所不齿，但亦不乏其人。但从总体上来讲，士大夫阶层中，封建社会的卫道士还是居于主导地位，正因为如此，中国封建社会才延续了两千多年。

二、避世的士大夫

士大夫"避世"，其实是"避时"。因为地主阶级是中国封建社会里的统治阶级，科举制度是中国封建社会里融教育制度和官员选拔制度为一体的精神统治支柱，在科举制度下成长起来的地主阶级的知识分子，很难产生避世的思想，所以"避世"只是"避时"。避时的原因很多，主要是明哲保身。所以有贤者避世、智者避时之说。但真正避世的山林隐逸，渔樵一生，也就难以称为士大夫了。避时的士大夫，阳春白雪者不愿同流合污是坐待"天下清明"的懒汉；下里巴人者，待价而沽、伺机而动是冀望猎取更高的功名富贵。两者间格调上虽有差异，但只要是"圣天子当朝，贤宰相执政"也就联袂共仕矣！

三、儒家文化的嫡传

士大夫阶层是地主阶级中的知识分子，儒家文化的传播可以说是借助于士大夫阶层。封建帝王虽然也到孔庙行礼，但只是垂拱而治。大官僚、大贵族大多尸位素餐，只游利禄之乡。士大夫阶层在修身、齐家、治国、平天下的过程中，不但传播了儒家思想，也传播了儒家文化。儒家文化通过士大夫文化表现出来，可以说是没有发生变异的嫡传和正宗，"动""静"之中，总体现出"进取"。当然，这种进取只能是封建社会范围内的进取，不会越雷池半步，在一般的情况下，也很难产生"变异"，更不会"冲决网罗"，只是带着桎梏的长吟与悲鸣。

第二节　士大夫文化与人民性

一、脱离劳动与接触现实

地主阶级的知识分子，无疑是脱离劳动的阶层，封建国家的法律制度对此有明确的规定。早在西汉时期就实行通一经者即免其力役的制度。九品中正制度之下，凡是入品者"皆复其身"。隋唐以后，科举制度盛行。只要是进学之人（考取了秀才），不但免除力役，而且和县太爷"平揖相见"，不用行跪拜礼，以示朝廷礼敬斯文。元代以后，塾师免除力役亦有成文规定。在学之人（童生）一般也不会去服兵役、徭役。于是，儒巾就成了脱离劳动的标志。

儒家主张积极用世，儒生的最高理想是安社稷、济苍生。儒学的核心是仁，"仁者爱人"。士大夫阶层认为自己序为士、农、工、商四民之首，有济苍生之义务。"达则兼济天下"是"穷"时之志，等待自己去"济"的人，当然是胼手胝足的劳动者，是封建社会的人民。

士大夫阶层的主体是地主阶级的中下层人士。从其经济地位来讲，也还是"通于下情"，不是囿于重重高墙锦帐中的恣睢之士，离现实并不遥远。士大夫阶层总想把自己置身于"象牙之塔"，但衙斋、家斋的书窗总是"风声、雨声、读书声，声声入耳"，于是只能是"家事、国事、天下事，事事关心"了。士大夫阶层是企图脱离现实，但又不可能脱离现实的阶层。

二、与民同乐造福一方

中国封建社会的士大夫在忧乐问题上纵不能"先天下之忧而忧，后天下之乐而乐"，也要与民同乐，让"寒士俱欢颜"。故"立于朝"要敢于"为民请命，解民倒悬"；"立于封疆"，要"为官一任，造福一方"。尽管"为民请命""造福一方"只能是在封建法律范围之内，但也体现士大夫阶层虽是地主阶级内的一个阶层，但其活动对社会还是有一定进步意义的。民间舞台上的"青天大人"，可以说是士大夫阶层中骨鲠之士的艺术化身。

三、仁者的情怀

儒家所标榜的仁、义、礼、智、信，以仁为核心。"仁者爱人""老吾老，以及人之老；幼吾幼，以及人之幼""人不独亲其亲，不独子其子"的大同世界是儒家憧憬中的社会。为了实现这一理想，"居庙堂之高则忧其民，处江湖之远则忧其君"，以安社稷、济苍生为己任。

"诗以言志"，"诗以抒怀"。纵观一部中国诗歌史，士大夫仁者的情怀俯拾皆是。如"安得广厦千万间，大庇天下寒士俱欢颜"（杜甫）、"邑有流亡愧俸钱"（韦应物）、"身为野老已无责，路有流民终动心"（陆游）、"些小吾曹州县吏，一枝一叶总关情"（郑板桥），等等。即便是"身为清明难自清，夜闻哀鸿愧初衷"之士，也犹存恻隐之心，并在恻隐之心的基础之上产生自责之感，亦可谓初衷未泯。这些脍炙人口的佳句，正是忧国忧民的士大夫的心声。

第三节　阳春白雪

一、两千多年的积淀

士大夫文化，始于春秋、战国的士，有两千多年的积淀。在这两千多年中，阶级冲突、民族纷争伴随了始终，但地主阶级在中国共产党诞生之前一直没有遇到挑战。历次改朝换代，江山虽然易主，但地主阶级仍然是地主阶级，所以士大夫也仍是士大夫，士大夫文化也就一脉相传，只是在不同时期注入了一些新的内容。其儒家文化的正宗传统，在二十世纪初的新文化运动中才遇到挑战，而这种挑战是针对封建文化中的道统而言。

二、耕读续世，诗书相传

时至今日，北京的一些中档四合院的大门上还隐隐遗存着一副门联："耕读传家久（或忠厚传家久），诗书继世长。"这副门联反映了明清两朝近六百年的时间里，京城士大夫耕读继世、诗书相传的历史。

明末清初是北京地区历史上剧烈动荡的时期，李自成领导的大顺军攻占了北京城，推翻了明朝的统治，这是中国历史上唯一一次由农民起义军"直接"推翻封建王朝的统治。言其"直接"，是指农民起义军尚未发生"质变"之前，就推翻了旧王朝的统治，而且在起义的过程中也未借用任何封建亡灵的名号。从理论上来讲，农民起义军在胜利的进程中，不可避免地会发生性质的转化，这是因为在新的生产力、生产关系产生之前，农民反对地主，但不把地主当作一个阶级来反对；农民反对皇帝，但不把皇帝当作皇权来反对；农民反对封建压迫，但不把封建当作制度来反对。所以历史上的农民起义只能是改朝换代的工具，封建王朝也就一代又一代地延续了下来。李自成领导的大顺军，直接推翻了明王朝的统治，在北京建立了大顺政权。但大顺军一直把打击对象定为明王朝的权贵和贪官污吏，对士大夫阶层抱合作主义的态度。李自成占领家乡米脂县后，留用明廷知县，拨银两重修孔庙。占领北京后，留用了明廷四品以下的官员。虽然大顺军保有北京只有四十二天，但在北京开科取士，争取士大夫阶层为新政权服务。

清王朝移鼎北京后，实行易服、剃发。在京郊"圈地"，在内城实行"迁汉"（强迫所有的汉族人迁居外城），引起了北京地区社会极大的动荡。可是在移鼎北京的同年（顺治元年）即宣布三年一开科取士。并于顺治二年、顺治三年迫不及待地连续开两科，以示求贤若渴，向士大夫阶层大张利禄之网。

综上所述，在激烈的阶级冲突、民族纷争之中，士大夫阶层却能安享科举制度之荣，这不能不说是传统的儒家文化在中国封建社会里得到不同阶级（地主与农民）、不同民族（汉族与满族）的认同与共崇。在这种情况下，作为儒家思想、儒家文化的正宗传人士大夫阶层，当然也就受到了不同阶级、不同民族的认同与共崇，士大夫文化当然也就可以一脉相传，与明清两朝和中国封建社会共存共荣。

三、稳唱阳春白雪调

士大夫作为一个阶层来说，在封建社会是十分稳定的，士大夫文化的基调也是十分稳定的，言其稳唱阳春白雪调，是士大夫自视脱俗，所吟不是下里巴人之声。其实，昔日下里巴人，正是今日阳春白雪；今日阳春白雪，也可能是昔日下里巴人。《诗经》中的国风、汉乐府诗、南北朝乐府诗在当时可谓下里巴人之调，但后世的士大夫均视之为阳春白雪之声。士大夫视八股文为阳春白雪，其实，八股时艺是典型的腐儒下里巴人之声。

如果视民间文化为"俗文化"，那么士大夫文化则是典型的"雅文化"。俗文化属下里巴人文化，雅文化自然属于阳春白雪文化。其实，俗文化和雅文化、下里巴人文化和阳春白雪文化都是一种划分中使用的称谓，从现代意义上来讲已无褒贬之意。但两千多年的积淀，确实使士大夫文化浸染上了阳春白雪的浓重色彩，显得寡和，寡和只是黎庶难应，未必准是曲高，何况北京城中士大夫阶层人口众多，自唱自和足以成为文化体系，这种文化体系就是典型的京师文化。

第四节 北京士大夫文化的特征

一、士大夫京师化

士大夫阶层分布于全国各地，但是成名的士大夫总会游京师，士大夫游京师后总会在不同程度上进一步成名。士大夫滞留京师的时间不论长短，总会浸染上京师色彩，成为京城士大夫。京城士大夫来自全国各地，一方水土养一方人，士大夫在北京滞留一段时间后，无论是宦游他乡（官制上有回避制度，士大夫不可能衣锦还乡），还是告老还乡，终是要落叶归根，终老故里。所以，中国封建社会的士大夫不但地域化，而且有浓重的乡土气息。但在滞留北京期间总会浸染上京师色彩，形成了士大夫阶层中的一个特定的群体。所谓京师色彩在政治上就是积极用世，热衷于进取。具体的表现是或忧国忧民，志在安社稷、济苍生；或钻营嘱托，结党营私，志在利禄功名。总之，是同声相应、同气相求、党同伐异，在政治上十分活跃。士大夫经济上的京师色彩就是"穷"，"京官穷，外官富"是相对而言的，京官中也有不少肥缺，但总体上来说确实比外官穷些，特别是清水衙门中的司官和广大的翰林、内阁中书阶层。士大夫滞留京师期间文化上浸染的色彩主要是京师时尚、时风。既然称为时尚、时风，就是一时的风尚，这种风尚大多和政坛有密切的联系。所以说士大夫进京后也就京师化了，形成了一个特定的群体。

二、士大夫文化京师化

士大夫阶层耕读继世，书诗相传，当然是和土地结合在一起的地著之士，故不但具有地域性，而且有浓厚的乡土气息。成名的士大夫才能游京师，成名的士大夫总是属于有一定知识水平和文化素养的人士，游京师时不可避免地把各地区的士大夫文化带到了北京地区。各地区的士大夫文化在京师政治、经济、文化的作用之下很快地就浸染上京师色彩，成为京师文化的组成部分，使北京地区的士大夫文化多元化。

三、从北京文化划分上看士大夫文化

如果以身份区别来划分北京文化，大体如下：

皇室成员——宫廷文化；

高官显贵——府邸文化；

官面上的人——书吏文化；

街面上的人——市井文化；

里巷之人——胡同文化；

市面上的人——商业文化。

从上述分类中可以看出一个问题，就是高官显贵的府邸文化和官面上的人的书吏文化之间存在着巨大的差距，出了一个"断层"。高官显贵是掌管国家机器的上层人士，书吏是掌管国家机器的下层人士。能够置身高官显贵者，在封建社会里大多有家世的凭借和依托，"一门代代出公卿"并不算罕见。书吏是国家机器运行过程中的办事人员，清廷立法限制书吏的任职时间，但实际上各衙门的书吏大多数是子侄相继、兄弟相及，故有"铁打的衙门流水的官，书吏代代传子孙"之说。因为科举制度选拔出的行政官员只知八股时调，按"朱注"发表议论，没有业务知识，不能做具体工作。各级行政事务实际上由各级书吏把持，可谓"有清一代，爱新觉罗氏与胥吏共天下"。

封建国家机器中，上层高官显贵和下层书吏之间的中间阶层是由科举制度所产生的士大夫所组成的。士大夫作为一个阶层来说是十分稳定的。但作为个体却是"文曲星入宅不逾三世"。故不乏"四世三公"之家，但实缺"四世进士"之第。"寒门有贵子""白屋出公卿"，从另一个侧面反映出科举制度提供了"平等竞争"的"机遇"。这种机遇不但使"天下英雄尽入吾彀中"，而且使"天下英雄"老死于牖下亦无怨。士大夫作为一个阶层来说是十分稳定的，作为个体来说又是十分不稳定的，这使士大夫阶层不断注入新的血液、新的生机。所以说士大夫阶层是地主阶级中最敏感、最活跃的阶层，也是最富于进取的阶层。这使得士大夫文化既区别于府邸文化，也区别于书吏文化，可以说是更多地保持了儒家文化中的积极因素，在京师文化中发挥了积极的影响。

第四章

燕国的士

北京作为一个行政区域，其历史当首推西周时武王所分封的蓟、燕两国。燕强蓟弱，大约公元前七世纪时燕国"并蓟居之"。燕国地处九州北隅，经济、文化的发展均落后于中原地区。燕国地近齐鲁，可是孔子周游列国未至燕。由此可见，春秋末年燕蓟地区的文化教育并不发达，尚无儒学市场。战国时期，燕国立于七雄之列。但燕昭王"金台招士"，可见当时燕国缺乏人才，缺乏人才的根本原因是政治、经济落后，文化不发达。

第一节 方 士

一、人间仙境的探求者

鼓吹神仙之说者称为方士，方士宣传世人可以修炼成仙，长生不老。方士活动于战国、秦汉时期。燕昭王、秦始皇、汉武帝在中国历史上均称得上是雄才大略的君主，但都相信方士之说，于是方士的活动也就有了市场在百家争鸣的过程中，燕国多方士，方士侈谈不死之药、成仙之术，实属妄谬，但却富于幻想。这和燕国的地理位置有关，燕地东临渤海，北连朔漠，茫茫沧海之上，浩浩大漠之中，均有海市蜃楼的奇观，这种自然的幻影，使"仙境"成为世人有缘目睹的"现实"。可望而不可即、可见而不可求的景观为神仙之说提供了依据，使方士的理论有了对号入座的剧场。所以许多古代著名的方士皆出自燕地，如宋毋忌、正伯侨、羡门高等。

论及燕国多方士，有人认为是由于燕国的经济、文化均比较落后，方士怪诞之说易有市场。其实不然，齐国是春秋、战国时期经济、文化最发达的国家，齐国亦多方士。齐燕均多方士，是由于两国均临大海，故齐人、燕人有缘目睹海市蜃楼的奇观，激发出茫茫沧海之中有仙山，仙山上有与天地同寿的仙人……只要能入海寻访到仙山，就能实现获得不死之药的幻想与遐想。

在当时的认识水平之下，方士和巫觋相比较起来，尚可属于幻想家，甚至属于敢于探索人间仙境的拓思者，不属于职业迷信家。因为方士之说人间气息颇为浓重，为了给方士以正确的评价，有必要开展溯源的探讨。

二、否定天的意志，主宰自己的命运

原始人相信万物有灵，因而产生图腾崇拜。经过氏族制后期的祖先崇拜，到殷商时期便发展成具有一神教之本质的巫教。巫教所崇奉的最高神是"天"或"天帝"，天帝是统治世界的最高主宰神。王是天帝的儿子，是天帝派来统治现实世界的代理人，王死去就是又回到了天帝的身边。巫教的宗教轨仪是祈祷和占卜，但奴隶却无权参加，因为巫教认为奴隶同物品一样，所以死后也是没有灵魂的。这说明了巫教是奴隶主阶级的宗教，在道教没有产生、佛教没有传入之前，巫教是中国唯一的宗教。

方士的"仙境"之说否定了商周以来传统的"天"。海市蜃楼的幻影虽然"不可即"，但是"可望"；"不可求"，但是"可见"。使"天国圣域"的说教变成了可望、可见的人间仙境。而且只要有缘，任何人均能目睹。世人通过修炼、寻访均可以成仙。其说有解放思想、否定上天的"勇敢"，尽管这种勇敢是以扭曲的形式出现的。因为方士"仙境""长生不老"之说的主宰者不是"上天"，这实际上是向"上天"提出了挑战，要通过人为的努力（修炼、寻访）主宰自己的命运（进入仙境、长生不老）。到海上去寻找仙山，以获长生不老之药，现在看起来十分荒诞，但在当时确实彻底地否定了上天主宰人类命运的桎梏。方士们扬帆出海时，应该说是具有哥伦布去发现新大陆的气概。正因如此，燕昭王、秦始皇、汉武帝均对方士之说产生了兴趣，因为这些雄才大略的封建帝王，已不是拜服在上天脚下的旧奴隶主的代表，而是要把命运掌握在自己手里的新兴地主阶级的政治家。企图长生不死，就是否定"生死有命"，否定自己是天帝统治人世的代理人，否定自己对世间的统治是依靠天的意志，而是凭自己的能力和实力，正因如此，他们才能被称为雄才大略的皇帝。

三、拓思者与旁门左道

综上所述，方士在当时不是职业迷信家，也不是骗子；他们是幻想家，甚至是勇于探索的拓思者，是否定"生死有命"的地主阶级的知识分子。历史在前进，时代在发展，人们的认识水平在不断地提高，当封建帝王也已经认识到"血肉之躯，安得不死"的时候，方士也就真正地沦为了骗子。不但在思想史上无一席之地，世人也视之为"旁门左道"。特别是明世宗嘉靖，宠信邵元节、陶仲文等方士，一味玄修，给明廷政局带来了极大的危害。当时方士的活动可谓祸国殃民，但不能因后贬前，对战国时的方士也全面否定。战国时期的方士是百家争鸣中的一家，属于士这一阶层。

第二节　邹衍谈天

一、碣石宫中的贵客

邹衍是战国时期阴阳五行家的代表人物，重于齐，为稷下先生。"适梁，惠王郊迎，执宾主之礼。适赵，平原君侧行撇席。如燕，昭王拥彗先驱，请列弟子之座而受业。筑碣石宫，身亲往师之。"

邹衍周游列国，所到之处均受礼遇，最后于碣石宫中遇知音，是出于燕地滨海，渤海又多海市蜃楼的奇观，故昭王对海外复有大九州说易于接受。

二、大九州论

邹衍有丰富的历史、地理知识，他研究学问的方法是先考察小的事物，然后推广到大的方面，以至于宇宙。先研究当前的事情，然后追溯到上古以至于天地的形成。依据这种方法，他提出了"大九州"的学说："儒者所谓中国者，于天下乃八十一分居其一分耳。中国名曰赤县神州，赤县神州内自有九州，禹之序九州是也，不得为州数。中国外如赤县神州者九，乃所谓九州也。于是有裨海环之，人民禽兽莫能相通者，如一区中者，乃为一州。如此者九，乃有大瀛海环其外，天地之际焉。"（《史记·孟子荀卿列传》）

大九州说反映战国时期生产力得到了进一步的发展，铁制工具的使用改变了人在自然界中的地位，时代的先驱开始探索未知的领域，沧海茫茫正好激发人们的遐思和幻想，这种遐思和幻想是人类开拓、进取的动力，邹衍的大九州论正是在这种情况下产生的。邹衍的大九州论和方士入海寻求海上仙山的冒险行动相互促进，相互提供依据，可谓理论和实践相结合。大九州论和方士的活动均始兴于燕地，这和燕国的地理环境、燕昭王积极进取的开拓意识有直接关系。

三、五德终始说

邹衍用五德终始说来解释社会历史变迁的原因，认为历史的发展是按照"五行相胜"的循环顺序进行的。"从所不胜，土德后，木德继之，金德次之，火德次之，水德次之。"（《文选·魏都赋》注引《七略》的解释）由土德开始，最后又回到土德。历史上每个王朝的出现，都体现了五行中的一种势力占统治地位。这种学说看到了历史是变化的，而且有必然的趋势，但把历史的变化理解为一种循环的过程，从而陷入了历史循环论和命定论。故五德终始论具有天人感应的神秘主义性质。把原始唯物主义五行思想引向了神秘主义，在当时的生产力水平之下，原始唯物主义在引申的过程中走向神秘主义是难以避免的。邹衍的"五德终始论"对后世有重大的影响，天人感应说被董仲舒发展成为代表最高统治者根本利益的唯心主义体系。

综上所述，邹衍是战国时期阴阳五行家的代表人物，由于当时生产力发展的水平限制了人们的认识水平，在探讨事物本质的过程中出现神秘主义可以说是必然趋向。儒家论人不论天，因为天太"玄"、太"渺"了，邹衍谈天，应该说是敢于向"苍茫大地"问"谁主沉浮"的初探。

第三节　燕昭王金台招士

一、子之之乱

战国时期燕国虽号称七雄之一，可是政治、经济、文化方面和中原地区的发达国家相比，均要逊色一筹，军事力量也不够强大。都于邯郸的赵国，可称为燕国的强邻，在赵强燕弱的形势下，失宠获罪的赵国之臣都不敢"亡命走燕"，怕被"遣返回国"。燕国于公元前316年发生了子之之乱，齐国乘机伐燕，齐军入蓟城杀燕王哙、子之，并"毁其宗庙，迁其重器""杀其父兄，系累其子弟"，占领燕国达三年之久。燕国人不甘受齐国的奴役，发起了复国运动。赵武灵王也不愿意齐国完全兼并燕国之后，在赵国的东方形成一个半圆形的包围圈。于是积极支持燕人的复国运动，出兵把在韩国为人质的太子护送回燕国，得到了燕国举国上下的拥戴，共同逐走了齐将匡章，太子即位，为燕昭王。

二、得士兴国

燕昭王在韩国做人质期间，接触到中原地区先进的政治、经济、文化，同时人质的生活也磨砺了他的意志。回国秉政后，决心励精图治，走强国之路。

要走强国之路，必得佐国之人。燕昭王在谋士郭隗的策划下，于易水旁修筑了黄金台，大礼求贤，重金招士。乐毅、邹衍、剧辛等中原贤才纷纷来到燕国施展治国安邦的抱负，协助燕昭王实施改革。经过二十八年的努力，"燕国殷富，士卒乐佚轻战"，有"带甲数十万，车七百乘，骑六千匹，粟支十年"，燕国强大了起来。

为了雪齐国灭燕之恨，公元前285年，燕与赵、韩、魏、楚、秦五国之师共同伐齐，以燕将乐毅为统帅，下齐城七十二座，齐都临淄亦在其中。于是齐国的"珠玉财宝、车甲珍器，尽收入燕。大吕陈于元英，故鼎反乎历室，齐器设于宁台，蓟丘之植（旗帜）植于汶篁"。燕国发展到了鼎盛时期，燕昭王金台招士达到了预期的目的。

三、得士与用士

我国古有"疑人不用，用人不疑"之说，燕昭王金台招士，从表面上来看是表现出极大的赤诚，其实不然。燕昭王对士是未得先疑，未用先疑。郦道元在《水经注》一书中对燕昭王兴建燕下都的目的揭示道："昭王礼宾，广延方士，至如郭隗、乐毅之徒，邹衍、剧辛之俦，宦游历说之民自远而届者多矣。不欲令诸侯之客，伺隙燕邦，故修连下都，馆之南垂。"燕下都建于河北易县东南，位于北易水和中易水之间，大概和易水之畔的黄金台处于同一地区。燕昭王金台招士的用意是令士为我所用，但不能让士知"底"，以防知"底"后不便控制。

乐毅统军伐齐，下齐七十余城，齐军固守莒、即墨二城，乐毅围攻三年未能攻下，有人在昭王面前谗言，说乐毅是想依仗兵威南面称王。昭王置酒大宴群臣，斩进谗言者曰："广延群臣，外招宾客，以求报仇，其有成功者，尚欲与之同共燕国。今乐君亲为寡人破齐，夷其宗庙，报塞先仇，齐国固乐君所有，非燕之所得也，乐君若能有齐，与燕并为列国，结欢同好，以抗诸侯之难，燕国之福，寡人之愿也。"于是赐乐毅妻以后服，赐其子以公子服，封乐毅为齐王。乐毅惶恐，不敢接受，并愿以死自誓，以明其心意。"前有车，后有辙。"在楚汉相争的过程中，刘邦封韩信为齐王，大概是从燕昭王封乐毅为齐王的成功先例中得到的启示。因为在鞭长莫及的情况下，对统兵的强人只能"动之以情"，不可能"加之以法"。

燕昭王去世后，燕惠王即位。燕惠王听信齐国间谍散布的谣言，派骑劫代乐毅为将，统率在齐国的燕军，乐毅被迫走赵，著有《报燕王书》，提出"君子绝交，不出恶声，忠臣去国，不洁其名"的立身为臣之道，情意真切，表示自己绝不会负燕，甚为感人，为后世所传颂。乐毅所言所行，确实是言行如一。避居赵国后，甚受礼遇。赵强燕弱，但乐毅在赵之日，无图燕之举，颇有士报知遇、记恩不记怨之度。

第四节　士为知己者死

秦军灭赵之后，屯兵燕国南境。由于燕国在军事上已无力阻挡秦军北上，善于养士，与士交游，让士能为己所用、为己所死的燕太子丹，派遣荆轲刺杀秦王，行刺无论成功还是失败，荆轲均无生还的可能。所以太子丹和众宾客"皆白衣冠以送之，至易水之上"。荆轲歌罢"风萧萧兮易水寒，壮士一去兮不复还"，踏上了必死的路程。荆轲刺秦王演出了"行刺史"上最悲壮的一幕，荆轲成了"以布衣之微，蔑万乘之尊"的英雄。越是失败了的英雄，越能受到世人的敬仰，这是从敢于反抗强权的角度发出的赞叹。从历史唯物主义的角度来讲，荆轲刺秦王即便是成功了，也不可能阻止秦军北上灭燕，也不可能改变秦统一六国的大趋势，只不过在燕国"日落"的余晖里，增添了一道血红色的霞光而已。但荆轲刺秦王，留下了一段士为知己者死的事迹，表明了士人重然诺、守名节、不畏强权、敢于献身的精神。

从《史记》中来看，荆轲好读书，剑术不精，善于忍让，有些"知识分子"的气度，应是个"儒侠"。荆轲是"儒"还是"侠"无关紧要，总能称这位失败了的英雄为燕国的国士吧。

第五节　朝秦暮楚亦何妨

朝秦暮楚是对战国的"士"的贬低之词，其意可谓是趋炎附势的小人。可是站在历史唯物主义的角度看待战国的士，又可谓朝秦暮楚亦何妨。战国是诸侯纷争的时代。孟子认为春秋无义战，到了战国时期又何尝有义战。站在今天的高度来看，可以得出兼并战争是在郡县制的基础之上，进一步统一全国的战争，是历史发展的大趋势，具有进步意义。可是在当时来讲，兼并战争无疑是绝大多数人的灾难，只有获得胜利的统治阶级上层，才能从战争中获得实利。而图存的战争，在当时很可能具有正义性，得到一些渴望过安定生活的人的支持。

战国时期，"国家"的观念尚未形成，从宗法制度上来讲，大家都是周天子的属臣，列国之君，只是一级领主，士没有享受过国君世卿世禄的待遇，当然没有义务去为列国之君尽忠全节。士受到谁的欣赏、供养，就为谁服务，这是天经地义的道理。良禽尚且择木而栖，贤士当然寻明主而依。在这种情况下，各国君主均礼贤下士，争取士这一阶层为自己服务。魏武侯为太子时，路遇文侯老师田子方，于是赶紧下车拜谒，子方昂然不理，太子问道：富贵该骄傲，还是贫贱该骄傲？子方说：自然是贫贱该骄傲。诸侯骄傲要失国，大夫骄傲要失官，贫贱的士主张不合，立即跑到别的国家去，好比丢一只破鞋子。田子方之说充分体现了士的精神风貌。

战国是百家争鸣的时代，人们的思想十分解放，各种学说互相竞争，各种思潮互相影响，而各国君主对于治国之术、强国之路也各有所选择。为了施展自己的才学，士当然不会囿于一国一地，所以纷纷周游列国寻求用武之地，在这种情况下，士和各国国君之间的组合有了"多项选择"，人才也实行了"合理流动"。人才市场是卖方市场，朝秦暮楚成了正常现象。

士周游列国不外有两种方式，一种是以自己的主张"说人主"，即宣讲自己治国安邦之策、兼并图存之道。用自己的观点影响"人主"，让"人主""遵道而行"，此乃国士也。另一种是按"人主"所好，阿谀奉承，以求利禄。取悦于人主后，也就有了进身之阶，也就是说，只有"目的"，没有"观点"。为了到达"目的"，当然可以不择"手段"，"此乃附士也"。

"国士"一言不合则去，"附士"一试不行亦去，绝不会向后世之士那样"武死战，文死谏"。列国之君怕士投向敌对势力的怀抱，所以均尽量对各档次的"士"给予礼遇。但士所要求的不是颜面上的礼遇，而是至卿相之位，实现治国平天下的抱负；或是食百里之邑，身显富贵。当然不会满足于颜面上的礼遇，仍然朝秦暮楚，在列国之间周游。孔子周游列国，孟子亦周游列国，周游列国当然"朝秦暮楚"，只不过两位老夫子所言不合时宜，尽管一生未遇，仍然恪守儒家之说，所以尽管朝秦暮楚，也就不受后世指责了。

第六节　燕士数风流

春秋、战国时期，我国思想界出现了百家争鸣的大好形势，儒、道、墨、法、名、神仙、五行、阴阳……各抒己见，各种学术思想相互攻击，相互交流。政治领域中各国争相变法，寻求富国强兵之路，军事上兼并图存的战争导致了秦对六国的统一战争。九州大动荡，促成了九州大统一。在大动荡、大统一的进程中，士是最活跃的阶层，在思想、政治、经济、文化、科技诸方面均做出了杰出的贡献。如果没有战国时期大动荡促成的大统一，七国并存的政局固定了下来，中国的历史、亚洲的历史，甚至世界的历史，恐怕将会是另一种写法。

春秋时期燕不入五霸之列，孔子周游列国不履燕土。战国时期燕国开始发展起来，雪齐耻、灭中山、却东胡，位列七雄。在燕国兴盛的过程中，士这一阶层起到了重要的作用。郭隗、乐毅、邹衍、剧辛、宋毋忌、正伯侨、羡门高、荆轲等不同品流的士均见诸史载，这些人纵横捭阖，运筹帷幄，兴国安邦；金戈铁马，决胜千里。留下"请自隗始""金台招士""君子绝交，不出恶声"等士风士节，最后以"风萧萧兮易水寒，壮士一去兮不复还"的慷慨悲歌，写下了士为知己者死的悲壮一幕，为燕国的日落留下了一道血色的光环，也成为后世重然诺、抗强权的不屈典范。

方士敢于蔑视天命，向上苍挑战，向往着入沧海、骑长鲸、访仙山、得仙药，获得长生不老，能与天地比寿，永享人间富贵。这种拓思与幻想是寄托在自己虔诚修持和冒险寻访的基础之上，不是跪倒在天帝脚下的祈祷，在当时的认识和科技水平限制下，其勇敢和气概绝不亚于十六世纪相信日心说、地圆说的新大陆开拓者。战国时期，燕地的方士已敢于向上天挑战，要把生死掌握在自己手中，这无异于是否定"天"对"人"的主宰，尽管只领百年风骚，但无疑是时代的先驱。

第五章

焚书坑儒——暴政下的燕士

第一节　韬光养晦的岁月

一、孔子周游列国不至秦

春秋时期，秦国开始在关东地区（函谷关以东地区）发挥影响。秦晋相争，秦穆公开始角逐中原的政治舞台，成为"五霸"之一。五霸之中，宋、齐、晋三国位于中原地区，经济文化处于领先的地位，楚、秦两国可谓是"南蛮""西戎"，经济、文化比较落后。在当时的历史条件下，经济、文化相对落后的国家，可能在军事上处于优势地位，在政治舞台上能发挥较大的影响。

孔子周游列国不至秦国和楚国，其主要原因是"南蛮"和"西戎"的文化发展水平尚无儒家活动的市场，况且秦国国丧，用持不同政见的知识分子三良兄弟生殉，在这种情况下，孔夫子闻而却步也就是明智之举了。

二、逐客与谏逐客

战国时期秦国位列七雄，但经济、文化还是落后于中原地区。秦孝公任用商鞅实行变法，商鞅变法是各国之中最彻底的变法。变法的成果使秦国迅速地强盛了起来，奠定了统一六国的基础。在秦国强大起来的过程之中，中原地区宦游于秦国的士发挥了重要的作用，主持变法大计的商鞅就是卫国人，中原各国的士在秦国施展自己的政治抱负大显身手，和秦国的一些政治势力发生了矛盾。战国末年秦国有了逐客之举，"逐客"也就是驱逐宦游于秦国的六国之士（客卿）。李斯也在被逐之列，李斯是赵国人，在被驱逐出境的途中上书秦王，谏逐客，秦王见疏后幡然悔悟，收回了成命。中原地区的士得以在秦国继续发挥作用，秦的统一大业也就一帆风顺地走上了成功之路。

因为政治舞台上最活跃的士，已聚集到了统一的旗帜之下。李斯后来成了丞相，在秦统一六国的过程中和统一六国之后的政治决策中均发挥了重要的作用。嬴政时代，儒家的荀、孟两派冲突非常激烈，李斯是荀子的门人，荀派主张法后王，孟派主张法先王。李斯借（孟派）儒生是古非今的罪名，劝嬴政"焚书"，意在打击孟派，结果导致了"坑儒"。凡谈论诗书者斩首，是古非今者灭族。秦始皇的打击对象绝不只是"孟派"，所谓"非今"，即对秦王朝现行政策、法令持不同政见者，在百家争鸣过程中成长起来的士，凡持己见者，当然均可以加之以"非今"的罪名"坑之"。

三、血与火的洗礼

秦在郡县制的基础之上统一六国之后，中国的历史发展到了一个新的阶段，实现了空前的统一和空前的中央集权。统一的秦王朝当然对残存的六国分裂势力不会手软，要采取坚决镇压的政策，在中央集权基础之上建立起至高无上的皇权，当然不会容许持不同政见的士四处游说。百家争鸣的思想体系已不适应新的政治形势。

秦统一之后，六国的旧贵族失去了政治上、经济上的特权，但这些人有一定的文化素质和政治经验，其地位可谓是统治阶级和力役提供者之间的士。在统一王朝的集权政局之下，士这一阶层的活动余地在不断缩小。可是其队伍却在不断地扩大，持不同学术思想、政治理想的士的活动显然不利于秦王朝的高度统一和集权。在这种情况下，秦始皇实行"焚书坑儒"，企图用血腥的手段实行愚民政策，达到禁锢思想、统一舆论的目的。一定的思想意识总是和一定生产力相适应的，人类在铁制生产工具基础之上所产生的生产力，决定了社会意识的多元化。正因如此，殷周的天命观开始全面地动摇。春秋、战国之际，思想界出现了百家争鸣的局面。这种局面之所以能够长期存在，是和战国时期兼并图存的长期战争局面紧密联系在一起的。站在今天的高度和角度来讲，思想上的百家争鸣、政治上的变法图强、军事上的统一战争均有进步意义，而且彼此之间具有深刻的因果关系。铁制工具的使用使人类打破了长期以来"敬天命""畏天命"的世界观，出现了思想界的百家争鸣。百家争鸣的结果只能是"实践是检验真理的唯一标准"，各国的变法就是把百家争鸣的理论付诸实践。而变法的成果又给兼并图存的战争奠定了基础。在百家争鸣、变法图强、兼并图存的过程中，士一直是最活跃的阶层。秦能统一六国，说明秦的方针政策获得了士这一阶层的支持。因为商鞅变法彻底地废除了世卿世禄制，为地主阶级的知识分子士这一阶层敞开了从政的大门。各国的士争赴秦国大显身手，为统一大业竭诚尽力。

秦统一六国后，士这一阶层不但在人数上迅速扩大，而且在意识形态上也更加杂。由六国旧贵族转化过来的士，无疑有怀旧眷故之情，志在复国者也不乏其人。战国时期，士一直"以布衣之微，蔑万乘之尊""贫贱骄人"，"礼贤下士"是世之时尚。秦统一后实施高度中央集权，使皇权具有绝对的权威。士的活动不但不利于中央集权，而且不利于树立皇帝的绝对权威。所以秦始皇实行了"焚书坑儒"，"焚百家之言，以愚黔首"的政策。这种企图禁锢思想、统一舆论的血腥手段，把全国的知识分子——士，推向了自己的对立面。

秦始皇敢于实行焚书坑儒，是由于他握有焚书坑儒的实力。焚书坑儒的实施，也证实了"千古一帝"手中确实握有这种实力。焚书坑儒的结果是舆论界顿时万马齐喑，达到了统一的"标准"。但思想界却进入了更活跃的状态，士这一阶层在紧张地思索着自己的出路，是继续和秦王朝合作，还是铤而走险，奋起推翻焚书坑儒的统治。继续和秦王朝合作，显然是一厢情愿的幻想，因为在统一的政局、集权的政体、专制的政权统治之下，士这一阶层对于统治者来说没有存在下去的必要；对士本身来说，也没有继续存在下去的可能。奋起推翻秦王朝的统治，客观上的条件不具备，无疑是以卵击石。

最明智的选择是韬光养晦，待风云之变以求一逞。这就是士这一阶层在秦王朝焚书坑儒之后的心理状态。与一个空前统一、强大的王朝抱定不合作的态度，对于热衷于用世的士这一阶层来讲是一种痛苦的选择，士与秦王朝分道扬镳，这也就决定了秦王朝只能是个短命的王朝。由于中层（士）和下层（广大民众）结合到了一起，上层处于完全孤立的状态之中，陈涉在大泽乡振臂一呼，天下响应，秦王朝立即土崩瓦解。

四、得士得国，失士失国

战国的纷争之中，各国的统治者均认识到得士得国、失士失国的道理，所以争相"养士"。士这一阶层奔走于各国之间，在变法的政治斗争中与兼并的军事斗争中，士站到了统治阶级一边，秦能顺利地兼并六国，说明士已站到了统一的大旗之下。

在统治阶级（地主阶级）和被统治阶级（农民阶级）的斗争中，士无疑是站在了统治阶级的一方，故终战国之世，农民没有能利用诸国之间的纷争发动起义，使统一战争能够顺利地进行下去，嬴政终于以百万白骨为血腥的石阶，登上了始皇帝的宝座。

秦始皇荡平六国，威服黔首之后，对于"以布衣之微，蔑万乘之尊"的士，当然要改变传统的礼用政策。嬴政自称始皇帝，号一世，欲万世而为君，也当然没有考虑过"失国"，所以也就不再考虑"得士"。秦王朝的郡县制由汉迄清，一直是各封建王朝遵行的政治体制，郡县制与旧的领主制、世卿世禄制相比无疑是进步的。新兴的地主阶级是政治上的总代表，在先进政治体制上所建立起来的秦王朝却是个短命的王朝，统一后享国只有十五年（公元前221年—公元前206年）。在中国历史上，"秦政"是"暴政"的代名词，"秦律"是"酷律"的代名词，"千古一帝"的秦始皇是"暴君"的代名词。失

"其政"的原因很多，对"士"的失策应该列为重要的一条。战国时期遗留下来的士人数非常之多，这些人如果能够转化为统一政局、中央集权体制下的士，为新君效力，对秦王朝来说无疑会起到重大的建设性作用。因为战国时期遗留下来的士，均有丰富的政治斗争经验，素质非常之高。可是秦始皇用焚书坑儒的血腥手段把这些人推到了自己的对立面，成了大泽乡起义的响应者。以后历代王朝均接受了秦王朝的教训，两汉实行察举、征辟制，魏晋南北朝实行九品中正制，隋唐迄清一直遵行科举制，把知识分子团结在自己的周围。纵观一部中国通史，只要知识分子阶层中的大多数人和最高统治集团采取合作态度，这个最高统治集团的统治就不但能存在下去，而且处于相对稳定之中。

第二节　海上仙山，海滨宫阙

一、碣石勒石

秦始皇统一六国后，分天下为三十六郡。广阳郡（治蓟城）地处上谷郡、渔阳郡、右北平郡的交会地，又是北方驰道的中心枢纽，有特殊的政治地位。始皇三十二年（公元前 215 年），秦始皇东巡幽燕之地，首先到达蓟城。然后经无终，到达碣石。在碣石勒石曰："遂兴师旅，诛戮无道，为逆灭息。武殄暴逆，文复无罪，庶心咸服。惠论功劳，赏及牛马，恩肥土域。皇帝奋威，德并诸侯，初一泰平。堕坏城郭，决通川防，夷去险阻。地势既定，黎庶无繇，天下咸抚。男乐其畴，女修其业，事各有序，惠被诸产，久并来田，莫不安所。群臣诵烈，请刻此石，垂着仪矩。"全文谴责诸侯割据分裂，颂扬全国统一，宣传秦王朝治策，以振皇帝声威。

秦都于咸阳，对偏于东北之隅的燕地确实有些鞭长莫及。战国时期燕国有"得士""养士"的传统，燕昭王以"金台招士"兴国；太子丹以遣荆轲刺秦王垂史。中原地区的士到燕国来施展治国安邦抱负者不乏其人，燕国士的阶层十分庞大。秦统一六国后，燕国的旧贵族失去了政治、经济特权，但凭借着昔日的文化素质和政治斗争的经验，加入了士的行列，于是士在燕地形成了一个巨大的群体。这些士不甘于为秦王朝的"黔首"，冀望风云之变，以遑复国之志，结成了一股旧燕的潜在势力，对这股势力进行震慑是秦始皇东巡蓟城碣石勒石的主要原因之一。

二、秦皇岛外有仙山

燕地滨海，北方滨海地区受由菲律宾海沟北上的暖湿气流影响极小，所以海天一色，苍茫大海之中好出现海市蜃楼的幻影。"幻影"使方士们的"幻想"，成了世人皆可目睹的"现实"。地处碣石山北麓的秦皇岛，顾名思义和秦始皇东巡燕地，碣石勒石山有一定内在的联系。持不同观点的人认为秦皇岛和唐太宗李世民征高丽有一定内在联系，唐太宗未登极为帝前封号为秦王，秦皇是由秦王演变而来的。此说不妥之处在于征高丽之时是贞观十九年，此时李世民践帝位已久，绝无再称秦王之理。

今秦皇岛市流传着北戴河海滨金山卫是秦始皇观海上仙山（海市蜃楼）之地。此说当然不会是由秦至今的口碑，但秦始皇碣石勒石的记载见诸《史记》，叫称信史。秦皇岛和秦始皇的关系总比秦皇岛和唐太宗的关系要直接和可靠，故涉及秦皇岛地区的史书、志书大多认为秦皇岛之得名系秦始皇东巡至此，遣人入海求仙药而得名。

三、常驻与长驻

秦始皇东巡燕蓟之地，意在"镇抚"以树"天威"。可是，近年考古工作者在山海关附近发现两处大型秦汉行宫遗址。其中山海关以东十五千米的墙子里村遗址面积可谓巨大，占地十五万平方米，内有宫墙和棋盘状分布的沉基和塌落的大批宫殿物件。其规模之大，仅阿房宫可与之相比。此行宫之修建史无记载，但修建如此规模的行宫，在当时的生产力限制下绝不是一件小事。汉初经济凋敝，天子难具完驷，将相或乘犊车，当然不可能修建如此巨大的行宫。秦始皇一定是准备在"碣石"附近"常驻"或"长驻"，才修建如此规模巨大的行宫。但不论"常驻"还是"长驻"，都会导致秦朝统治中心的东移。这说明秦始皇已经充分认识到了燕蓟地区的重要性。楚汉相争之际，刘邦即位之初，燕蓟地区先后发生了韩广踞蓟城称王、燕王臧荼反叛、代相陈豨反叛、卢绾反叛，可称得起是割据动乱之地。因为燕地北有强邻匈奴，内有旧燕残存势力，非拥有强大军事实力的"强人"不足以"镇抚"其地。但强人一旦和强邻联络起来，和地方割据势力勾结起来，一定会"据燕地而反"，这是汉初燕地动荡的根本原因。

秦始皇在远离关中根本之地的碣石山下修建规模巨大的行宫，其直接目的有两个：一是震慑燕地开拓辽东；二是冀望在滨海之地与仙人结缘。这两个直接目的都和旧燕之地士的活动有关。燕地之士心怀不逞之志，思风云之变，故需要震慑；海滨方士的人间仙境、海上仙山之说又使秦始皇这个敢于向天命挑战的皇帝十分向往。幻想着得到仙药，"与天地比寿"，永享人间富贵。可是仙人非常人可比，可遇而不可寻，只有在海滨定居下来，才能有缘目睹海上仙乡。在这种情况下，秦始皇在远离国都咸阳的碣石山北麓修建了准备常驻或长驻的行宫。

第三节　旧燕风云

一、三老难领风骚

秦王朝在郡县制的基础之上统一了六国，这无疑推动了历史的前进。但秦二世而亡，只存在了短短的十五年。强大的王朝，短暂的寿命，其原因很多，实行焚书坑儒，"焚百家之言，以愚黔首"可以算为原因之一。但秦王朝也没有放弃文化教育阵地，实行凡有愿学者"以吏为师"，也就是说，除了朝廷的政策、法令，一切学术思想均在禁毁之中。对民间的思想控制是设三老以掌教化。"教化"和"文化""教育"有明显的区别，主要是通过"宣教"让老百姓循化，成为秦王朝安分守己之良民。能够掌三老之业，宣讲教化的人总得是个"知识分子"吧。所以有秦一代，活动于基层政治舞台上的三老，也就是"士人"了。秦灭燕后，在燕都蓟城附近置广阳郡，郡治在蓟城，下辖蓟、良乡等属县。广阳郡的三老大概是继燕国之"士"以后，秦王朝所承认的"士大夫"了。但三老难领风骚，一介宣教吏难入士林。燕地之士有志在复国的传统，昔日不甘亡于齐，今日也不甘亡于秦，欲继昭王之业、继荆轲之行者大有人在。

二、复国风暴

秦始皇在位之时，民间就流传着"始皇帝死，天下地分"之说。秦始皇在东巡途中死于非常之变，在赵高的谋划之下，秦始皇次子胡亥登上了皇帝的宝座，号称二世。二世元年陈胜、吴广发动了大泽乡起义，闾左之徒振臂一呼，天下响应。在战国旧士阶层的策划之下，六国残存势力卷土重来，在短时期内均达到了复国的目的。楚国旧贵族项羽击溃了秦军主力成为霸主，但面临着群雄并起的政局，只好裂地封王，承认割据的现实。楚、汉相争的过程中，刘邦也不得不大封异姓王，全国平定之后，又大封同姓王。毋庸讳言，裂地封王，恢复战国群雄并立的状态，对士这一阶层十分有利，给士的游说活动以凭借和依托。项羽、刘邦大肆封王，实质上是面临着士这一阶层和割据势力的组合，不得不采取的让步措施。这一现象再次证明了，士这一阶层在政治舞台上具有举足轻重的地位。士的归附和趋向是最高统治者必须正视的现实。

三、难以平静的地区

秦始皇东巡，在碣石勒石，意在震慑燕地的不逞之徒。这些不逞之徒或是旧燕贵族，或是旧燕遗士，故从政治、经济地位来讲大多可以归入士的行列。燕地需要秦始皇东巡震慑的原因首先是远离关中根本之地，秦王朝难免鞭长莫及；其次是燕有招士、养士、用士的传统，士这一阶层对亡燕存有故国之思，志在复国者不乏其人；再次是燕地处于北陲胡汉杂处之地，民族关系、经济基础颇为复杂。在这种情况下，二世元年陈胜、吴广在大泽乡振臂一呼，燕地即举起反秦的旗帜，韩广据蓟城称燕王。在楚汉相争之际，臧荼在项羽的支持下诛韩广而代之。汉初燕地又发生了燕王臧荼的反叛、代相陈豨反叛、燕王卢绾反叛，可称为动荡迭起之地。秦末汉初燕地政局动荡，其外部原因一是定都于关中地区的朝廷对燕地难免失控，长城外的匈奴族已影响到燕地的政局。二是反叛者结交匈奴，而且失败后亡命匈奴以获庇护。

其内部原因无疑是燕地士这一阶层对朝廷抱不合作的态度，有强烈的复国情绪，一有可能就把复国之志变成复国的行动，使"镇抚"燕地的"军事强人"发动叛乱有了中下层基础。燕地叛乱迭起，甚至可以说是士这一阶层利用朝廷鞭长莫及和匈奴影响到燕地政局的条件进行游说的结果，这种游说活动，导致了镇抚燕地的军事强人发动割据和叛乱。

司马迁在《史记·货殖列传》中描述燕都蓟城曰："夫燕，亦渤、碣之间一都会也。"《盐铁论》亦云："燕之涿、蓟，富冠海内，为天下名都。"从地理位置上来讲，蓟城确实是"南通齐赵、东北边胡"，是中原地区通向沿边地区的交通枢纽。货币是交易的媒介，近年考古工作者在我国河北、天津、山西、河南、内蒙古、辽宁、吉林等省，以及朝鲜、日本均发现了出土的燕国刀币。燕国刀币在如此广大的范围内流通，反映出了战国时期燕国的商品经济是相当发达的。

秦汉统一之后，蓟城商贸中心的地位历经战乱而犹存。陈豨反叛时，下属大多是商贾。商人追随陈豨反叛，说明了两个问题：一是商人在燕地具有相当的势力，陈豨起兵必须借助于商人的力量，所以置将相大多是商人；二是燕地商人和朝廷有矛盾，希望通过反叛达到割据北陲，摆脱朝廷控制的目的。商人的势力强大，商人和镇抚燕地的军事强人结合到了一起，士的活动不但有政治上的依托，而且有经济上的基础。

综上所述，秦末汉初燕地政局动荡，叛乱迭起，其主要原因是外有强邻——匈奴族；内有强人——军事强人、经济强人。志在复国的燕士纵横捭阖其间，朝廷确实是鞭长莫及，于是燕地也就成了难以平静的地区。

第六章
两汉征辟察举制度下的幽州士大夫

第一节　马背上的士

一、马背上得天下的皇帝

秦始皇巡视东南，项羽见到这位"祖龙"，认为"彼可取而代之"。刘邦役于咸阳，见阿房宫之壮丽，感叹道：大丈夫得志，应该如此。言下之意：他日若逞凌云志，敢笑嬴政不丈夫。项羽是楚国的旧贵族，楚亡秦兴后，凭借着家世，总不会是个"力役的提供者"；刘邦本是乡曲无赖，后来官拜亭长。如果二人饱读诗书，大概可以归入士的范围之内。可是偏偏项羽学书不成，学剑又不成；刘邦更是不学无术的村夫乡痞。故唐人讽秦始皇焚书坑儒曰："坑灰未冷山东乱，刘项原来不读书。"但时势造英雄，刘、项凭三尺利剑在马背上争天下。项羽在马背上失天下，刘邦在马背上得天下，成了马背上的皇帝。

二、由珠履到马靴

秦统一六国的战争，站在今天的高度和角度来讲，无疑是有进步意义的。但是任何战争都不可避免地对生产力造成直接或间接的破坏。"争地以战，杀人盈野，争城以战，杀人盈城。"秦统一后本应与民休息，稳定政局，发展生产。可是秦始皇忙于修驰道、筑长城、建阿房宫，急役伤农。大泽乡起义之后，灭秦战乱刚息，楚汉相争又起。在长期的动乱之中，生产力遭到了空前的破坏，公私经济完全崩溃，故汉初之时，天子难具钧驷，将相或乘牛车。

战国时期遗留下来的士，虽然在秦末汉初之际又重返政治舞台，但是春申君家有三千珠履，只能是昔日的繁华了。士也不能宽袍广袖，凭坐而论道即能获取功名富贵，而是要在马背上随军奔波。故秦末汉初的士，只能脱下珠履，穿上马靴，可称为马背上搏功名的士。

三、战国时期的遗势遗风

秦末群雄逐鹿，汉初异姓王、同姓王拥兵踞地，总体政治形势上颇有战国的遗势，有遗势就会有遗风。拥兵者踞地称王，士就会游说其间以求一逞。秦末汉初的割据形势是短暂的，割据者也不具有战国七雄在军事、政治、经济、文化方面的雄厚基础，但士还是奔走其间冀望重现战国的政治局势，蒯通说韩信反汉就说明了这一点。因为士这一阶层是不愿汉王朝在秦王朝之后，继续高度统一、集权、独裁的。刘邦迅速平定了异姓王的叛乱，使士这一幻想成为泡沫。但景帝平息七国之乱以前，士这一阶层还可以依托刘氏同姓诸王，以苟存其间。汉武帝即位之后，推行了一系列政策来削弱诸同姓王的实力，起到实际作用的就是"推恩令"。这条法令名义上是恩加于骨肉之亲，诸王之子皆推恩封为列侯。实质上是把诸王领地分割成许多小侯国，所食不过千户，当然也就没有力量存不臣之志，没有能力养宾客（士）以求一逞了。在这种情况下，士这一阶层也就没有可能继续存在下去了。西汉时期（包括王莽和更始帝）的二百三十一年中，今北京地区四度为燕王（广阳王）都城，共一百九十八年；四度为燕郡（广阳郡）首府，共计三十三年。武帝子燕王刘旦在位共三十八年（公元前117—公元前80年），因企图谋反，败露后被迫自杀。史载刘旦为人辩略，博学多识，好招揽各种人才，养宾客。刘旦为燕王时期已至西汉中叶，战国遗势已尽，刘旦好招揽人才，蓄养宾客，企图用招士、养士的方法来扩充自己的实力，当然不见容于朝廷。刘旦的失败，说明了战国的遗势已尽，遗风难存，中央集权日益巩固的西汉王朝，决不容许游说和养士制度再存在下去。

第二节　征辟与察举

一、新形势下的官员选拔制度

（一）不逢高皇帝封侯难

据《史记》载，汉文帝曾对李广说："令当高祖（刘邦）世，万户侯岂足道哉。"言下之意，李广生不逢时，因为当时天下太平，文景之治的核心是"无为而治""与民休养生息"。要想在马背上凭军功封个万户侯，确实是没有机遇了。

汉初官员的选拔制度，主要是凭军功。有"非功臣不封侯，非侯不拜相"的定制。凭军功封侯拜相之后，爵位和官职可荫及三世，宦门子弟可通过荫子进入仕途。天下太平之后，凭军功拜官的定制失去了存在的基础，所以汉文帝有"令当高祖世，万户侯岂足道哉"之叹。在这种情况下，新的官员选拔制度应时而出。

（二）征辟制度

由皇帝直接聘请在野之士出山任职称为征；由官府聘请称为辟。汉初刘邦征四皓，不就。可见皇帝下旨征召德能之士早已有之，士有高节异能，惊动天听，当然是"国之瑰宝"，应委以重任。所以凡是皇帝征召来的人，大多授以很高的职位。光武帝征卓茂为太傅；汉安帝征张衡为郎，后迁太史令。但对士人来说，这是很难得的机遇，不具有普遍性。

两汉时期低级官吏由长官自行聘请，称为辟除，中央和地方高级官员均有此项权力。高官显贵以能辟除贤才名士相标榜，所谓俊雅之士也以能被辟除公府为荣。东汉时期，士人被地方长官辟除郡县吏而进入仕途者比较普遍。原因是东汉时期地方豪门世族已经形成，地方长官希望获得地方势力的支持，在这种情况下，被辟公府的人也越来越被地方豪门所把持。

（三）察举制度

察举又称荐举，是两汉选官的主要方法。所谓察举是三公、九卿、二千石（地方郡守）等高级官员根据自己的考察，把所谓品德高尚、才干出众的在野之士或下级官吏推荐给朝廷，授予官职或提高官职的一种制度。察举的名目众多，如贤良方正、贤良文学、孝悌力田、茂才异能、直言极谏和孝廉，后来孝廉逐渐成为使用最多的一种名词。

二、士开始地著

战国和秦汉之际的士游说于列国（各种政治势力）之间，寻求机遇，以求一逞。汉初，刘邦翦灭了楚汉相争过程中所形成的异姓王。景帝平息七国之乱后，刘氏的同姓王也失去了军事、政治、经济上的实权，徒有虚名。武帝实行推恩令后，诸王之子所食不过千户，不过一富家翁耳，士完全失去了游说的对象。

两汉在新形势下实行征辟、察举制度，士人只有定居一方才能造成社会上的影响，引起视听的注意，使自己成为征辟、察举的对象。东汉时期按照各郡人口的多少，规定出每年荐举孝廉的名额。据《后汉书·丁鸿传》载，郡国每二十万人口举孝廉一人，四十万人口举二人，以此类推。不满二十万人口，两年举一人，不满十万人口，三年举一人。在这种情况下，想通过举孝廉的身份进入仕途更需长期地著，以便在地方上造成影响，然后论资排辈，"占用指标"。所以士由"周游列国"转化为"显名郡国"，否则难以进入仕途。

第三节　士与士大夫

一、由重能到重德

士和士大夫同为地主阶级的知识分子，称谓的不同反映出地主阶级知识分子正在随着时代的发展变化而改变着自己。战国时期，地主阶级登上历史舞台，是最富有活力的阶级，政治上各国争相变法图强；军事上七雄争斗，兼并图存；学术上百家争鸣各显所说。士周游列国凭借的是"能"，越有"异能"越受重用，"鸡鸣狗盗"亦属一技之长。

秦汉统一之后，秦始皇用"焚书坑儒"的方法统一思想；汉武帝用"独尊儒术"的方法统一思想。其实，"坑儒"和"尊儒"都是手段，统一思想才是目的。把全国臣民的思想统一到最高统治阶级利益的规范之中，行不逾矩，不但不能有异能，而且不能有异说、异思。士周游列国是向最高统治者显示其"能"，士大夫地著修身是向最高统治者显示其"德"。孝者，孝敬天地、君亲；廉者，廉隅自守，廉洁奉公，廉以事君。总之，孝廉是最高统治者心目中最信得过的人。所以众多的察举名目中，孝廉最受垂青。

二、儒学独盛，士大夫独悲

汉初天下草创，文化教育事业未及兴举，但已废秦禁挟书之律，学术文化开始得到复苏。汉武帝时置五经博士，兴太学于长安，"令天下郡国皆立学官"。武帝接受了董仲舒的建议，"罢黜百家，独尊儒术"。董仲舒建议"罢黜百家"，说明了汉初确实还存在着战国百家争鸣的余韵。文景之世重黄老刑名之学，儒术并不尊显，所以董仲舒给儒学注入了"天人合一""天人感应"之说，以适应统一王朝、集权政治、独裁体制的需要。从此以后，儒学的正统地位确立了下来，虽然后世诸王朝对儒学尊崇的程度有异，但是从总体上来说，儒学的正统地位没有遇到过挑战。盐铁论之争、古文经今文经之争……基本上可以说是儒家不同观点之争。魏晋时玄学兴起，士大夫崇尚清谈，但清谈家仍然"戴着儒巾"。南北朝时，佛道二教相争，道教依儒反佛，佛教也不敢把矛头指向儒家，佛教在鼎盛之时的宗教活动也须在不触犯儒家的前提下开展。佛教有"三武一宗之厄"的四次法难；道教在不同时期也受到过打击，唯独儒家自从秦始皇焚书坑儒之后，历两千余年而独盛。儒家的地位十分稳固，儒学的传人——士大夫阶层的地位也就十分稳固，儒学在中国的统治地位到五四运动之后才遇到了全面的挑战。在儒学独尊的两千多年里，士大夫阶层一直是地主阶级的中流砥柱，但心怀安社稷、济苍生之志的醇儒——正统的士大夫，并不是历朝最高统治者垂青的对象。"醇儒""贤臣"的境遇往往是"尊而不重""重而不用""用而不亲""亲而不敬"。以"罢黜百家，独尊儒术"的汉武帝而言，他的亲重之臣是"习文法吏事，而又缘饰以儒术"（《史记·平津侯列传》）的人。

第四节　初显风采

一、学比齐鲁

战国时期燕国的文化显然还落后于中原地区，故由燕昭王到燕太子丹，均实行人才输入政策。秦末汉初，燕地是动荡之区，可是天下初定之后，燕地文化教育颇有后来居上之势，以"韩诗"为代表的燕地学术迅速发展了起来。这不能不说是大乱之后必有大治，燕地多士，必显风采的缘故吧。汉文帝时，蓟城人韩婴为博士，学业精深，名显一时，曾与董仲舒在汉武帝面前辩论经学，其见识不为董仲舒所难。韩婴私家传授《诗经》，后人称为"韩诗"。司马迁评论韩婴时说："推《诗》之意而为《内外传》数万言，其语颇与齐鲁间殊，然其归一也。"西汉时《诗》学分为鲁、齐、燕三个学派，鲁诗以申培为代表，齐诗以辕固为代表，燕诗即以韩婴为代表。

韩婴还以《易经》传授后人，其后裔韩生因通晓《易经》受到皇帝的召见。其门人董宽饶（司吏校尉）综汇其说成《韩氏易传》一书传世。东汉时期，幽州蓟、涿一带经济文化发展迅速，官学与私学均很普遍。幽州地区学者崔駰、崔瑗、崔寔祖孙三代人和名儒卢植等人"立学教授，求学者甚众"。当时，幽州地区除经学大师私家传授，也有学馆一类的蒙学设立。文化教育事业的普及和提高均有所发展，文化教育事业的发展标志着士大夫阶层开始形成。因为士大夫是地主阶级的知识分子，只有文化教育事业发展了，才有可能培养出众多的地主阶级知识分子，形成士大夫阶层。

一、新豪门世家的形成

汉初的豪门世家，均是凭借军功而显赫一时。但功臣之后荫及子孙也不过三世，而且朝廷政局变化莫测，功臣有时难以自保，故政治上显赫一时的豪门，钟鸣鼎食难以继世。在学术教育活动中形成的新豪门，显然不如政治豪门显赫，但其枯荣相对独立于朝廷的政局之外。可凭借诗书继世，以家学立业。以卢植为例，卢氏是魏晋、北朝以至隋唐的名门望族，在蓟、涿地区享有极高的地位，在历朝的《氏族志》或《姓氏录》上，与清河崔氏等而侪之。可是卢氏在政治上并不是位极人臣，在经济上也不是富甲天下，只是凭家学传世，以名儒之后、书香门第而居郡望之首，显赫了数百年。也就是说，新豪门世家有政治凭借时固然是"锦上添花"，无政治凭借时犹可"老梅独秀"。因为文化世家的根基比凭军功封侯拜相，靠荫子进入仕途的政治豪门要深厚和广阔得多。文化世家往往和地方势力、地方文化传统、家学传统紧紧结合在一起，只要中国封建社会存在，儒学传统存在，文化世家也就能够存在并获得发展。

文化事业的发展才能形成新豪门，文化豪门继世长存，说明了文化事业在持续发展。学以家传、家以学显是封建社会早期学术、教育、文化发展的特征，因为在当时的生产力限制下，学术、教育、文化在地主阶级内部也难以普及，所以其发展只有依托于豪门世家。豪门世家在聚徒讲学的过程之中，也就形成了一个士大夫群体。在科举制度没有确立，印刷术没有普及之前（科举制度确立于唐，印刷术普及于五代以后），在"九品中正制"的制约之下，士大夫阶层的发展只能依托于豪门，而文化豪门世家的形成和发展无疑对学术、教育、文化的发展起到了一定的积极作用。

第七章

魏晋南北朝九品中正制下的幽州士大夫

第一节 豪门势力的扩张

两汉时期，经济文化的发展形成了和地方经济、地方文化传统结合在一起的新豪门世家。新豪门世家对朝廷政局的依托具有相对独立性。所以汉武帝置刺史巡监郡国，刺史监郡的主要使命之一，就是防止二千石（郡守）和地方豪强相交结，造成对朝廷的不利因素。幽州刺史驻节蓟城，监统广阳国（郡）、涿郡、上谷郡、渔阳郡、右北平郡，上述郡、国在两汉初年均是动乱之地，动乱的原因是镇抚的长官和地方势力相勾结，发动叛乱。

东汉时期回避制度的"三互法"已经形成，回避的对象是"宗室不典三河"（河东、河内、河南三郡）；"婚姻之家的两州人不得交互为官"。两州指幽、冀二州。法律上对幽、冀二州做了特殊的规定，原因是"州郡相党，人情比周"，地方势力过于强大。但"三互法"的实施竟然造成"禁忌转密，选用艰难，幽、冀二州久缺不补"。可见二州关系网之广，竟然发展到难以在"三互法"的许可范围内选任地方长官了。

东汉以来，外戚和宦官主宰朝廷政局，旧豪门世家动荡起伏，此兴彼亡，新豪门世家开始取代其地位。门阀世族在本地区不但有政治、经济势力，而且有文化影响和家学传统，故其发生作用的范围远远超过了凭借军功、婚戚、荫子形成的政治豪门世家。

三国时代，曹操在选官用人方面提出了"唯才是举，以备录用"的方针。极大地冲击了由豪门世家把持的辟除、荐举制度，招收了不少人才。但是自东汉以来所形成的豪门世家，其势力和影响已经根深蒂固，曹魏无力铲除，只好与之妥协。曹操"挟天子以令诸侯"，但是不敢灭汉称帝，就是顾忌到士族的反对。曹丕袭成大业之后，为了换取豪门世家的支持，早日登上皇帝的宝座，实行了九品中正制。九品中正制的实质是将选官的权力重新交还给门阀世族，门阀世族则支持曹丕黄袍加身。选官用人的权力交出去后，曹魏政权的基础也就动摇了。故立国四十五年，就被世家大族的司马氏所取代。西晋王朝的建立，标志着士族统治的确立。

第二节　九品中正制的确立

九品中正制又称九品官人法，始行于曹魏黄初元年（220年），历经两晋、南北朝，于隋开皇七年（587年）正式废弃，实行了三百六十多年。其内容概而言之就是各州郡皆置中正官，作为选官的专职官员，各地中正官由本地人担任。选官的方法是通过品评，将各地士人分为上上、上中、上下、中上、中中、中下、下上、下中、下下九等，被评为上等的将被推荐到各级政府中去做官，充任中正的人本身必须是三品以上之人。

中正制品第人物，要从该人家世出身、言行表现来评论，然后确定品级。晋以后，品级则完全由家世来确定，所以就出现了"品"和"状"不一致的情形，有人行状评语很好，却在下品，原因是门第寒微。中正品评人物的结论要报给司徒，作为选官的凭据。凡经品评的人物，按例每三年重新审评一次，所评品级可根据最新行状更改。

第三节 学以家传、家以学显的幽州士族

幽州地区自战国以来，即为燕国的政治文化中心，历经两汉的发展，魏晋时期幽州地区的文化、教育和中原地区相比，可以说是并驾齐驱了。因为当时幽州地区的人才（文士）置身公卿者甚多，人才输出显示了文化教育有了基础。魏晋时，驻节幽州的许多封疆大吏都重视教育事业。唐彬坐镇蓟城时，"兼修学校，诲诱无倦，仁惠广被"。

封建社会的文化教育素为地主阶级所专有。东汉以后，文化教育重心已不在政治中心——首都，而分散于天下郡、国的名都大邑。原因是地方上的豪门世族兴起，成为文化教育事业的依托。文化教育以家族传，家族以文化教育显。家族赖以地域，以地望称世，地方文化、学术中心也就形成了。范阳卢氏、祖氏、上谷侯氏、寇氏、燕国刘氏等都有"世以儒业显，钦清淡有远识，笃志经史"的门风传世。幽州地区世操儒业的世家大族的形成，也说明了幽州地区已经"齐鲁化"。

幽州地区私人讲学之风也很盛行。霍原年轻时至洛阳太学学习，才名颇显，回乡后聚徒授业，更名重一时。燕王司马机慕其名，月致羊酒为礼，有门徒数千人。

十六国时期中原板荡，幽州地区亦动乱不安，后赵、前燕、前秦、后燕先后占有幽州地区，在交相攻战中，官学、私学俱废，社会文化教育陷入低潮。北魏统一黄河流域之后，社会秩序得到了恢复，在经济得到发展的同时，文化教育事业也出现了一个新的局面。

据有幽州的少数民族地方政权，大多能和汉族豪门世家合作，所以十六国时期，幽州士族仍能"世以儒业见称"。在官学、私学俱废的情况下，家学却仍然历代相传。范阳卢氏、无终阳氏等名门望族为幽州地区文化教育事业的发展做出了一定贡献，使幽州地区文化教育事业处于北方的先进地位。

北魏统一北方，统治时间长达一个多世纪，北魏的统一是建立在汉化基础之上的统一，故传统的儒家文化教育得到了恢复和发展。孝文之世，出身

于范阳卢氏家门的卢道将出任燕郡太守，到任之初即为霍原修墓立祠，目的是崇尚乡贤"优礼儒生，励劝学业"。裴延儁任幽州刺史"修起学校，礼教大行，民歌谣之"。由此可见，北魏幽州地区的官学确实是得到了恢复。与官学相比，幽州地区的私学发展迅速，不少学者聚徒讲学，文风炽盛。徐遵明从家乡陕西华阴诣山东求学，后至幽州范阳从孙买德受业。由关中、山东到幽州求学，足见幽蓟地区的文化教育事业有后来居上之势。徐遵明学成之后，在范阳传授经学二十余年，前后从学者数千人。当时燕地已比翼齐赵，"教授者不可胜数，弟子著录多者千余人，少者犹数百，州举茂异，郡贡孝廉每年逾众"。

由于官学、家学、私学的共同发展，幽州地区学者迭出，卢玄、高闾、郦道元、平恒、梁祚等人均成为名显一时的巨子。综上所述，东汉以后学术文化的中心已经地方化，依托于豪门大族。魏晋时由于九品中正制的确立，这种情况得到了进一步发展。南北朝时政局分裂，北朝政权大多为少数民族所建立，在动乱之中，官学、私学俱废，只有家学独传，学以家传、家以学显是这一时期文化教育事业的特点，也是士大夫阶层存在和发展的特点。

第四节　九品中正制的流弊

九品中正制实施后，由朝廷到州郡均设立了中正官，所以初行之时，选官之权确实曾在朝廷的控制之下。但随着曹魏皇室的大权旁落，豪门世族很快把持了各级中正官，控制了选官大权。于是九品中正制也就彻底沦为豪门士族的政治工具。

九品中正制重家世、轻德才，把真正的贤能之士排斥在外，竟发展到"崔、卢、王、谢子弟，生发未燥已拜列侯，身未离襁褓业被冠戴"（《鸿苞节录》）的荒唐地步。这使得士族对品评也失去了兴趣，完全不顾及名节和影响，只关心保持自己的尊贵血统，防止混淆士庶界限。只要门第犹存，中正的品评对他们来说只不过是例行公事而已。在这种思想的指导之下，豪门世族只对尚书令、中书令、中书监等清流之官颇感兴趣，而不屑于去做务实之官，认为"有损家氏"，尤其看不起武职，视之为"屈意戎族"。其结果是豪门世族的政治地位虽高，但掌握的实际权力越来越少，政治基础发生了动摇。九品中正制也就临近了末日。

南北朝时，豪门世族只重"家世"，不重"家学"。"学以家传、家以学显"的文化影响和传统已不复存在。朝廷偶尔举行考试，一般是孝廉试经书，秀才试策论，但士族子弟大多"不屑"参加，因为只有门第，没有才学。名为不屑参加，实是不敢参加。腹中空空，宴会上的唱答之诗都要请人捉刀代做，又何敢进考场一试？

由于豪门十族在政治上失去了优势，在文化上失去了影响，也就无力维护其赖以存在的九品中正制了。西魏、北周首先"惩魏齐之失"，"罢门资之制"，敲响了九品中正制的丧钟，为隋王朝实行科举制度创造了条件。

第八章

隋唐科举制度下的幽州士大夫

第一节　再现辉煌——新形势下的大统一

秦统一六国，是在郡县制的基础之上实现的统一，给统一注入了新的内容。汉承秦制，但东汉末年地方豪强的势力兴起，导致了三国时期六十年的鼎立和分裂。西晋王朝实现了四十多年的统一，永嘉之乱后，中国陷入了长达二百六十多年的分裂。隋唐时期的统一，是在新形势下的大统一，给统一注入了新的内容，即在民族融合的基础之上，实现的九州大一统。

一、民族大融合后的勃勃生机

两汉以来，我国北方的一些游牧民族，在朝廷"扫北"的军事行动中成为失败者；或是在内部斗争中成了失败者。这些失败者往往被内迁到长城以南地区定居。西晋八王之乱中，内迁少数民族的上层贵族利用"中原板荡"之机，纷纷起兵反晋，形成了"十六国"的混乱局面。在动乱中，割据政权此兴彼亡，内迁游牧民族的原始部落组织完全被打乱，以致被消灭。大动荡之中，汉族和内迁诸少数民族均保持不了"优势"，统治者和被统治者变化无常，客观形势打破了原来地域、民族，甚至等级的界限，彼此之间进行了广泛的接触与交流，为共同生活创造了机会，为认同创造了条件，为北魏统一北方和魏孝文帝实施改革创造了前提。

魏孝文帝的改革主要有以下几点：第一，各级官吏实行俸禄制；第二，在北方全面实行均田制；第三，废除宗主督护制，实行邻里党制；第四，迁都洛阳，实行"汉化"政策。以上各项政策均有利于国家的统一与民族的融合。

魏孝文帝以鲜卑族最高统治者的身份颁行的一系列"汉化"政策，有力地推动了内迁少数民族和汉族之间融合的历史进程。这种融合是建立在自觉的基础之上的，也是建立在诸民族（汉族和内迁少数民族）政治、经济、文化上的差距逐渐缩小趋于消失的基础之上的。在这种情况下，改革成了大势所趋、人心所向。"汉化"也成为水到渠成之事。"汉化"的具体内容有：改鲜卑姓为汉姓，皇帝拓跋氏自称是黄帝轩辕氏后裔，分封于北土；禁止鲜卑族同姓通婚，鼓励鲜卑人和汉人结婚；禁止士民穿胡服，一律改穿汉装；禁止说胡语，一律改说汉语；入籍中原，死后不许归葬北土。作为一个鲜卑族出身的皇帝，在没有外来压力的情况下，果敢地做出了上述决定，可称是雄才伟略，有卓识远见，把国家的前途和诸民族的总体利益置于高于一切的地位。"汉化"从表面上来看是让内迁少数民族"忘祖"，其实是让诸民族与汉族站在一条起跑线上，向着共同的目标奔跑。内迁少数民族要想在奔跑中不掉队，就得甩掉原来背着的包袱。据范文澜先生估计，十六国北朝时期，先后有两千多万内迁的少数民族，在北方与汉族融为一体，为中华民族的形成奠定了基础。同时，也在人口的素质方面为大唐盛世准备了条件。江南士族的腐朽生活和空虚的精神境界，已实难振兴。而黄河流域的民族大融合，使各民族之间进行了互补，互相注入了新生血液，以勃勃生机出现在政治舞台上。所以由北隋灭南陈，肩负起统　全国的重任，绝不是历史的偶然。

隋唐两朝创始之时，其上层人物中不乏关陇军事贵族集团的成员，关陇军事贵族之中亦不乏"汉化"的鲜卑人。可以说没有北朝时期的民族大融合，就不会产生隋唐的统一。隋唐统一以后，贞观之治和开元盛世的出现亦不是历史的偶然，是新形势下的大一统王朝的必然现象，是中国封建社会继战国之后的再次辉煌。

二、耕者有其田——均田制落日的霞辉

耕者有其田是中国人几千年来一直向往的社会，上迄西周的井田制，下至孙中山先生的民生主义，均为实现"耕者有其田"做出了努力。同是"耕者有其田"，但是不同阶级、不同阶层的人提出这个口号时有不同的目的。封建社会的最高统治者是为了保持自给自足的自然经济，形成众多和土地结合在一起的小康之家，满足朝廷收赋、征役的需求，以便直接攫取农民的劳动成果；农民则是希望在"耕者有其田"的法律制度之下维持温饱。为了实现耕者有其田，就要遏制土地兼并，但是在土地已成为商品的情况下，土地兼并实属正常现象。故历代王朝的"占田""课田""均田"绝非"打土豪分田地"，而是把国家能够控制的无主荒田分给农民，以达到"令民地著，收赋征役"的目的。能够实行均田必须有三个条件：首先是大乱之后产生了大量的无主荒地，有田可"均"。其次是中央政府强大有力，均田的政令能有效地执行，而且动乱之中地主阶级大伤元气，一时还没有大量兼并土地后招佃取租的能力。最后是动乱之中人口大量流失，各阶级、各阶层都希望土地和劳动力尽快地结合起来。上述条件，唐初完全具备了，所以均田达到了预期的效果。我国封建社会的小农经济达到了巅峰。"贞观之治""开元盛世"也就在此基础之上产生了。

三、新的政治格局——宰相议政，藩镇割据

自秦始皇在郡县制的基础之上统一全国后，历代王朝均实行中央集权制，虽有三公秉政之说，但相权仍是"一人之下，万人之上"。如果上有昏君和奸相，朝政确实是不堪设想。唐承隋的三省六部制，而且把这个体制发展得更加完善。三省即中书省、门下省、尚书省。中书省"出旨"，即秉承皇帝的旨意制定方针、政令；门下省负责审核，有"封驳"（退回重拟）之权；尚书省下辖六部，负责政令的执行。三省长官均有宰相之"名"、宰相之"实"，共同在政事堂"议政"（联合办公）。三省制的初衷是分散相权，加强皇权，但

客观上使得相权在行使的过程中更趋于合理和完善。不但加强了办事效率，而且在"议政"的过程中能充分地发挥内部民主。"宰相议政""坐朝论道"是一个"班子"主政，相权难以一手遮天，朝政也就具有相对的透明度，持不同观点者亦可"争鸣"，使政坛比较活跃。士大夫立于朝亦能不苟立，在一定范围内有施展才能和抱负的回旋之地。纵观有唐一代，确实是出了不少名臣、贤相。而且宰相之中"办实事的人"也未出现张居正式的专横和腐败，这应该说是"宰相议政""行政有道"的成果。

唐代的中央政治格局是"宰相议政"，地方的政治格局是"藩镇割据"。唐朝的疆域辽阔，为了进行有效的"镇抚"，朝廷不得不设置集军政大权为一身的节度使为封疆大吏，在边陲之地亦设都护府镇守羁縻。安史之乱以后，许多节度使拥兵自重，藩镇割据的政局不断发展。唐代的藩镇除安、史逞兵向阙，称帝反叛，其余均是割据。割据者只是对朝廷相对独立，九州也就相对统一。相对是对绝对而言的，两个相对互相磨合，形成了特殊的政治格局，即藩镇承认朝廷，朝廷也承认藩镇，双方共存于九州这个统一体之中。这种政治格局，使士大夫在朝廷之外亦有了回旋余地。虽不能"周游列国"，亦可投靠藩镇另谋发展。

四、独尊儒术与三教圆通——思想相对解放

（一）儒释道三家序位之争

东汉时期佛教东传，初入中土，在中国人的心目中具有异端形象。道教亦在东汉末年形成，《太平经》开始问世。魏晋时期玄学兴起。玄学家尚清谈，反对名教崇尚老庄，是道家学说在新形势下的发展。其学说主要是用道家理论解释儒家的经典《易》，玄学家在政治上崇尚无为，崇尚自然。阮籍主张："无君而庶物定，无臣而万事理。"玄学并不是向儒学挑战，而是士大夫的一种"解脱"，但谈玄只能稍解郁闷，绝脱离不了现实。酒醉终有醒，身在官场之中，终受纲常羁绊。玄学家在谈玄的时候也间接借用一些佛家理论，但

绝不是皈依。永嘉之后，北方处于动荡之中，谈玄也就失去了客观上的环境，从北京史的角度来讲，玄学可以说是没有什么直接的影响。南北朝时期佛教、道教均开始成熟。故儒、玄、佛、道四种思潮在南北朝时期交会在一起。以佛、道二教相争为背景，展开了论战。从总体上来说"儒家对佛教排斥多于调和，佛教对儒家调和多于排斥。佛教和道教互相排斥，不相调和。儒家对道教不排斥也不调和，道教对儒家有调和无排斥"。在南朝，范缜的《神灭论》大灭佛焰，儒家的正统地位可以说是"岿然不动"。在北朝，周武帝集儒、释、道三方反复辩论之后，宣布儒居一，道居二，佛居三，三教序位之争中，儒家不但在实质上，而且在形式上保持了"榜首"的地位。

唐王朝统一全国之后，由于李渊和"太上老君"李耳（老子）攀亲认祖，所以武德八年（625年）李渊亲临国子监宣布，道教在序位上名列第一，儒列第二，佛列第三。儒家在序位上被"贬"，但"一尊"的地位并未动摇。终唐之世，不但道教的发展未能形成向儒家挑战之势，实力还远不如佛教。儒家一尊的地位虽未遇到挑战，但名分上被"贬"，这无疑是有助于禁锢在儒纲之中的思想意识的发展。

（二）三教圆通的实质

唐德宗时出现了三教圆通之说，开始出现三教圆通的实质是佛教中国化了，不再持有违背儒家纲常之道的"异端"之说。在佛、道二教之争中，道教本来就一直依儒抗佛，利用儒家武器库中的兵器"纲常之道""华夷之辨"和佛教作战。武德以后，虽有位序第一之名，但也绝不敢对儒家有"取而代之"或"压而抑之"的非分之想。总之，三教圆通就是佛、道二教承认儒家的正统地位，自觉地把传教布道的活动限制在儒家的轨范之中。在这种情况下，儒家也就实无必要再辟佛斥道了。故三教圆通就是三教停止不必要的争斗，在互相"认可"的前提之下，各自谋求自己的发展。这对佛、道二教，特别对佛教来说，是站稳了脚跟，对儒家来说确实是退了半步。由对百家的罢黜，到认可佛、道二教在不触犯自己根本利益的前提之下自由发展。退半步也并非所有的儒家代表人物均认可，"文起八代之衰，道济天下之溺"的韩愈，不但要承袭"文统"，更要承袭董仲舒的"道统"。唐武宗、后周世宗（柴荣）灭佛，其原因不是和佛教在意识形态领域中的分歧，而是寺院经济的发展妨碍了国家的财政收入，所以要用行政力量抑制佛教的发展。

（三）开放乐观自信

解放思想要有冲决网罗的精神，冲决网罗的精神绝不是凭空产生的，也不是思想家头脑中所固有的，而是要建立在新经济基础之上。只有解放思想之后才能产生百家争鸣，所以百家争鸣的客观环境唐代并不具备。但唐代毕竟是我国封建社会的盛世和巅峰，在民族大融合之后华夏儿女显示出了勃勃生机，均田的落日余晖确实也照亮了开元盛世。宰相议政、藩镇割据的政治体制的实质就是互相认可。认可的实质就是求同存异，把"暗斗"变成"明争"之中的共存。士大夫在互相认可的政治格局中，有了相对的回旋余地。

三教圆通就是在三教互谅、互让的前提之下互相认可，互相认可总比一家独尊要显得思想解放。具体来说，就是唐朝士大夫的思想意识确实开放、乐观、自信。所谓开放，就是心胸开阔，能容得下异国、异族之人，对外有泱泱大国风度，不亢不卑。乐观就是总认为前途是光明的，尽管脚下的路也很曲折。自信就是对自己、对国家的前途均抱有信心。

第二节　科举制度的初辉

一、士族政治的崩溃

西晋永嘉之乱后，北方的豪门士族一部分和少数民族政权合作谋求存在和发展；一部分南迁长江流域和南方士族合作建立了东晋王朝。南方和北方的士族在新形势下，不但保存了自己，而且得到了发展，但其发展是恶性的，所以北方士族在少数民族政权纷争和"六镇起义"的打击之下逐渐走向了衰落。北魏孝文帝改革之后，黄河流域实现了民族大融合，并在民族大融合的基础之上产生了新的振兴，隋王朝就是在这种形势下崛起后迅速灭陈统一了全国。南方士族历宋、齐、梁、陈四个偏安王朝，基本上处于相对稳定之中，但九品中正制使士族在政治上已腐化到失去治理国家的能力的地步；在文化上只知"家世"，不知"家学"；在经济上穷奢极欲，使国家和自身的财力均陷入了恶性循环。同北方崛起、振兴的形势相比较，重新统一中国的使命理所当然由隋王朝承担起来，所以北隋灭南陈绝不是历史的偶然。

南北朝的士族政治，均是建立在九品中正制的基础之上，北朝由于民族纷争政局动荡，西魏、北周时期九品中正制已经解体，南朝则延续到隋灭陈统一全国之后。隋王朝统一全国之后，在全国范围内废弃了九品中正制，代之以科举制度，士族凭借门第把持选官的时代一去不复返了。隋末农民大起义，使士族进一步遭到打击。唐王朝建立后，唐太宗李世民改《氏族志》为《姓氏录》，并以法律的形式规定帝族为一等，后族为二等，居于所有士族之上。唐王朝享国近三百年，后族众多，这些"新贵"均序居"旧贵"之上。李世民一纸诏书，即在法律上改变了士族的地位，说明士族这时已经没有任何力量可以与皇权相抗衡。同时皇权也不再需要士族的支持，士族政治全面崩溃了。

二、科举制度的确立

任何制度的确立，都要建立在一定社会基础之上。战国养士制度的形成是建立在世卿世禄制度解体、新兴的地主阶级开始登上历史舞台的基础之上。两汉察举、征辟制度是建立在国家统一、皇权确立的基础之上。魏晋南北朝的九品中正制是建立在豪门士族形成发展的基础之上。早在曹魏时期，征南将军王昶就建议使用考试的方法选用官吏，认为"考试犹准绳也，未有舍准绳而意正曲直，废黜陟而空论能否也"。但行之有效的好主张却无法实行，因为曹魏时期豪门士族的势力正在迅速发展，曹魏政权要想获得士族的支持，就要尊重士族的利益，所以九品中正制应时而兴，实行了三百六十多年。东晋、南北朝时也举行过考试，但九品中正制度下的士人不参加朝廷举办的考试，无论是不屑参加还是不敢参加，均是一种抵制。士族敢于抵制朝廷举行的考试，说明这时候的士族还有力量与皇权抗衡。所以这种考试只能在不破坏九品中正制的前提之下偶尔举行。当北朝士族政治解体之时，北周即宣布"今之选举者，当不限资荫，惟在得人"。在这种形势下，隋王朝实行科举制度，已是水到渠成、大势所趋，亦属人心所向，势在必行。故《唐摭言》明确指出："文皇帝（隋文帝杨坚）拨乱反正，特盛科名，志在牢笼英彦。"唐王朝进一步完善科举制度，一方面是唐初百废俱兴，百业待举，国家确实需要大量有真才实学的人参加各级政府工作。另一方面是隋末农民大起义中，有不少地主阶级的知识分子带着自身的目的加入"起义"的行列，并发挥了重要的作用。这使得唐王朝的最高统治者认识到，必须采取有效的措施，使本阶级的知识分子不被敌对阶级、敌对势力所利用。全面完善地实施科举制度，正是网罗地主阶级各阶层知识分子的有效方法。唐太宗李世民私幸端门，看到众进士鱼贯而出，欣然喜曰："天下英雄尽入吾彀中。"

此话一语道破天机，正因如此，科举制度在我国历史上兴盛了一千三百多年（587—1905 年）。

三、科举考试的内容

隋文帝初行科举之制，只设志行修谨、清平干济两科。隋炀帝时又增设了进士科。终隋之世，只此三科而已。唐初先后设有秀才、明经、三礼、三传、一史、三史、史科、进士、俊士、明法、明字、明算、开元礼、道举、童子等科，武则天时期又增置了武举。此外，还有取非常之士的所谓制科（亦称制举），见诸史籍的科目，可达五十种。从以上科目来看，唐初科举制度是有些"志在得人"的气概，凡鸣一技之长者，皆在网罗之中，体现了盛世用人之需。但后来却逐渐演变为只注重进士与明经两科，有"三十老明经，五十少进士"之说，后来明经也废弃了，只剩进士一科独秀。

四、科举考试的流弊

隋朝立国日短，科举中试者如何授官任职尚未形成定制。唐朝享国近三百年，科举制度与之共始共终，故对中试者的出路已有明确的规定。中进士后，要经过吏部铨选，方能进入仕途。吏部铨选的标准是"身、言、书、判"四个标准。对"身"的要求是"体貌丰伟"，对"言"的要求是"言辞辩证"，对"书"的要求是"楷法遒美"，对"判"的要求是"文理优长"。在四个标准相同的情况下，参照德行、才干、劳绩全面权衡。唐朝时中进士后，如果吏部铨选不中，只能投奔节度使、观察使等封疆大吏去当个幕僚。"文起八代之衰，道济天下之溺"的韩愈，就是吏部三选不中，而由节度使幕僚的阶梯步入仕途的。在吏部候选，有时蹉跎十年或是更长的时间亦不足为奇。愤慨之下，甚至出现由选官屡次不中而弃儒从释，到佛门去"选僧"者。其实唐代科举制度的流弊不只是在铨选过程中，在考试过程中也是水分极大。为了防止徇私舞弊，武则天时即采取了"弥封"之制，但仍然无法杜绝，考前内定已成为公开的许诺。杜牧是晚唐才子，家世系宰相之孙。考试前为之延誉的吴武陵对主考出示《阿房宫赋》，主考表示早已拜读过，是绝好文章。吴武陵喜曰："第一名进士就是他的了吧。"主考回答说："第一名已经有人了。"

吴说："那就第二名吧。"主考说："前三名均有人了。"吴武陵曰："总不能低于前五名吧！"主考官首肯，于是杜牧成了第五名进士。以杜牧的才气和家世，尚且屈就第五名进士，布衣之士可想而知。而窃居前四名者，大概都是"当世英才"，故后人无从知晓，其名难见史传。

五、春风得意马蹄疾——政治舞台上的生力军

"春风得意马蹄疾，一日看尽长安花"是新科进士的心态与风采。布衣逢时，喜跃龙门，确有平地青云之感。十年寒窗苦，终于苦出来了。十年寒窗，十年的儒家正统教育，心中激荡着修、齐、治、平的浩然之气。登上政治舞台后，当然是锐意进取，以酬昔日苦读之志、养气之功（孟子曰："我善养

吾浩然之气"）。"居庙堂之高则忧其民，处江湖之远则忧其君"，颇有些"先天下之忧而忧"的仁者情怀（阶级社会里实难"后天下之乐而乐"）。故新科进士是政治舞台上的初生牛犊，勇于进取，敢于创新，实可谓陈年官场之上的生力军。正因如此，中国封建社会的政坛在腐败之中总能保持一定程度的"清新"。

士族阶层，依靠门第之尊，以享恩荫之荣，子弟难有十年寒窗之苦，大多是只知"家世""家传"，不知"家学"。既未"砥志"，亦未"养气"，视仕途为当然。不知稼穑之苦、蚕妇之寒，故难生仁者之情。在政治舞台上也就难免因循守旧，恣睢自奉。从进入仕途的两种途径上来看，科举制度创行之初还是有进步的积极意义的。

六、牛李党争的性质

唐王朝的始兴之基是关陇军事贵族集团，李世民改《氏族志》为《姓氏录》，打击了门第极高的山东（函谷关以东）士族阶层。但随着唐王朝政治、经济的发展，以关陇军事贵族为主体的新的士族阶层又开始形成。在科举制度下，新兴的进士集团是政治舞台上一个十分活跃的阶层，其成员往往有锐意改革、勇于进取的朝气。发展到唐代中叶以后，进士集团开始成为士大夫阶层的主体。

科举制度的发展和进士集团的形成引起了新（关陇军事集团）、老（山东旧贵族）士族阶层和非科举出身的官僚的不满与抵制。唐顺宗时，王叔文发起的政治改革，虽然以"八司马事件"而告终——即改革的主要领导人被贬为司马逐出长安，但显示了新兴的进士集团已在政治舞台上成为一支独立的政治力量。唐末持续了将近四十年的"牛李党争"，可以说是进士出身的牛僧孺集团和士族出身的李德裕集团之间的斗争。"牛李党争"发生在唐末，而且持续了近四十年，说明了有唐以来近三百年的时间里，科举士大夫阶层和士族官僚阶层的势力都在增长，谁战胜谁的问题尚未最后见分晓，但从士族官僚集团反对科举进士集团，但不攻击科举制度本身来看，科举制度不但全面确立，而且显示出强大的生命力。

对"牛李党争"的性质，学术界有不同观点。一种观点认为牛李两党并非新旧阶层的对垒，而是统治阶级内部的权力之争。具体理由是牛李两党出身方面有些差异，但也不是鸿沟，李党骨干有进士出身者，牛党之中也不乏士族高门。笔者认为牛李两党很难在"出身"上产生鸿沟，但可以在"本人立场"上产生鸿沟。是否是新旧阶层的对垒姑且不论，政绩亦姑且不分，言牛李党争是进士集团和非进士集团的争斗，可谓言之不虚。

科举制度是在士族政治崩溃，九品中正制在全国被废弃的形势下建立起来的。科举制度的建立又从选官制度上进一步抵制了士族势力的恢复和发展。所以尽管在唐代近三百年的时间里，士族的势力得到了一定的恢复（山东旧士族）和发展（关陇军事贵族），但失去了选官制度上的依托和凭借，终难再成大气候。一些士族出身的人士认识到这一点后，也热衷于科举考试，并且取得了进士出身。从这一现象中可以看出士族已从实践中得出教训，单凭借自己门第出身已难以保持"尊荣"。要置身公卿，也需要借助于"科场跃龙门"。以幽州地区的豪门士族而论，燕国刘氏、范阳卢氏、祖氏之后均不乏科举出身之士。

唐代以后，中国政局陷入分裂。在汉族政权控制下的宋王朝，科举制度一直处于主宰地位。在契丹族、女真族控制下的辽、金王朝，科举制度不但保存了下来，并且继续发挥影响。元朝是科举制度的低谷，但几经周折犹存。

明清科举制度可谓独尊、独荣，非科举出身的官员被视为"杂途"，难至大学士、尚书之位了。

第三节　幽州的士大夫阶层

一、紫气东来——幽州的地位蒸蒸日上

旧史学家认为唐以后"王气东移"，故幽州崛起，初为燕京，再为中都，终成元、明、清三朝不易之都。其实，王气东移是我国西部生态环境不断恶

化，导致农耕民族（以汉族为主体）、游牧民族（以少数民族为主体）的经济发达区域向东移，造成政治、文化中心的东移。幽州也就应时而崛起，由独挡两边（北、东）的军事重镇发展成为帝王之都。

（一）北陲重镇胡汉杂处

有唐一代，幽州在国家政治生活中的地位极为重要，唐初在幽州置大都督府，统领幽、易、平、营、檀等三十九州。唐玄宗时范阳（幽州）节度使领二十四州，并兼辖安乐都护府。在幽州设重镇置重兵的原因是幽州受到来自北方（突厥等族）和东北方（契丹等族）两方面的军事压力，幽州城是独挡两边、屏蔽中原的军事重镇，非军事强人莫能镇抚。强人拥重兵独镇边陲，军事上"便宜行事"、政治上"专制封疆"，朝廷鞭长莫及，逐渐酿成了安史之乱和乱后卢龙军割据的局面。

内迁、内附的少数民族，唐廷大多就近安置在幽州地区。到天宝年间，侨置在幽州的羁縻州多达十九个，这些羁縻州均是"因其俗，全其部"而治。在这种情况下，幽州地区形成了"胡汉杂处"的民族格局。就人口比例而言，天宝元年汉胡人口约为六比一，即三十七万比六万。但实际上幽州的人口，特别是少数民族的人口远不止这个数字，天宝十四年（775 年）安禄山起兵反叛，部下有"胡兵"十五万人。能够组成十五万人的部队，在"五口一丁""丁尽为兵"的情况下，幽州地区的总人口也得有七十万以上。叛军之中胡兵比例又确实很高，故幽州少数民族的丁口也应远在十万以上。胡汉杂处，胡人占人口中的比例相当高，管辖汉族居民的行政机构（州县）和管辖"胡人"的行政机构（羁縻州）并存于一个地区，形成了双重管理的行政体制。

（二）阿尔泰山丝绸之路的交会点

提起丝绸之路，世人总与张骞联系在一起。其实在张骞出使西域之前，西南丝绸之路已经开通。海上丝绸之路在张骞出使西域之后不久也在番禺兴起。丝绸之路有三条，即西南的丝绸之路、海上丝绸之路、西北丝绸之路。

西北丝绸之路有两条，一条是张骞所开通的由长安出发，经陇西、酒泉，出玉门关然后分道，沿塔里木盆地南缘而行称南道，途经楼兰、于阗、莎车等国。沿塔里木盆地北缘而行的称北道，途经龟兹、疏勒等国。南、北两道都逾葱岭达西亚地区。由于张骞所开通的丝绸之路必经河西走廊，故称之为河西走廊丝绸之路。

　　另一条是从蓟城出发由漠南进入漠北，穿越阿尔泰山后进入伊犁河流域，到达西亚地区。由于这条丝绸之路必须穿越阿尔泰山的峡谷，故可称为阿尔泰山丝绸之路。在秦统一六国之后，匈奴也统一了大漠以北地区，臣服了东胡，击败了在祁连山至敦煌之间游牧的大月氏，大月氏西迁到伊犁河流域。乌孙也是个"行国"，原在敦煌一带游牧，匈奴支持乌孙远袭大月氏，大月氏又迁到阿姆河流域，乌孙就在伊犁河流域定居了下来。大月氏迁徙到阿姆河流域后，用武力臣服了大夏，大夏西接安息（波斯）。在张骞出使西域之前，匈奴已和西域诸国发生了纷争和往还。西汉控制了河西走廊之后，匈奴和西域的交通就是通过阿尔泰山峡谷进行的。在此以前，漠南地区的匈奴由河西走廊交通西域；漠北匈奴由阿尔泰山峡谷交通西域。总体来说，西北丝绸之路有两条，阿尔泰山的丝绸之路略早于张骞开辟的河西走廊丝绸之路。在河西走廊丝绸之路开通以前，西汉王朝和匈奴之间不断爆发战争，但是双方均不绝关市，西域和中原地区的物资交流就是通过阿尔泰山丝绸之路进行的。张骞开辟了河西走廊丝绸之路后，阿尔泰山丝绸之路也未失去存在的意义。因为历代中原王朝都用限制、垄断的方式和沿边游牧民族开展贸易，所谓限制就是贸易只能由官方进行。张骞开辟河西走廊丝绸之路后，对西域的贸易在官方的严格控制之下，由于河西走廊是一条狭长的通道，官方也很容易设关控制。而大漠南北是广阔无际的荒原、戈壁，虽有万里长城隔绝其间，可实际上是处于隔而不绝的状态之中。故由漠北穿越阿尔泰山峡谷的丝绸之路，从漠北东部进入漠南，再进入长城到达蓟城。蓟城可以说是阿尔泰山丝绸之路的西行起点，东行终点。

　　蓟城能够成为阿尔泰山丝绸之路的起点，是有其深刻的历史根源的。早在战国时期，蓟城就是一个多民族的交会中心，其北有东胡、山戎，其东有濊貊、肃慎，西北与匈奴为邻。各民族之间虽然不断发生冲突和战争，但是共同的生产斗争、经济文化交流、贸易往还仍是历史的主流。由于蓟城的地理位置，使它成了中原农耕民族和沿边游牧民族经济交流的枢纽。沿边的名马、牛羊、皮毛、筋角……自北而南经蓟城输往内地，中原地区的丝绸、瓷器、漆器及其他手工业品、先进的生产工具、生产技术自南而北经蓟城传往沿边地区。

两汉时期，蓟城仍然是中原地区和沿边地区的贸易中心。东汉建武二十年（44 年）正式"岁时互市"。东汉末年，幽州牧刘虞"开上谷胡市之利"。蓟城一直保持中原地区和沿边地区贸易中心的地位，是由于它地处诸民族接触的中心，是长城沿线的第一大城市。而燕山长城两侧的自然生态坏境，也是万里长城沿线最好的地区。从政治上来讲，两汉时期的政治中心在长安和洛阳，朝廷对于蓟城往往鞭长莫及，镇守幽州的军政长官有一定"便宜行事"的权力。幽州地区长城沿线又是内附、内迁的游牧民族杂居之所，情况比较特殊，朝廷的总体方针是安抚、羁縻，所以幽州地区长城沿线也是关禁不严之地。唐朝在幽州地区侨置了许多羁縻州县，在户籍的少数民族占人口比例的六分之一。蓟城之中云集了大批胡商，从事长途贩运。安史之乱前，驻节蓟城的节度使拥有极大的军政实权。安史之乱后，幽州成为朝廷不能过问的割据地区，幽州地方军政长官从边贸中获得了巨利，自然均支持内外行商从事长途贩运。在这种情况下，蓟城自然而然地成了沿边最大的交易市场和游牧民族所控制的阿尔泰山丝绸之路的西行起点、东行终点。

阿尔泰山丝绸之路在北京地区历史上有着重大的意义，它给蓟城的经济带来了活力和生机。两汉以来幽州地区一直依靠朝廷"输血"生存，农业发展水平远不能和中原地区、江淮地区相比。阿尔泰山丝绸之路使蓟城成为贸易枢纽，为幽州地区的繁荣做出了贡献。唐朝安史之乱后，河西走廊丝绸之路阻塞，阿尔泰山丝绸之路逐渐取代了河西走廊丝绸之路的地位。割据幽州的卢龙军节度使利用贸易枢纽的地位发了横财，所以能够凭借着丰厚的财力和朝廷抗衡，保持割据局势长达一百五十多年。

（三）异俗非乡俗，新年改故年

幽州是阿尔泰山丝绸之路的交会点，经济交流的过程中，必然产生文化上的传播。熔南北胡汉为一炉的经济必然产生与之相适应的文化。也就是说，蓟城的文化基调也呈现出熔南北胡汉为一炉的特色。故孟浩然在《同张将蓟门观灯》一诗中云："异俗非乡俗，新年改故年。蓟门看火树，疑是烛龙燃。"充满了"异俗"的异域情调，使孟浩然有些眼花缭乱了。在多元的行政管理制度（州县和羁縻州并存）、多元的经济（南北胡汉并存）、多元的人口（多民族杂处）之上形成的文化，当然不会是"纯正"的。

二、士大夫游幽州

士大夫游幽州的"游"字，可谓画龙点睛地说明了士大夫到幽州只是一游，无论是"宦游"还是"壮游"。宦游者是官身，情况较为复杂，但总不会终老幽州。壮游者，"为嫌诗少幽燕气，故向冰天跃马行"，是开开眼界扩展心胸。

（一）安史之乱以前游幽州——追求建功立业

安史之乱以前，唐王朝的政治、经济、文化一直处于上升时期，世人乐观、自信，对未来充满了美好的憧憬。幽州虽为北边重镇，"十万甲戈戎蓟城"，但是"四夷臣服"，在"万邦来朝天可汗"的形势下，长城沿线烽烟不举，阿尔泰山丝绸之路更满是驼铃、蹄声，客旅相望，异常繁荣。

江淮流域的船队沿大运河扬帆北上，南船北驼交会于蓟城。士大夫游幽州无论是"宦游"还是"壮游"，均充满了建功立业的豪情。武则天时的名臣狄仁杰曾两度出镇幽州，第一次的职衔是幽州都督；第二次的职衔是河北道行军副元帅、安抚大使。后世在昌平建有狄梁公祠、慕狄台，对这位出将归相的贤臣表示怀念。

大诗人陈子昂曾随建安王武攸宜驻节蓟城，登上了幽州台，抚今思昔，留下了"前不见古人，后不见来者"的千古佳句。可是心怀兼济天下的仁人，虽前不见古人，但要对古人给自己留下的"现实"负责；后不见来者，但对来者要有责任感、使命感。一副铁肩一头挑着"以往"，一头挑着"未来"，跋涉在历史的征途之中。虽被压弯了腰，但仍然昂起了头。张说在唐玄宗时出任幽州都督，封燕国公。驻节蓟城，为时所重，为士所依，著有《张燕公集》二十五卷，颇开蓟城诗气文风。李白、高适、孟浩然、王之涣等都游历过幽州，被燕山蓟水激发了灵感与豪情。驼铃、帆影引发了觅句的遐思。金戈铁马、雄关古塞焕发了建功立业的渴望。诗人拥抱幽燕大地，留下了许多古今传诵的名篇。

（二）安史之乱以后游幽州——别开生面

安史之乱，渔阳鼙鼓动地来，惊醒了唐人的盛世之梦。安史之乱以后，幽州成了卢龙军割据之地。藩镇割据争斗不息，对社会生产力有很大的破坏。但军事上的割据，必须有一定经济力量为后盾。割据者为了达到割据的目的，就不得不注意发展本地区的经济。割据必须获得地方势力的支持，地方势力很复杂，从总体上来讲，地方势力代表地方利益。地方利益有阶级、阶层、集团的利益，也有超阶级、阶层、集团的共同利益。要想获得地方势力的支持，就得尊重地方利益。卢龙军不但割据幽州，而且在河北三镇中执牛耳为盟主，力抗来自北（沿边游牧民族）、南（朝廷）的双重压力，其军事实力、经济实力绝非一般。幽州境内有一个相对的小康局面，才能保证经济稳定发展，阿尔泰山丝绸之路交会点的地位才不会动摇。在此基础上才能凭借着丰厚的财力养兵守境，保持割据的局势长达一百五十多年。

唐代的进士，经吏部铨选一再不中，往往投奔地方上的封疆大吏，以幕僚的身份进入仕途。韩愈《送董邵南序》一文中云："燕赵古称多感慨悲歌之士。董生举进士，连不得志于有司（吏部铨选连年不中），怀抱利器，郁郁适兹土，吾知其必有合也，董生勉乎哉！"董邵南到幽州谋求发展，韩愈为之作序送行，全文尽管言简意深，但也反映出对朝廷失望的士大夫，把幽州视为施展抱负之所。

董邵南名不再见史传，故到幽州后不知所终。"大历十才子"之一的李益，登进士第后亦不得志于有司，于是客游蓟城，被幽州（卢龙军）节度使刘济延入幕府，任从事之职，后进营田副使。进士们到幽州谋求发展，首先是幽州的政局虽然动荡，但在动荡之中一直能维持一个相对稳定的小康局面。

具体来说，自李怀仙（安史旧部，杀史朝义归顺朝廷）历一百五十余年，先后更替达二十八人。自朱克融以后近十任节度使或被逐或被杀，无一能善终。"更替"的斗争虽激烈，但始终未酿成全境大乱的"内战"，而是以"政变"形式完成。其次是动荡的政局，使豪门士族完全趋于瓦解，新兴的进士阶层正好在这里大展宏图。

三、旧绪新风

（一）旧士族政统已失、文统难存

两汉、魏晋、南北朝时期，幽州地区的豪门士族在不同的形势下，一直呈发展的趋势。范阳卢氏，上谷侯氏、寇氏，燕国刘氏，无终阳氏，均为门阀大姓，在地区政治上有举足轻重之地位。卢氏系东汉卢植之后，其后裔在幽州地区任高级官员，见诸史载的就有二十余人。北魏司徒崔浩被杀之后，清河崔氏遭到了政治上的巨大打击，卢氏地位更加显赫。北方的各种政治势力对卢氏不但尊重，而且借重，需要获得卢氏的支持来稳定政局。

北齐、北周鼎革之际，以卢氏为代表的幽州士族支持了北齐政权。北周统一北方后，卢昌期又发动叛乱，占据范阳，迎立逃往突厥的北齐高阳王高绍义为帝。叛乱不得人心，很快就被平定。北周、隋两朝对幽州士族均采取了打击政策。卢氏、祖氏等门阀世族均走向了衰落。唐王朝兴起后，关陇军事贵族得到了一定的发展。幽州士族属于山东旧士族，在隋末农民大起义的打击之下，进一步走向了衰落。

自东汉时起，幽州豪门大姓不但影响地方政局，而且成为学术、文化的依托。隋唐统一之后，士族政治虽然退出了历史舞台，但士族的文统犹存。故隋末唐初，幽州士族仍然不乏人才。隋唐之际的诗人卢思道，唐初诗坛四杰之一的卢照邻均是范阳卢氏之后。开元时的名画家卢鸿亦是范阳卢氏之后。卢氏在唐朝时虽然已不是能左右幽州政局的豪门，但仍有文风继世。正定大唐雅乐的祖孝孙是范阳祖氏之后，祖孝孙深通音韵，在唐初颇有名气和影响。总之，幽州豪门大姓在安史之乱以前是政统虽失，文统犹传。

安史之乱的狂飙，不仅席卷了唐人的盛世之梦，也彻底摧毁了幽州地区的豪门士族。因为安禄山、史思明等人均是目不识丁的番将出身。对"礼敬斯文"大概不感什么兴趣。安史之乱平息后，卢龙军开始割据幽州，一百五十余年中，登上节度使宝座的大多是武夫出身的军官，甚至是下级军吏出身的偏裨将佐。幽州地区的名门望族，可以说没有掌握过节镇的统治权，这种现象也是两晋以来门阀制度彻底崩溃的一种表现形式。因为幽州地区的豪门士族在北方颇有政治影响，动乱之中，地方政权更需要地方势力的支持才能割据一方。正因如此，十六国、北朝的统治者和幽州地区的豪门大姓均进行了合作。唐安史之乱后，卢龙军割据幽州，豪门士族不能乘机再起，说明了门阀士族这时已无力重返政治舞台，而且在动荡中遭到了进一步的打击，以致"政统"失后，"文统"亦失。这种现象的表现形式是士族在政坛上销声匿迹，在文坛上也后继乏人。

（二）进士公初领风骚

安史之乱后，幽州籍的著名诗人刘蕡（昌平人）、贾岛（范阳人）均是寒门出身。刘蕡中进士第的考卷中激烈抨击宦官集团，令狐楚在兴元、牛僧儒在襄阳"皆表蕡幕府，授秘书郎"。贾岛一生未遇，但以"推敲"之典垂名后世，被称为诗奴，在文学史上可占一席之地。

刘济早年游学长安，登进士第，后承父业，任幽州（卢龙军）节度使，治理幽州地区二十余年，不但归附朝廷，而且守边有方，卓有政声。刘济掌幽州虽系袭承父业，但文人能将兵、抚军，亦反映出新兴的进士集团在幽州确实已有一定的影响，开始展现风采。唐代幽州地区进士阶层影响的扩大，为辽代燕京地区文化事业的发展准备了条件。

第九章

辽蕃汉并行政治体制下的燕京士大夫

唐末中国又陷入了分裂的政局，北宋王朝虽然统一了黄河流域、长江流域、珠江流域的广大地区，但是九州境内仍然并存着辽、西夏、大理、吐蕃等政权。封建社会的史学家当然一切均以北宋王朝为"正统"。站在今天的高度来看待这段历史，也会承认北宋在"九州"这个大家庭中的主导作用。以北京史的角度来讲，辽王朝揭开了北京由北陲军事重镇到帝王之都的序幕，"正统"自然是辽廷，北宋王朝对北京史只能是"影响"。

第一节　华夏皇冠——耶律氏以胜利者的身份越过了长城

一、称帝有据

中国人自古有九州一统的观念和华夏诸民族同根同祖之说，尽管如此，两汉、魏晋之际内迁的沿边游牧民族，目睹汉族在中原地区拥有的政治、经济、文化、人口方面的绝对优势，心目中仍产生了一种"自卑感"，即凭种胆怯心理。匈奴人刘渊起兵反晋，在平阳（今山西临汾）称帝，派兵攻破洛阳，灭亡了西晋。刘渊宣称匈奴刘氏是两汉刘氏的外甥，国号为汉。奉汉高帝刘邦、光武帝刘秀、昭烈帝刘备为三祖，汉文帝、汉武帝、汉宣帝、汉明帝、汉章帝为五宗。祭三祖、五宗，不祭匈奴单于。靳准（屠各胡）杀刘粲（刘渊孙），自称汉天主。可是又认为自古无胡人当中国（中原）皇帝。让西晋遗臣带着刘渊破洛阳时所获的玉玺到建康（今南京）去物归原主。北魏是鲜卑族拓跋氏所建立的国家，而且统一了北方，自称是黄帝轩辕氏后裔，分封于北土，是中华正统。所以说，汉族对内迁少数民族的优势不仅表现在政治、经济、文化的发展水平上和人口数量的对比上，更表现在由此所产生的心理状态和思想意识上。

二、安史之乱的性质

关于安史之乱的性质，史学界历来有所争议。争议的焦点是战争的性质是民族战争还是唐朝统治集团内部企图改朝换代的战争。发动叛乱的安禄山、史思明是唐王朝少数民族出身的将领，平息叛乱的高仙芝、哥舒翰、李光弼等人也是唐王朝少数民族出身的将领。在平息叛乱的过程中，回纥的骑兵发挥了重要的作用。安、史所统率的叛军，是一支包括汉族士兵在内的多民族部队。安禄山本人是个民族血统不纯正的"杂胡"，父亲是"九姓胡"，母亲是突厥人。在平息安史之乱的八年战争中，交战的双方均未能以民族来划界。安、史即便叛乱成功，夺取了大唐天下，他们所建立的新王朝也只能是唐王朝的再版，不可能是元、清两朝式的民族政权。

安史叛乱平息后，胡人不可能当中国（中原）皇帝之说甚有市场。其理由是天不容胡人御宇华夏，故安禄山、史思明均被自己的儿子杀死。

三、称帝有虞

五代时国家分裂，地处华北平原东北隅的幽州地区失去了强大的后盾，兴起于辽河上游的契丹族开始把幽州作为夺取的目标。但后唐幽州节度使周德威成功地进行了蓟城保卫战，顶住了契丹举国之师三十万大军兵临城下，环攻六个多月的军事压力，援军赶到解围后，斩虏契丹士兵一万余人。

燕云十六州归入契丹版图，并不是中原王朝军事上的失守，而是政治上的割让，契丹据有燕云十六州后，由幽州地区挥兵南下，攻克了开封，灭亡了后晋。可是辽太宗耶律德光只是抢掠而归，不敢也不想留在中原地区当九州共主。这不能不说是军事上获得胜利之后，仍然无法克服心理上的胆怯，不敢正位中原，夺取皇冠。

四、明智的选择

辽朝是一个多民族的政权，其境内各民族、各地区的发展水平相差悬殊。在建国初期，以契丹、奚为中心的地区正迅速摆脱原始状态，建立起完善的奴隶制；东北、西北地区还长期保持着原始社会末期的状态。燕云十六州地区进入版图后，辽的统治者又面临着十分陌生，但早已充分发展起来的成熟而又完善的封建制度。面对这种复杂的国情，辽王朝并没有强行划一行政体制，而是区别不同情况，采取了因俗而治的政策。在燕云十六州地区仍然实行汉制。这种明智的选择，不但避免了把历史拉向后退，造成对生产力的巨大破坏，也大大减少了汉族各阶层的反抗情绪，避免了社会的动荡和曲折。

建国之初，辽太祖耶律阿保机问群臣曰："受命之君，当事天敬神，有大功德者，朕欲祀之，何先？"群臣之中有答之以佛者。太祖曰："佛非中国教。"耶律倍曰："孔子大圣，万世所尊，宜先。"太祖大悦，即建孔子庙，诏皇太子春秋释奠。从这件事中可以明确地看出，耶律阿保机所领导下的契丹族已经自觉地把自己视为中国这个统一的多民族国家中的一员。在这种思想指导下，当然可以比较宽容地对待其他民族，在长期的交往中，达到自然的融合。

以耶律氏为首的契丹军事贵族集团，对燕云十六州地区所表现出的宽容和大度固然是受意识形态领域中"正统观念"的影响，但任何意识形态均是建立在一定政治、经济、军事的基础之上。辽宋两朝在政治上相比，北宋是统一的封建王朝，对辽作战无后顾之忧。辽朝的西北诸蕃、东北诸部对辽廷只是不同程度的臣服，辽王朝不是统一体而是个"联合体"，耶律氏总对后院不太放心。经济上相比，北宋王朝的军队数量、武器装备、后勤补给对辽王朝也有压倒性的优势，在雍熙北伐失败之前，北宋王朝对辽处于战略进攻之中，志在收复燕云十六州。雍熙之后，亦陈兵白沟河南岸，宋境至燕京不过百里之遥。宋辽对峙的一百多年中，辽廷需要燕京地区的"稳定"，一旦发生"动荡"，后果不堪设想。辽廷在燕京地区的宽容大度也是接受了"教训"，周世宗959年出师北伐，兵入辽境之后，百姓争当先导，牵牛持酒以迎王师。汉官、汉军纷纷倒戈，献城归降。周军几乎兵不血刃地收复了三关（瓦桥、益津、淤口，均在今河北雄县、霸州一带）以南地区。中原王朝的军队进入辽境后，燕京地区的军民望风迎降，使耶律氏认识到，只有取得燕京地区汉民族的认同，并获得汉族地主阶级的全面合作，才能在燕京地区站稳脚跟。要想取得全面的认同与合作就必须尊重汉族各阶级、各阶层的原有生活秩序、政令制度、礼仪习俗和固有的权益。在这种情况下，辽廷不得不在民族问题上表现出宽容和大度，共存、共处，谋求共同发展。应该说辽廷的上述政策确实取得了实效。北宋雍熙北伐时，燕京地区的居民确实对辽廷认同了，在此基础之上，燕京留守耶律休哥才能在援兵未到之前，在汉族居民的汪洋大海中用游击战的方式与宋军周旋，不但争取了时间，而且不时截断宋军粮道，为击败宋军主力创造了条件。

以耶律氏为首的辽王朝，对燕云地区汉族居民的宽容和大度，溯其因是受传统意识的影响，但更重要的是产生这种影响的客观基础在现实中依然存在，权衡利弊之后，耶律氏做出了明智的选择。耶律氏据有燕云十六州，虽然是政治上的割让，但政治上的割让是建立在军事上有能力据有的基础之上。所以契丹族不同于两汉、魏晋时期被迁入长城的少数民族，契丹族是以胜利者的身份越过长城入主燕云十六州的。在胜利进军过程中，能保持头脑清醒，对于在马背上成长起来的骑士来说，也只能是在清醒之中才能宽容和大度。

综上所述，汉族在九州这个大家庭中，不但人口最多，而且文明程度最高，所以一直处于主导地位。

第二节　蕃汉并行的政治体制

一、民族融合基础之上的割让

后晋天福三年（938年），石敬瑭正式交出图籍，割让燕云十六州，辽太宗兵不血刃地据有了幽、云（今山西大同）地区，改蓟城为南京（燕京），耶律氏对燕云之地长达一百八十多年的统治拉开了序幕。《隋书》云："自古言勇者，皆出幽并。"唐朝的韩愈认为"燕赵多有慷慨悲歌之士"。北宋的苏轼亦云："幽燕之地，自古多豪杰。"总之，燕云之地是尚武之乡，民风剽悍之区。一朝割让于"夷虏"，焉能以身"事仇"，一定会振臂而起，武力图存。

可是并未发生这种情况，和近代史上甲午之耻，清廷割让台湾时绝然不同。《马关条约》签订之后，台湾同胞奔走呼号，组织义军，抗击日军入侵，誓死不以身事倭，内地同胞纷纷以不同的形式支援台湾同胞的抗日斗争，清廷的一些封疆大吏也暗中接济军火，对台湾同胞的爱国义举表示同情和支持。

站在今天的高度和角度来讲，辽和后晋均是中国境内并存的政权，契丹人和汉人均是中国境内的兄弟民族。而台湾同胞在甲午之后的抗日斗争是中华民族和日本侵略者之间的殊死搏斗，根本没有可比性。但这从一个侧面说明了中华诸民族早已互相认同。而幽州地区自先秦、两汉以来一直是多民族互相融合的摇篮，彼此之间不但互相认同，而且互相融合。正因如此，后唐幽州刺史赵德钧抗辽的精锐部队是"银鞍契丹直"。而辽据有幽州后，首任地方最高军政长官赵思温是幽州地区土著汉族人。后又任命赵德钧之子赵延寿出任南京留守，封燕王，利用赵氏在幽州的影响力稳定政局。从某种意义上来讲，割让燕云十六州对燕云人民来说是改朝换代的"易主"。

二、蕃汉并行制度溯源

　　辽朝的政治制度是蕃汉并行，以契丹制治契丹人，以汉制治汉人。故燕云十六州地区虽然"易主"，但没有"易制"，在这种情况下政权的交替没有造成太大的动荡和混乱。其实，蕃汉并行之制不是辽王朝所创，在幽州地区已有一千多年的发展历史，西汉武帝时期早已有之。乌桓内附之后，被安置在幽州沿边五郡，置护乌桓校尉以治之。原因是乌桓族的生产方式、生活方式不可能和幽州地区的"编户之民"以同法同治，所以在"因其俗，全其部"的原则下进行管理。

　　这种"分治"的原则有利有弊，其利是避免内迁、内附少数民族的"动荡"；其弊是不利于民族融合与行政的统一。可是历代封建王朝均采用这种分治的统治方法，原因是"因其俗，全其部"为治简而易行，"以夷治夷"更便于进行"征调"和"驱使"。故两汉、魏晋均在幽州地区置有护乌桓、护鲜卑校尉。唐王朝在幽州地区置有十九个和地方州、县并行互不相统的羁縻州，管理内迁、内附的沿边少数民族。这些羁縻州的设置，为辽朝蕃汉并行之制提供了借鉴和"样板"。

　　历代中原王朝在幽州地区实行"分治"，有目的地保留了内迁、内附的沿边少数民族的社会体制，可以说是不利于少数民族的发展和进步。辽王朝蕃汉并行的政治体制，保留幽州地区汉族社会的先进体制，易主不易制、易主不易法，不但避免了汉地的动荡，而且使先进的体制继续影响落后的体制，也有利于契丹社会的进步。

三、虏法简易，民多便之

　　辽会同元年、后晋天福三年（938年），石敬瑭交出图籍，正式割让燕云十六州。所谓燕云十六州主要是以蓟城为中心的幽州地区和以大同为中心的云州地区，即今河北、山西两省的北部。中原王朝为了收复燕云失地，在五十四年中进行了三次北伐，前两次北伐均得到幽州地区人民的支持。百姓争当先导，以牛酒犒军。第一次北伐在后周显德元年（954 年），宋世宗柴荣挥师进入辽境之后，契丹将士无斗志，汉官、汉军纷纷倒戈，献城而降。周军几乎兵不血刃地收复了瓦桥（今河北雄县）、益津（今河北霸州）、淤口（今河北霸州信安镇）三关以南地区。这场战争后周收复了州城三座、县十七、户一万八千余，与辽以拒马河为界。太平兴国四年（979 年），北宋王朝进行了第二次北伐，宋太宗挥师进入辽境之后，百姓争当先导，以牛酒犒军，宋军很快攻克了歧沟关和涿州，又大败辽军于沙河，兵临幽州城下。

北宋雍熙三年、辽统和四年（986 年），北宋王朝又进行了北伐，史称"雍熙之役"。当时，燕云十六州入辽已有五十四年。宋军挥师进入辽境之后，百姓喜迎王师的局面不见了，辽军在援兵未至之前，用游击的方式与宋军周旋，争取了时间，延缓宋兵进军的速度，并不时切断宋军的粮道。这说明了幽州地区的汉族居民在半个多世纪的时间内，思想感情发生了变化，对辽朝已经认同，所以不再欢迎"北定燕云"的"王师"。

澶渊之盟后，宋辽之间出现了百年和局。入辽的宋使目睹幽州地区民情，认为"虏法简易，民多便之"。这八个字可谓言简意深了。

四、血脉相融，习俗相通

金在破辽、败宋据有幽州之后，完颜氏（金皇室）中的极端分子为复昔日之仇，曾谋划杀尽诸路契丹人。这个密谋实际上根本无法执行，但引起了燕云十六州地区的大动荡。因为契丹族和汉族在燕云地区杂居共处了近二百年之久，两族之间不但经济往还、文化交流，而且互相通婚。通婚对于上层来说，虽然是耶律氏、萧氏等契丹贵族和汉族高官显贵之家政治上的结合，也可视为契丹上层儒化的进程，但对促进民族融合还是具有积极意义的。在血脉相融、习俗相通的情况下，许多燕云居民也分不清自己是汉人还是契丹人。密谋根本无法执行，动荡很快也就平静了下来，燕云地区的契丹人也就进一步汉化了。

第三节　蕃汉通行的科举制度

一、燕京豪门

隋唐时期，幽州地区的豪门士族受到了各种形式的打击，在安史之乱以后可以说是退出了政治舞台。辽王朝据有幽州之后，在新的政治形势下，幽州地区的豪门又重新产生，并得到了发展。蕃汉并行的政治体制的核心内容可以说是契丹贵族尊重燕云地区汉族地主阶级的既得利益，双方结成共同体，共存、共荣、共谋发展。在这种情况下，幽州地区的蕃、汉豪门纷纷形成并在政治上发挥影响。

契丹族的豪门应首推耶律氏（帝族）、萧氏（后族），这两个家族有固定的婚娶关系，所以主宰了辽王朝的政坛。但有辽一代南京只是陪都，这两个家族的主体仍然居于上京。虽有一些成员在南京定居了下来，但只能是政治上的豪门，从文化方面来讲，至多是草原文化的传播者。

汉族豪门主要是辽王朝的新贵，如赵思温、韩知古、韩延徽、马直温、张俭等。这些人的特点是虽为幽州土著，但大多无门第之尊，系政治上的"暴发户"，只有张俭是名门之后，进士出身。幽州军阀刘仁恭、赵德钧、刘怦之后也一度成为豪门。刘怦之后颇为显赫，自唐及辽又延续到金，可谓四百年未衰，而且子弟向来以文才著称，不乏进士出身之士。但总体来说，辽朝幽州豪门的影响主要在政治方面，未在文化方面发挥作用。和魏晋、北朝时期"学以家传，家以学显"的幽州门阀世家不可相提并论。故燕京豪门不是，也不可能是幽州士大夫阶层的主体。

二、儒家的正统地位

早在契丹建国之初，儒学已引起了统治者的重视。辽太祖耶律阿保机在临潢府（后称上京，今内蒙古巴林左旗波罗城）建孔子庙，春秋祭奠，以示尊崇。由此可见，儒家在辽王朝据有燕云十六州之前，已开始取得正统的地位。据有燕云十六州后，辽太宗耶律德光在上京设国子监，在南京（燕京）设立太学，推行科举制度，进一步发展了儒学。辽圣宗时儒学获得了更大的发展，诸州县均修建了孔庙，儒学在辽取得了全面的正统地位。

三、辽朝的科举制度

辽代的科举制度初循唐制，后仿宋制，三年一试，分为乡、府、省（尚书省）三级。"乡中曰乡荐，府中曰府解、省中曰及第。"有辽一代共开科五十五次，取中进士两千三百七十二人（重熙十九年、咸雍十年两科无统计数）。

辽代的科举制度，对燕京地区以及整个辽朝来讲，还是具有积极意义的，而且积极的意义不可低估。因为辽朝的北面官和武官多为契丹贵族，这些人是马背上成长起来的骑士，缺乏治理燕云十六州的能力，科举出身的南面官对"汉地"的治理发挥了重大的作用，不但使燕云之地相对稳定、繁荣，而且对整个辽朝政治、经济、文化的发展也起到了推动的作用。

四、契丹进士

辽朝据有燕云十六州后，开始实行科举制度，初是笼络人心的权宜之计，后发展成定制。故科举制度初行之时，只限于"汉人"参加。其原因有二，一是视科举为针对汉人而设的招士之举，二是怕契丹人走上科举之途后，失去草原骑士的"弓马之强"。所以北面官、武官仍然基本上由契丹族人出任。这种分工是蕃汉并行的政治体制的一种表现形式。但后来科举制度还是扩大到契丹族，出现了考场成名的契丹进士。契丹进士的数量不多，甚至可以说是特例，但这一变化说明科举制度已经打破了以汉制治汉人、以契丹制治契丹人的界限，通行蕃汉之间。蕃汉均用科举取士，无疑说明契丹士大夫已经登上了历史舞台，标志着儒家正统地位最终的确立。

第四节　辽代燕京士大夫文化

一、燕京的士大夫阶层

燕京地区（辽南京道）不但是辽朝政治、经济、文化最发达的地区，而且辽朝的人口有二分之一聚居在燕京地区。辽廷确立科举制度以后，所取中的进士绝大多数是燕京人士。进士是地主阶级知识分子的上层，已通过"乡荐""府解""及第"三级考试，登龙门，步金阙，走上了飞黄腾达的道路。有辽一代开科五十余次，取中进士两千三百余人。辽王朝的人口总数在二百万至三百万之间，相比之下进士阶层可谓非常庞大了。进士阶层的"庞大"说明了以中进士为目的的儒生阶层的人数也很庞大。因为通向进士之途的三级考试，均需要有人当分母，没有"底面积"的保障，绝建不起高耸的"金字塔"。为此，辽廷在南京建有太学，在南京道所属的州、县均设有州学、县学。

圣宗时为了扩建太学，特赐"水碓庄一区"作为太学生活动居住之所。道宗时进一步推行"设学养士"的制度。据志书所载，南京地区的良乡、新城、永清、玉田等县均置有县学。三河县重修孔庙，需经费三十万，知县从"己俸"中掏了腰包，小小知县的俸禄有限，从"己俸"中掏腰包，大概只是象征性的表示表示。余款是从"诸科前名"的儒士中募集的。满三十万后开工修建，孔庙的规模宏大，重修记收入《全辽文》中。三河一县能募"三十万"，说明尊儒崇孔甚有根基和市场。士大夫阶层也甚有基础和影响。辽初虽然开科取士，但录取人数不多，圣宗时每科中第人数不过数人，甚至仅有两三人。这并不是"限制录取人数"，而是由于宋朝三次北伐的主战场均在幽州地区，军事行动造成了社会上的动荡。虽然开科取士，但是一时人才难聚。这说明了在"澶渊之盟"之前，幽州的士大夫阶层人士对"王师北复燕云"还是抱有信心的，仍不打算和辽王朝进行全面合作。"澶渊之盟"之后，北宋放弃了收复燕云十六州的企图，幽州地区的士大夫阶层人士才认同耶律氏，进行了全面合作，甘当"大辽进士"。

澶渊之盟后，宋辽实现了百年和局，燕京地区许多地主阶级的知识分子通过"十年寒窗"一跃"龙门"进入了仕途，以"汉制治汉人"的南面官大多是科举仕途出身，其中有许多人置身相位（包括枢密使），赵徽、王现、刘仲、杨遵勖、王棠等人均显赫一时，在《辽史》中见诸记载。综上所述，辽代燕京地区的士大夫阶层，是承唐代幽州士大夫阶层的基础，在新的形势下发展起来的。新的形势是燕云十六州系中原王朝"割让"，辽廷"接收"之后进一步发展了两汉以来幽州地区多层次的行政管理制度，形成了蕃汉并行的政治体制，这种易主不易"制"、易主不易"法"的政权更替使唐、五代幽州地区的士大夫阶层"和平进入"了辽燕京时期。儒家学说的正统地位和蕃汉通行的科举制度又保障了士大夫阶层在和平过渡之后能顺利发展。唐幽州地区的士大夫阶层是在科举制度下成长起来的，故以庶族为主体，山东旧士族已退出了幽州地区的政治舞台，新的豪门在藩镇频繁的非正常更替之中未能成长起来。综观唐、辽时期幽州士族形成门阀长盛不衰者，只有刘怦、刘济之后一门。在这种情况下，辽燕京地区的士大夫阶层也具有以下特点：一是在科举制度下形成和发展，以庶族为主体；二是承汉唐儒学之盛，在社会上有影响、有基础；三是辽王朝的两千三百多名进士，绝大多数是燕京籍人士。澶渊之盟之后，燕京地区有百年升平之期，形成了以进士阶层为主体的士大夫阶层，并且在南面官中占有了主导地位。但未形成门阀世族，因为科举制度下的士大夫很难形成"一门三进士""三代进士公"。

二、一箭三雕，一曲三叹

辽统和四年（986年）的"雍熙之役"以后，北宋对辽的方针由战略进攻转入了战略防守，放弃了收复燕云十六州的企图。也就是说，耶律氏对燕云地区的统治，得到了赵宋王朝的"认可"。赵氏的认可，使耶律氏的声势倍增。辽统和七年（989年）三月，宋朝进士十七人携带家口集体投奔燕京另谋发展。宋朝重视科举，对正途出身的官员升迁十分优厚，可是竟有进士公集体"自弃王化"，到"辽邦""北虏"之地谋求发展，这说明了燕京地区虽是中原王朝的"化外"之地，但仍被士大夫阶层的拓取之士视为用武之区。儒家最重"正统"，北宋和辽朝相比，无疑是"华夏正统"。十七名进士集体弃"正统"，对北宋来说，可谓一叶落而知秋了。但是辽朝对这个"叛逃集团"并不是青睐相迎，破格任用，而是摆出了"上国"的尊严，首先进行了"复试"，经重新考核后，分配为国学官、县尉、主簿等微卑之职。自己贱卖，也别指望有识货者出高价收购，实为古今之通理、四海之真谛。辽圣宗不出高价收购，其用意是"大辽不缺人才"，没有必要"引进"。况且儒子既然弃故主，当然也非忠臣，故实无必要重用。但也没有必要不用，圣朝、圣世、圣主的用人妙道是"小用"，实有一箭三雕之功，亦是儒门一曲三惋之叹。

三、封闭与交流

幽州地区位于游牧文化与农耕文化的接触带上，但自燕筑长城，秦统一后连接秦、赵、燕三国各自为政的长城以来，西起临洮，东至襄平，在农耕区域、农耕民族和游牧区域、游牧民族的接触带上，修筑了一条人为的"天墙"，政治上的一体化、经济上的互补、文化上的交流均受到了限制，严重地妨碍了民族认同与融合的进程。辽据有燕云十六州后，长城两侧第一次置于同一个统治民族的控制之下，燕山以北的草原、燕山以南的平原连成了一片，幽州地区先进的政治、经济、文化向草原张开了双臂。可是与此同时，北宋建成了一道东起直沽西至保州的"水上长城"，把幽州地区和中原地区隔绝起来，使偏于北隅的燕云之地和中原地区、江淮地区总体发展水平上的差距进一步加大。

幽州原属"汉地"，辽据有之后又和"汉地"相邻，所以燕京地区　直是长城南北地区和内地交流的窗口。宋、辽澶渊定盟之后，虽然出现了百年和局，但双方仍然均视对方为"敌国"，在边境地区陈兵对峙，民间经济、文化的交往自然受到了限制，但官方控制下的边境贸易还是很少间断。文化的交流渠道主要是使节团之间的互访，百年之中宋使访辽见诸史籍的达一千五百多次。我国古有礼尚往来的传统，辽使回访当然也不会少于这个数字，只不过文献记载不详而已。双方使节团的互访均有非文化交流性质的目的和任务，但入境后的活动中客观上形成了一定的文化交流。但这种交流是有限的，宋、辽均厉行书禁，怕书籍流入对方辖区造成"资敌"的后果，殊不知书籍进入敌国，传播文化的过程中势必造成政治影响，可胜十万雄师压境。在这种情况下，宋辽之间很难实现真正的文化交流。所以幽州地区和宋地的文化发展水平差距很大。宋朝讲学之风很盛，书院林立，士大夫阶层坐而论道，设学收徒。理学之间的辩论虽是唯心主义体系内部的争议，但反映了当时最高的学术水平，而且在社会上影响很大。幽州两汉以来有"学比齐鲁"之称。可是有辽一代未有书院之设，民间虽有私学，但都是启蒙教育的塾学，大儒设帐讲学不见史载，可见文化教育的总体水平还是不高。这和国家分裂、宋辽对峙之中文化不能正常交流、幽蓟之地偏于一隅、自成体系之后囿于闭塞之中的特殊环境有直接关系。

四、犹有花枝俏——北隅的文化渊薮

政局分裂，宋、辽对峙，燕京囿于一隅，士大夫文化的主体无疑在宋不在辽。但燕京地区在自己特定的环境之中，也"犹有花枝俏"，形成了独具特色的士大夫文化。

辽王朝设有国史院，置众多史职，这些史职除"监修国史"一职由枢密使例兼之外，余者皆由进士出身的官员充任。这些史职官员掌管起居、日历、实录等工作。撰成《统和实录》《皇朝实录》，为元修《辽史》准备了资料。充任史职的官员，可以说形成了一个士大夫圈子。辽的文风与宋相比，固然不算昌盛，但燕京地区是辽的文人渊薮，有浓厚的文化气息，杨佶（统和二十四年状元）、王鼎（道宗清宁五年进士）等人均有佳作传世。王鼎未跃龙门之前即在诗宴上因"援笔立成，敏惊四座"而成名。辽诗留传下来的不多，但当时的士大夫不乏唱答之作。辽代诗文别集，见于记载的即有十余种。北宋大文豪苏东坡的诗文对燕京士大夫阶层的影响很大，苏辙使辽，初到燕京即有人告之，令兄（苏轼）之作流传甚广，书肆有翻刻本。苏辙回汴京后

作诗云："谁将家集过燕都，每被行人问大苏。"问大苏者当然是燕京儒冠之士。

第五节　儒僧文化的悟思

有辽一代燕京地区还有一种特殊的文化现象，就是儒僧文化。儒释本不同门，在僧前冠以儒字，说明僧乃儒化之僧。辽王朝佛教盛行，苏辙出使辽国，见到佛教泛滥，称僧尼为"北国巨蠹"。士大夫阶层的人士亦不乏遁入空门者，但遁入空门后仍然儒根未断，在佛门"净土"之中亦发萌成株，开化结果。

一、由选官到选僧

士大夫遁入空门的原因甚多，"空门谈有"是另谋发展之途。于是僧人儒化，著书立说。出现这种现象的原因是辽廷大规模地组织佛教经典的收集、整理、考证、刻印，从而带动了文化事业的发展。云聚燕京的高僧大多为儒生出身，不但有些科举之学的根基，甚至有些真才实学。这些学问僧利用辽廷礼佛、崇佛，借助"净土"成全了一些音韵学、文字学的大作，为文化事业的发展做出了积极贡献。儒僧、学问僧虽列籍空门，但其活动于士大夫阶层，出现这种文化现象说明了辽朝虽行科举之制，但释盛儒微，"选官不如选僧"，还是袈裟比儒巾要逍遥、风光。因为辽廷恩宠僧人，帝后礼佛，公卿崇佛，僧人不但有很高的政治地位，而且有很高的经济收入。释盛儒微的原因是契丹族的知识文化水平总体上来说还是比较低，对儒家的说教往往难以理解，不知其治世的妙用，对释家天堂地狱、因果轮回的布道却深信不疑，于是帝后公卿崇佛佞佛。认为刻经是功德无量之事，今生和来世都会有重报。但能够精通释理考证佛经的高僧绝大多数是士大夫阶层的"出家人"。这些人儒学根基很深，虽说已遁入空门，但儒根难断，于是形成了独具特色的儒僧文化。选官不如选僧的实质是选官无望，才去选僧。由儒家的"有"到释门的"空"，实为失望愤懑中的一种解脱。但"解"而未"脱"，故"四大皆空"后，唯独学问之道难空。

二、袈裟下的儒冠

燕京地区之所以出现了儒僧文化，一方面是燕京地区有丰厚的佛教文化积淀，释门的三次"法难"均没有波及幽州地区（北周武帝灭佛时，幽州属北齐；唐武宗灭佛时，幽州处于河北藩镇的统治之下，对灭佛诏令没有认真执行；后周世宗灭佛时，幽州已割让给了辽朝）。蓟城内外的古刹禅院中不但高僧云集，而且保存了众多的释门经典，释门不但有政治地位、经济实力，而且有文化基础。另一方面是儒家学说在契丹族统治者的心目中难免是"迂阔之论"，而视佛门却为"真谛"。在这种情况下，儒家文化以一种扭曲的形式寓于释门以求发展，在袈裟之下隐藏了一具儒冠。这对以儒门嫡传自居的士大夫阶层人士来说，不得不说是一种悲剧。

佛教在唐代再度辉煌之后，可以说是完全融入了中国的传统文化之中。宋初钦定《百丈清规》的出现，说明佛教已完全不逾"儒家"之矩了。佛教的任何活动，不触犯儒家的传统才能符合"钦定"，否则即为妖僧外道了。黄河流域、长江流域、珠江流域的广大地区（北宋统治区）"释附儒"的情况下，燕京地区却出现了众多的知名儒僧，这不能不说是特殊历史条件下的特殊现象。袈裟之下的儒冠，不但是儒僧个人的悲剧，也应视为燕京地区士大夫阶层的悲剧。

三、不修儒经修佛经

（一）对另一个世界的恐惧

虽然辽太祖耶律阿保机认为"佛非中国教"，"有大功大德者"是孔圣人。但有辽一代，耶律氏没有大规模地组织过对儒家经典的整理、校勘、刻印，却对佛经的整理、校勘、刻印都竭尽了全力。不但出版了《契丹藏》，而且大房山云居寺内静琬的刻经、藏经事业一直由官方主持进行。直到天祚帝的危机之秋，仍然没有间断。宋、辽以后，历代封建王朝均有刻大藏经之举，而且都投入了巨大的人力和物力，力求整理、校勘、刻印的水平均超过前朝。不修儒经修佛经的原因很简单，封建帝王自称是天子，是上天在人世间的代理人，故"天佑而子之"。可是历朝总有亡国之君、被弑之君、被囚之君、被逐之君、短命之君。于是"天子"也深知"天命无常"，在利用宗教麻痹广大被压迫者的同时，也须用宗教麻醉自己，求得精神上的安眠，故有辽一代佛教极盛。辽咸雍六年（1070 年）辽道宗诏饭僧于南京、中京，其因是和北方乌古部作战，杀人太多，企图用饭僧的方式求得佛祖的庇佑。如果说辽道宗是佞佛的区区北隅之君，可谓井底之蛙，唐人宗李世民、明成祖朱棣则是中国历史上统一王朝的雄才大略之君。李世民建悯忠寺、朱棣建大钟寺超度征辽之役、五度阴山之役的阵亡将士，建庙诵经超度忠魂，固然是哭死人给活人看，但也是为了平息自己内心的失衡，怕来自另一个世界的报复。孔子课徒以三纲五常，但孔圣人只是一个"圣之时者"，是个地地道道的凡人，儒家学说重忠君之道，儒家经典可教人、育人，但不能度人、佑人，从封建帝王的角度来讲，儒家学说只不过是愚民、愚臣之道。身为孤寡，绝不会把儒家学说当成一面镜子照照自己。身为孤寡，面临着现实世界的报复；惧怕着另一个世界的报复。孔圣人可以教现实世界的人去为孤寡尽忠全节，但不能左右另一个世界，而另一个世界用另一种方法主宰着现实世界。敢在现实世界"称孤道寡"，对另一个世界则要"广结善缘"。广结善缘当然是为了上天的庇佑，是祈福、祈寿，可是另一个世界里也不乏要向孤寡索还血债的怨鬼。于是修一部《大藏经》讨好另一个世界的统治者，同时也就达到了"镇抚"的目的。于是历朝的孤家寡人把儒学当成一面镜子只照别人，选忠臣于儒子之门。

综上所述，封建社会的历朝统治者大多是儒表、法里、道中的角色。所谓儒表，也就是说儒术只不过是"宣传教育大纲"，用来"循世育民"。法家之术可治国、道家之术可驭下，至于另一个世界，则不是儒、法、道三家的凡人世说所能及的了，只有修部《大藏经》，虔诚地拜托佛祖了。由此可知，儒家学说虽然被定为一尊，但在封建帝王的内心世界里儒经并没有佛经重要。因为只要最高统治者开科取士，儒经就一定能再版，而且校勘、刻印得一定会比原版精美。佛经则不然了，佛祖法力无边，明察秋毫，不拿出点儿诚心来，可是要自食其果。故孤家寡人均是"戏儒"的高手，但不敢"戏佛"，怕遭报应。儒者忠心不二，故可戏、可愚、可欺。佛祖神通广大，故"心诚则灵"，刻起《大藏经》来不惜工本。对儒者能耍空手道；对"我佛"要一掬"躬敬与虔诚"。儒者之悲，不言而喻。

（二）以儒治国，以佛治心

儒家的哲学体系建立在"有"的基础之上，封建统治者的国家机器更是"实有"。故"以儒治国"是历代封建王朝所遵行不易的国策。佛教主"空"，其哲学体系是建立在"空"的基础之上，故"四大皆空"，世间的一切均归之于"空"。为了使世人能接受"空"的观念，于是又提出了"无常""苦""无我"之说，使"空"有了心理基础。佛教以不杀、不盗、不淫、不欺骗、不饮酒为五戒，又以不犯杀、盗、淫、愤恨、妒忌、愚痴、谎话、巧辩、挑拨、恶骂为十善。凡奉行或违背五戒十善者，将受天堂、人类、畜生、饿鬼、地狱五种报应。凡心中一起"恶念"，就得"恶报"。所以必须慎独防微，不让恶念产生。人生是苦海，苦海无边，回头是岸。为了来生和彼岸，今生就得苦忍苦修，不但不能有忿行，也不能生忿心。苦忍苦修是为了前生赎罪，积德行善是为了来生造福。世人身处逆境无法摆脱，身受压迫无力反抗之时，在绝望之中很容易接受佛教的观念，舍去今生，以求来世。统治阶级在唐以后听任佛教的自行发展，使躯壳自行走上祭坛充当牺牲品，而且唯恐自己的灵魂与躯壳不够完洁，玷污了神圣的祭坛。这就是以佛治心的妙道。

孔子对鬼神的态度是"祭如在"，对生死的态度是"未知生，焉知死"。对另一个世界并不感兴趣，主张在现实世界里"尽人事而听天命"。在这种思想的影响下，士大夫阶层的主流是用世、进取，具有"安社稷、济苍生"的使命感和责任感。积极用世的执着追求，以天下为己任的仁者情怀，必然导致"民为贵，君为轻""君视臣为土芥，则臣视君为寇雠"的生民至上的思想。

这对封建帝王来说，无疑是洪水猛兽。所以儒者积极用世的精神，不能超过统治者的"限度"，不能"过热"。为了防止臣下"过热"，所以在"以儒治国"的同时，必须辅之"以佛治心"。让执着、至诚、炽热的心，变得淡漠起来，不要超越"极限"，这个极限就是对社会的责任感，不能超越为臣之道的限度。对另一个世界的恐惧，对现实世界的治心，是耶律氏不修儒经修佛经，后世英主儒经、佛经并修的关键所在。

四、《契丹藏》中的儒家天地

《契丹藏》一书见诸中国和朝鲜两国的文献记载，但其书未能传世。1974年文物部门维修山西应县木塔时，在塔中佛像体内发现了一批辽代文物，其中有十二卷《契丹藏》。这项考古成果对研究辽史有重大的意义，《契丹藏》这部巨书全部用汉文书写雕版，不但不见契丹文字，而且不避讳。《契丹藏》的底本，均是唐宋本，辑成《契丹藏》时直录原文不加避讳。《契丹藏》系辽廷印经院编印，印经院由燕京地区各大寺院的高僧组成。这些人大多儒根未断，甚至是释表儒里的儒僧，参加辽廷大藏经的编辑工作时不避讳，从中可以看出辽廷的印经院，可以说是佛门之中的儒家天地。辽修《契丹藏》的不避讳和清修《四库全书》时的众多避讳，形成了鲜明的对比。

第十章

金中都的士大夫

第一节　华夏皇冠——完颜氏正位中原

一、女真族入主中原

女真族建立起的金王朝，是中华民族史上的一个特例。十六国时期少数民族所建立的政权，除先秦一度短暂地统一北方，其余均是只据北方一隅之地的割据政权，而且此兴彼亡。鲜卑族建立的北魏，虽然统一了北方，形成了南北朝对峙的局面。但"五胡"进入中原，均不是凭借武力打进来的，而是军事行动失败后被中原王朝"迁进来的"。中原王朝在军事上获得胜利后，把沿边游牧民族迁入长城以内安置，从客观上来讲，并不排除掠夺人口的意义。沿边游牧民族迁入黄河流域一二百年甚至三四百年后，已就地转化为农耕民族，而且不同程度上已经开始"汉化"。西晋八王之乱后，少数民族政权迭起，只能称之为"内乱"。十六国的小朝廷，在意识形态上，甚至名号上仍然承认东晋为华夏正统。东晋、南朝宋不但在淝水之战中击溃了前秦的百万大军，而且不断地北伐。南朝宋灭南燕、后秦，一度恢复了河南、关中之地，保持了一定的威势。虽是偏安，在诸民族的心目中仍不失为"正统"。正是在这种意识形态基础之上，北周灭北齐。北齐的最高统治者高欢是鲜卑化的汉人；北周的最高统治者宇文泰是汉化的鲜卑人。北周灭北齐，说明北魏实现了民族大融合之后，"汉化"又一次战胜了"胡化"。隋王朝在北方诸民族已经"汉化"的基础之上灭陈，统一了全国。

契丹族据有燕云十六州，对中原王朝来说是政治上的割让，不是军事上的失守。所以周世宗北伐复三关之地的消息传到辽廷后，辽穆宗无动于衷地说："三关本汉地，今以还汉，何失之有？"宋太祖针对这种情况，曾设想通过"赎买"的方式收回燕云十六州。对近臣们表示"石晋割幽燕诸郡以归契丹，朕悯八州之民久陷夷虏，俟所蓄满五百万缗，遣使北虏，以赎山后诸郡，如不我从，即散府财募战士以图攻取"。

辽太宗攻破开封，灭后晋之后抢掠财富、人口而归。辽圣宗南征，打到了黄河北岸，与宋商定《澶渊之盟》而还。以后宋、辽之间出现了百年和好的局面。女真族是凭借武力，用铁骑冲入长城，驱走了辽廷，占领燕京地区。北宋用金帛从女真人手中赎回燕云十六州后，女真人再次凭借武力夺取了幽州。以幽州为前进基地，长驱直下，攻破开封灭北宋，占有了淮河以北的广大中原地区；并继续挥兵南下，跨进了淮河，渡过了长江，兵锋达到了浙江、江西地区。

二、汉族失去了正统的优势

契丹族据有燕云十六州的近二百年中，一直没有迁都南京，其原因是视南京为"汉地"。契丹人死后归葬北土，其原因大概是"汉地终将非我所有"，不愿将先人之躯遗之"汉地"。女真族不但迁都燕京，以之为中都，还准备迁都汴京，进而灭南宋统一全国。

在十六国、北朝和东晋、南朝对峙的一百七十多年中，东晋和南朝宋不但拥有过一定的军事优势，在意识形态的正统地位中，东晋和南朝拥有绝对优势。在宋、金对峙的一百多年中，女真族不但在军事上占有绝对优势，在心理状态上也占有绝对优势。宋高宗赵构接受金朝的册封，无疑是把中华的"正统"拱手让给了女真皇帝。

女真族入主中原，"汉化"的速度和深度都远远超过了契丹族。契丹族在燕京地区军事上失败之后，还能远走西北地区，建立西辽政权。女真族在军事失败之后，大多就地融于汉族之中。北魏时，鲜卑族在掌握政权的情况下和汉族融为一体，女真族在掌握政权的一百多年中"汉化"而不与汉族融合，这无疑是心理状态上所占有的优势发挥了作用。同时也说明了盛唐之后，汉族已失去了心理状态上的优势。南宋的理学家虽然仍在大谈"华夷之辨""夷夏大防"，可是这时的"辨"和"防"已失去了泱泱大国之风，是建立在怕的基础之上，和清王朝斥洋排外的心理状态没有什么原则上的区分，甚至可以说后者是前者的承袭。一个民族在和其他民族打交道的过程中，总是充满了"辨"和"防"的心理状态，而且"辨"和"防"是建立在怕的基础之上的，不但失去了心理状态上的优势，也失去了向其他民族学习的机会，更阻碍了彼此之间的互补与融合。一个民族失去了向其他民族学习与补充新鲜血液的机会，尽管这个民族在人口、政治、经济、文化的发展水平上仍然具有一定的优势，但这种优势往往也不能有效地在互补和融合中发挥出来。这就是宋朝雍熙北伐失败后，汉民族逐渐形成的心理状态。

女真人以征服者的高傲姿态两次占领蓟城（燕京），均未受到辽、宋的激烈抵抗。军事上的绝对优势，激发了女真族的自信，在心理状态上也就萌发出了优势。长驱南下攻破汴京，灭亡北宋之后挥兵直入江南地区，目睹高度发展的汉族政治、经济、文化，刺激了完颜氏定鼎中原、统一全国的心志。这使得女真族不但不同于十六国、北朝时期的少数民族，也不同于偏居于东北一隅，从未跨过黄河的契丹族。女真族在政治上野心勃勃，在军事上所向无敌，在心态上对华夏正统的皇冠抱定必争、必夺、必得之志。在这种情况下，女真族表现出的特征是高傲、自信，而又勇于、敢于学习中原地区的先进事物，迅速、果断地采用了汉制、汉法。

女真诸帝不但死后不归葬北土，而且将祖陵迁于燕京房山县的大房山，视汉地为自己的家园、坟山。女真族占领燕云之地，进入中原后不但使自己发生了骤变，而且给汉地带来了大的动乱。动乱不仅是在军事上，在政治、经济上也充分地显示了出来。骤变、动乱的结果是女真族迅速而深刻地"汉化"了，但是代价是沉重的、惨痛的。

三、开始了低调的生涯

有辽一代，燕云十六州的汉族人在政治地位上无疑是二等公民，但在意识形态上仍然保持了"正统"的地位。完颜氏入主中原之后，淮河以北的汉族人不但在政治地位上是二等公民，在意识形态上也失去了"正统"的优势。对王师北定中原早已失去了信心，甚至不抱任何的幻想。在无可奈何的情况下，在意识形态之中、心理状态之上开始接受二等公民的地位，并在此基础之上，和完颜氏为首的女真贵族集团开始了"共处"。这种共处，也就是屈从之中的合作。对于燕云十六州地区的汉族人来说，这种屈从应该说是从石敬瑭割让燕云十六州（938 年）时就开始了，到靖康之难（1126年）时，已有近二百年的历史。靖康之后，特别是南宋高宗赵构接受金廷的册封之后，这种屈从已从"权且式"转化为"认可式"，即从内心中承认自己二等公民的地位，对"合作"中的屈从已经全面地认可。于是低调、低吟、低叹、低语……低沉，簇拥成一体，似乎没有怅惘、彷徨、郁闷，当然也就不会呐喊，更不会奋起，而是默默地走向了认同，这种认同也是建立在屈从的基础之上的低调认同，所以产生不了振兴。由认可到认同的过程即是女真贵族集团"汉化"的过程，也是汉族士大夫阶层"胡化"的过程。如果说"汉化"是完全承认儒学的正统地位；"胡化"则是完全认可女真贵族的统治。汉化对女真贵族来说无疑具有一定的进步意义；"胡化"对于汉族士大夫阶层来说无疑是在低调之中呻吟了一曲生存的歌，歌词虽然保持了儒学的正统，曲调则在哀婉之中充满了媚态。这曲调是"大金"的雅乐，到了元统一之时，此曲已经烂熟了，只在歌词上略加润色，就可以用来颂扬大元"盛世"。

第二节　金初人口大迁徙

一、燕京地区的大动荡

宣和二年（1120年），宋、金定"海上之盟"，商定由南北两方夹击燕京，灭辽后宋收回燕云十六州，金据契丹故地。由于宋军未能攻入燕京，金灭辽据有了燕京，宋用帛帑赎回了燕云之地。但三年之后，金又挥师重返，从北宋手中夺取了燕云之地。在三年多的时间里，辽、金、宋三方面在幽州地区展开了拉锯战，导致燕京四次易主，造成了巨大的动荡。

二、移来汴京实燕京

北宋赎回幽州时，金军强迁城区人口东迁，置于上京地区。把一座空城交还了北宋，造成了人口大迁出。靖康元年金军南下攻破汴京灭北宋，赵氏南渡在临安（杭州）建立了偏安江左的南宋王朝，与完颜氏的金王朝隔淮水相对峙。金军破汴京后，强掠汴京人口北返，安置于燕京，被迁的对象上至皇帝、太后，下到百工乐妓，各阶层无所不有，造成了人口大迁入。

燕京地区的人口大迁出和人口大迁入，使唐、五代、辽以来形成的豪门世族受到了极大的冲击。历三朝而不衰，在金仍然可称幽州世家者，只有唐末刘怦一门了。

三、中都人口试论

金廷对燕京地区的人口实行"迁出"和"迁入"，主观目的是在战争的过程中抢掠人口，把人口迁往自己已经牢固控制的地区，但客观上却造成了不同地区、不同民族的人口在新形势下的融合。北宋灭亡之后，金军又多次南侵，在对宋战争中从江淮地区掠获了大量的人口，燕京城中出现"人市"，专门贩卖战争中掠获而来的"南人"。对宋战争告一段落之后，金廷又迁女真人进入"汉地"散居，并奖励内迁的谋克、猛安户与汉人通婚。被金廷以不同形式迁入燕京地区的人口，无论其属于哪个阶级、哪个阶层，均失去了原来的依托，面临着在新的形势下如何生存和发展的问题。由汴京抢掠到燕京的人口据《三朝北盟会编》所载"约十万口"，各阶层均有，士大夫亦在其中。从总体上来说，这些人有较高的文化素质，对燕京地区经济、文化的发展起到了积极的作用。

中都城垣面积为二十二平方千米，约为明清北京内外城总面积（六十二平方千米）的三分之一，以清末民初北京城区人口为百万来推算，中都城中当有三十多万人口。明清时期漕运粮的定额均是四百多万石，可维持百万人口的需求。金朝漕运额史无明载，但有过达到一百万石的记录，由此推算金廷的漕运能力亦可维持三十多万人口的需求。根据各种资料综合估计，中都人口金世宗时可达三十万，章宗时可能超过三十万。城区中的人口均是非农业人口，上层为皇室、王公贵族、官僚；下层是为上层服务的不同档次人员，小吏、小商、役夫、工匠、乐人、奴婢等均可归属其中；中间阶层就是士大夫阶层。《日下旧闻考》认为"燕京（中都）城内地大半入宫禁，百姓绝少"。百姓绝少的原因是中都城中皇城确实占地庞大，再加上近五十处王公府邸和众多官僚仕宅占去了多数"隙地"，故严格限制修建"民宅"。士大夫阶层中未"发迹"者，亦可归入民人百姓之中。由此看来，中都城中的士大夫阶层人数不会太多。

第三节　中都豪门

一、旧豪门荡然无存

幽州地区唐、五代、辽的旧豪门，未能形成魏晋、南北朝时期集政治、经济、文化为一邸的门阀世族，辽末金初的大动荡，使旧豪门遭到严重的打击。特别是金归幽州于宋时，掠城中豪门富户东归，这些人行至平州时，虽经张觉放还了一部分，但已是劫后余生。惊魂未定，又遭金军再克幽州之难，故终金之世，旧豪门未能重兴，幽州世家也就成了历史遗梦。

二、新豪门不启文运

所谓政治豪门，就是依靠政治力量突然崛起，无社会影响、文化根基的"暴发户"，中都的豪门可以说是政治豪门。政治豪门首推完颜氏皇族，金朝定制，亲王、郡王均没有实封地，所以受封后均在中都"专府而居"。皇室成员也都"开邸列第"。于是形成了众多的豪门，但金皇室内部斗争激烈，世宗、章宗均对皇室豪门进行抑制，防止"形势之家"干政。大官僚在职日久，容易形成豪门，外戚怙宠也会显赫一时，但官场如戏场，这种豪门均难持久，可谓时兴时衰，天不假二十载长盛之运。所以有金一代中都的政治豪门未能向文化名门转化。

第四节　儒学与科举

一、儒学的正统地位

契丹统治者据有燕云十六州之前已尊孔、祀孔，认识到孔夫子是中国的大圣人。女真统治者在入主中原之前，可以说是没有接触过儒家文化，金军进入曲阜，指着孔子像大骂，认为"夷狄之有君，不如诸夏之无"是对女真人的侮辱，将孔庙付之一炬。金军又欲掘孔子墓，完颜宗翰问高庆绪道："孔子是什么人？"高庆绪回答曰："古代大圣人。"完颜宗翰认为大圣人的墓不可掘，制止了金军掘墓的行动。完颜宗翰系金军统帅，尚不知孔子是何许人也。但在入主中原，兵逾淮河、长江的军事行动中，完颜氏很快就明白了儒学在"汉地"的影响和地位，理解了崇尚儒学在政治上的妙用。金熙宗于天会十五年（1137 年）在上京立孔子庙，天眷三年（1140 年）封孔子后裔孔璠为衍圣公，皇统元年（1141 年）亲临孔子庙致祭，北面再拜。表示要以文治国，以五经为本，以求天下为一体。儒学的正统地位开始建立起来。完颜亮、金世宗、金章宗均懂得崇儒尊孔和稳定统治之间的关系，所以金廷移鼎燕京后，儒家的地位日隆日盛。

二、科举制度

金的科举制度初无固定日期，以考试地点名之。太宗天会六年（1128 年）在燕京设立考场，命各地官吏搜索举人，押赴燕京进行选拔。为国求贤，竟然采取搜索、押赴的方式，实可谓求贤无道。但录取却是盗亦有道，"北人四百人，取六分；南人六千人，取五百七十一人"。北人所录取超过半数，南人所录取不足十分之一。南人是指辽、宋遗留下来的汉族举人；北人指契丹等族的举人。汉族举人只要应试，录取与不录取均可视之为已事新朝，失去了遗民的身份。

太宗天会十年（1132 年）以后，金朝的科举考试制度开始趋于完善，分为乡试、府试、会试（尚书省主持的中央一级考试）三级，完颜亮时又增设殿试。每三年开科一次，分为辞赋科、经义科、策论科、律科、经童科。在诸科之外还有"制举"，制举有"贤良方正""博学宏才""达于从政"等名目，是完全凭皇帝意志决定的不定期考试。金朝的科举考试建立了回避制度、监检制度，主管考试的官员分工也比较细致，设有考试官、同考试官、监试官、弥封官、誊录官、监押门官、检搜怀挟官等。科举考试制度虽然很完善，但水平却不高，原因是考试中存在着许多"特权"。

金世宗于大定十六年（1176 年），诏命皇室两从以上亲及宰相之子免乡、府、会三试，直接参加御试（殿试）；皇室祖免以上亲及执政官之子免乡、府二试，直接参加会试。这些享有特权的统治阶级上层子弟只要应试，可以说无不被录取之理。用诏命的形式把"特权"固定下来，其目的是保障统治阶级的上层在科举仕途上不失优势，防止科举实施后政权向汉族偏移，向庶族下移。

金廷在中央设有国子学（宗室、外戚、三品以上功臣子弟有入举资格）、太学（五品以上官员子弟、各府推荐的"优秀生"、科举终场举人有入学资格），在地方设有府、州、县三级地方官学。世宗大定十六年各地府学（皇室祖免以上亲属，六品以上官员子弟、落第举人有入学资格）"凡十七处，共千人"。金章宗即位后将原有的十七处京府儒学增为二十四处，又在各节镇、防御州增设儒学六十处，"增养千人"。但各学也均对享有"特权"者开放。后世虽有"终金之代，科举得人为盛"之说，认为金朝从科举途径进入仕途的人很多，超过了辽、宋，但其实金朝的各级官学均是为宗室、官僚子弟所办，官学是科举的考前培训班。官学、科举的"水分"如此之大，培养、选拔出的人才也就可想而知。尽管如此，科举制度还是向庶族地主阶级知识分子打开了一条通向仕途的狭窄通道。

第五节　中都的士大夫阶层

如前所讲，在完颜亮迁都燕京以后，中都成为北方的政治中心，金王朝全面实施了科举制度后，士大夫阶层开始形成。但由于人口的迁徙和政治上诸因素的影响，中都地区的士大夫阶层有以下特点。

一、中都士大夫阶层形成较晚

鉴于燕京地区旧士族阶层可以说是不复存在，中都士大夫阶层的形成须具备以下条件：首先是战争完全平息，这一条件应该说是金世宗时期才具备。其次是女真族在"汉化"的基础之上开始和汉族融合，这一条件可以说是金章宗时期才具备。其具体标志是明昌三年（1192 年）法律上最终确定了汉人和女真人可以通婚。最后是女真各阶层人士均承认儒家学说的正统地位。金世宗时，特别是大定二十年（1180 年）以前，女真守旧势力对汉族先进文化的吸收还是有所抵制，直到金章宗时才开始全盘接收。具体标志是皇家侍卫亲军必读《论语》《孝经》等儒家经典著作诏令的实施。因为此诏令的实施，表示完颜氏已把儒家学说作为统治侍卫亲军的精神武器，女真族的最高层和基层均承认了儒家的正统地位。

上述三个条件，从总体上来讲是金章宗时期才具备的。

二、中都士大夫阶层的历史短暂

金章宗在位近二十年（1190—1208 年），是金王朝盛极而衰的转折时期。金章宗 1208 年 12 月病逝，六年后，也就是贞祐二年（1214 年），金宣宗在蒙古铁骑的压力之下弃燕京南迁汴京，在"汉地"以求偏安。次年蒙古军队攻破中都，纵火烧城，繁华的中都变成了废墟。城中居民四散逃生，士大夫阶层也就随烈火而逝矣。

三、中都士大夫阶层人数不多

中都城中国子学、太学和各级官学的在学名额众多。各学的学生本应属于士大夫阶层，但是在"特权"之下，许多学生实在无法膺获地主阶级知识分子这个头衔。国子学为全国最高学府，但有入学资格者只限宗室、外戚、三品以上功臣的子弟，实可谓"贵胄学堂"。太学的等级略低于国子学，有入学资格者亦限五品以上官员的子弟及各府的"推荐生"。故就读于中都高等学府者，纨绔子弟多，儒门子弟稀，设帐讲学之所，实乏士大夫风范。

中都城中科举出身的官员不少，但在"特权"之下，许多进士公实难称为士大夫。科举策论科的女真进士，免乡、府、会三试，只在御前殿试时能写一篇五百字以上策论即可金榜题名，跳跃龙门。其水平只是略知文墨，对号入座，不过现代的一个小学毕业生水平而已。

科举考试的落第者，其中不乏佼佼之士。赵质就是金世宗大定末年举进士不第，隐居中都城南，教授为业，名重一时。帝京之内御辇之下"求隐"，当然意在"求显"，以退为进，实可谓之京城士大夫了。不参加科举考试的

"处士"，如隐居中都城西玉渊潭栽桃钓鱼的王郁，虽终身"未试""未仕"，但"隐居"都门，绝非山林之士，渔樵为生，故亦可称为京城士大夫。

总之，唐、五代、辽所遗的旧士大夫阶层在辽、宋、金三朝军争的动乱之中已成为历史的旧迹。金朝科举制度之下成长起来的"新士大夫阶层"，在学识上能称为"知识分子"者，人数确实有限，但其社会影响和地位，仍可称为一个阶层。

四、中都士大夫阶层影响不大

早年的燕京士大夫，均是辽、宋降臣。仕金后多是依附于女真贵族中的实权人物，因为在金熙宗改革之前，金王朝仍存在着勃极烈制，帝位袭承要经过贵族的"拥立"。在对辽、宋的战争中，女真贵族出现不少军事强人。左副元帅宗翰领统燕京，右副元帅宗望统领云中，被称为"东朝廷"和"西朝廷"。宗翰执政时韩企先为右丞相，名重一时，"专以培植奖励后进为己任"，在他周围形成了一个汉族士大夫官僚圈子。宗弼执政后，开始清洗韩企先的"圈子"，吏部侍郎田珏、左司郎中奚毅、翰林待制邢具瞻及王植、高凤廷等人先后被杀，孟法等三十四人被指为同党被逐。宗弼所重用的蔡松年（蔡靖之子）集团取代了韩企先集团。直到金世宗时期，金廷的政局才稳定下来，科举制度下进入仕途的官僚士大夫阶层也已形成，党怀英、赵沨、刘迎、周昂、赵秉文、李纯甫、张行简等凭科第之荣身显朝廷。故《金史·文艺传》云："世宗、章宗之世，儒风大变，学校日盛，士人由科举而位列宰相者甚多。"但汉人宰相只不过是"伴食中书"而已，金章宗论及韩企先时说："汉人宰相惟韩企先最贤，他人不及也。"原因是"本朝典章制度多出斯人之手，至于关决大政，与大臣谋议，不使外人知之，由是无人能知其功"。由此看来，有金一代最受完颜氏垂青的"汉人宰相"，也不是"出令秉政"的权臣，至多是个皇帝的"私人顾问"，在制定典章制度等方面，给皇帝出了些"点子"，而且还生怕女真贵族知道。

综上所述，中都士大夫阶层由于形成得较晚，存在的时间短暂，人数又有限，所以影响也不大。在中都的政坛上发挥作用的主要是皇室和大官僚集团。士大夫阶层在当时影响不大，对后世的影响也不大，因为金宣宗南迁后中都已失去北方政治中心的地位。蒙古军队攻破中都后举火烧城，居民四散逃生，中都在政治、经济、文化上均成了废墟，未遗留下"都城"的直接影响。

第六节　北方文薮

一、北方的文化中心

中都不但是北方的政治中心，也是北方的文化中心。靖康之难后，衣冠（士人）南渡。隋唐之后我国经济、文化发达之区南移到江淮地区，但北宋王朝的政治中心仍然滞留在中原地区（开封）。宋室南渡，在临安（杭州）建立南宋王朝，在政治上固然是偏安苟且的下下之策，但却使经济、政治、文化的中心区域三者合一。在江淮地区高度发达的经济基础之上，文化事业迅速地发展了起来。相形之下，据有黄河流域广大地区的金王朝，由于遭到战争的破坏，社会动荡不安，统治民族本身的文化素质又大大低于被统治民族的文化素质，所以文化事业的发展远远落后于南宋王朝。但由于金王朝领有区域是中国文化发祥的关中地区、中原地区，传统积淀十分丰厚，北宋灭亡之后，幽州地区和中原地区连成一片，改变了辽时囿于一隅的闭塞状态，实现了在北方范围内的大交流。历史上，自从实行了科举制度后，"学在郡国"的局面没有再出现过，首都既是全国的政治中心，也是全国的文化中心，在这种情况下，中都也就成了金王朝士大夫云聚的北方文薮。

二、中都史苑

金世宗时，为了借鉴历朝封建统治者的经验和治术，陆续刻印了金以前历朝官方编印的史书。辽朝的刻书业起源于佛经的勘刻，可以说是宗教的发展带动了文化教育的发展。也可视之为世俗文化成为宗教文化的附庸的一种趋向。金代佞佛、崇佛的上层人士相当多，"帝后见像设皆梵拜，公卿诣寺，则僧皆上座"。只是皇帝在崇佞之后，尚能有所悟，认识到国泰民安是传之子孙之道，礼佛祈福实为虚幻；金章宗认为立国应以农桑为本，佛道游食伤农，无益有损，徒增浮费。故金代刻书业缘起于刊刻历代史书和儒家经典著作，这应该说是一种进步。也说明了女真贵族在迅速汉化的过程中，权衡"佛经"和"儒经"的妙用之后，做出了正确的选择。儒家撰述的经史，熔铸了三纲五常之道，对最高统治者来说，今生用世是"实"，"虚""实"之际，当然是弃"虚"取"实"了。

历代史书的刊印促进了金朝史学的发展。金廷设有"国史院"，修有《辽史》《续通鉴》等史书。金朝有私人修史书之举，《南北史志》《注史记》等著作均是在金世宗、金章宗时期问世，围绕着"史苑"中都形成了一个士大夫圈子。

三、中都文坛

中都的文坛，可以说是袭承北宋之后领半边风骚，但具有质朴的特点。虽不能与临安并论南北，但也集"北方"的文采，围绕着"文坛"，中都亦形成了一个士大夫圈子。金初韩昉、宇文虚中、蔡松年、高士谈、吴激等人初领风骚。大定、明昌年间蔡珪、党怀英、赵沨、周昂、王庭筠相继活跃于文坛。蔡珪名声最高，有执牛耳之势，被评价为"建瓴一派雄燕都"。党怀英少年时曾与辛弃疾同门读书，金章宗时为中都文坛盟主。金亡之后，以元好问为代表的遗民士大夫仍然有中都文坛余韵，残留着一个文坛士大夫的圈子。尽管中都有"史苑""文坛"圈子，但在社会上的影响似乎不大，因为终金之世中都无书院之设，未兴讲学之风。而南宋境内书院林立，讲学之风颇盛，临安太学学生亦很活跃，相形之下，中都的士大夫阶层显得苍白无力了。

第七节　试评南北两都的士大夫

唐末至元统一的三百多年中，中国处于分裂状态，九州之内并存过许多政权。据有长江、黄河、珠江流域广大地区的北宋无疑处于主导地位。靖康之后，女真族的铁骑席卷了中州大地。宋室南渡，在临安（今杭州）建立南宋，保有淮河、秦岭以南地区，形成了宋金对峙的局面。金朝据有的黄河流域（包括关中地区）是儒家发祥之地，有着深厚的文化积淀。南宋据有的淮河以南地区，是中国经济、文化最发达的地区。和西夏、西辽相比，金朝无疑是北方的主体；和大理、吐蕃相比，南宋无疑是南方的主体。宋金对峙，各领南、北风骚，南、北两京的士大夫也在政坛、文坛上各显身手。南宋首都临安的士大夫和汉唐首都长安的士大夫相比当然是黯然失色，但和金王朝首都中都的士大夫相比，又显得技高一筹。站在今天的高度和角度来看问题，宋金之间的正统之争实无意义可言，但若论及儒家的道统、华夏的文统和士大夫的风采，西子湖畔的儒冠实可谓风骚在兹矣！

一、再著春秋

（一）生存的挑战——板荡显忠臣

西晋永嘉之后，晋室南渡，中国政局分裂为南北朝达二百六十多年。在此二百多年中，汉族政权虽然避地江淮，但汉族在华夏大家庭中的主导地位似乎还未遇到挑战。而隋王朝的统一，无疑是北朝"汉化"之后统一了南朝。

北宋靖康之后的局势则不然，华夏的皇冠已为完颜氏所有，汉族在华夏大家庭中的主导地位遇到了挑战，汉族政权的半壁江山能否存在下去的阴云笼罩在西子湖畔。春秋大一统，但由谁来重新统一九州？辛弃疾就高瞻远瞩地认识到，金朝已不足为患，崛起于草原大漠之间的蒙古族才是"王师北定中原"的真正对手。实可谓"西北望神州，云横雪拥不胜愁"。

　　论及南宋，如果只看到"山外青山楼外楼，西湖歌舞几时休。暖风熏得游人醉，直把杭州作汴州"，那将很难解释偏安的小朝廷能够存在一百五十多年的因由。"家贫出孝子，国乱显忠臣"，在神州板荡的生死存亡之际，西子湖畔的士大夫三升碧血、一顶儒冠，再铸春秋。宋高宗赵构为了无法启齿的隐私，把华夏皇冠拱手相让，但有着千年传统和积淀的士大夫阶层却恪守春秋攘夷之义。"华夷之辨""夷夏大防"之说在靖康之后有"抗侮"的积极意义。西子湖畔的儒冠可以说是在新的形势下再铸春秋。儒家在"辟佛"中曾以"华夷之辨""夷夏大防"之说为论战的武器，南北朝对峙时期也曾借助过所谓的春秋大义，但昔日持此说只不过是借以自尊而已。因为北朝的民族大融合完全是在汉化的基础之上进行的。辟佛论战之中的"防""辨"之说更是显得苍白无力，可以说是论战之中夹带着几声辱骂而已。靖康之后再申春秋大义，实为铿锵剑声，因为当时的"春秋"已经需要用热血重铸了。李若水、陈东、欧阳澈等用自己的一腔忠愤三升碧血为"春秋后传"增添了光彩。晏敦复、李弥逊、梁汝嘉、萧振、薛徽言、胡铨等犯颜死谏，誓死拒和。胡铨的"戊午上高宗封事"凛然重申春秋大义。"此膝一屈（指赵构接受金主册封），不可复伸；国势陵夷，不可复振。""三军之士不战而气已索"，"臣备员枢属，义不与桧等共戴天。区区之心，愿断三人头（指秦桧、王伦、孙近），竿之藁街，然后羁留虏使，责以无理，徐兴问罪之师，则三军之士不战而气自倍。不然，臣有赴东海而死耳，宁能处小朝廷求活耶"。赵构欲杀胡铨，可是该疏已在民间广泛流传。金人用重金购得抄本，读之亦惊呼"江南有人"。

　　戴在赵氏头上的华夏皇冠，赵构不去捍卫，屈膝跪拜敬献给了完颜氏。临安士大夫却挺身而出，士大夫挺身而出并不是为了赵氏，而是为了捍卫千年的文统和道统，捍卫春秋大义，也就是捍卫自己的信仰，捍卫儒家的真谛。因为"天下者，祖宗之天下也，陛下（指赵构）所居之位，祖宗之位也"。

　　"陛下一屈膝，则祖宗庙社之灵尽污夷狄；祖宗数百年之赤子尽为左衽。朝廷宰执尽为陪臣，天下之士大夫皆当裂冠毁冕变为胡服。"赵武灵王胡服骑射是振兴、是强国、是昂首换新装，是"获身"；屈膝左衽是辱耻，是"失身"。士大夫虽"愚"，当时尚明"获身""失身"之道。"愚"至爱新觉罗氏移鼎燕京时，"失身""获身"之道亦不明矣！

（二）补天与抗侮

靖康之后，临安士大夫既要"补天"又要"抗侮"。所谓补天就是中国封建社会由盛唐的巅峰急转直下，被统治者要冲破统治者的"天"。所谓抗侮就是女真族、蒙古族的铁骑不但越过了长城、黄河，而且兵锋席卷了长江流域。如此严峻的局势，是以天下为己任的士大夫阶层所没有遇到过的课题，在孔子之说中，找不到解决时局的答案。由于早在西汉时期，地主阶级的知识分子已被"罢黜百家，独尊儒术"的大棍子击坏了"问苍茫大地，谁主沉浮"的中枢神经，已经麻木了一千多年，所以实难在中国封建社会的巅峰期之后再在实践上、理论上产生新的突破、新的振兴。这也不足为怪，生产工具、生产力未发生质的变化之前，意识形态领域中也实难有新的突破。但力挽狂澜的使命感又迫使临安士大夫苦思冥想，朱熹、陆九渊、陈亮、叶适等纷纷站在不同立场之上，鸣一家之言，力图补天与抗侮，于是理学、心学和反理学、反心学的思想展开了争鸣。

儒家的学说是经世致用之学，对哲学的本源实缺乏深入的探讨。故黑格尔认为"孔丘的学说，严格说起来没有什么哲学的体系"。黑格尔对儒学可以说是个门外汉，但此说也不无一定道理。儒家学说的核心理论是"仁"，但真正的"仁"只能存在于"大同之世"，在阶级社会里如何体现出"仁"，确实是一个难题。孔子企图用"义""礼""智""信"编织成一个维系"仁"的纽带，把一切均纳入"有序"之中，使不同阶级、阶层、社会集团的人，都能生活在"有序"之中去体现"仁"。封建社会的"序"，也就是不可逾越的等级界线。可是"有序"时期处于统治地位的人很难"克己"，所以也就谈不上"复礼"，于是"天下归仁"也就成了一句空话。在"无序"时期，统治者和被统治者均处于更难"克己"的冲动之中，"礼崩乐坏"，"仁"何可依！

故每当大乱之后的大治之时，封建统治者在"不患寡而患不均"的思想指导下，都在力所能及的条件下开展"均田"，行所谓的"仁政"，使自给自足的小农经济很快就得到恢复，并在封建经济的体系内得到发展。但自给自足的小农经济不可能冲破封建经济的网罗，而在发展过程之中又会产生土地兼并破坏"均田"的成果，使社会走向"无序"。中国封建社会发展到两宋时期，"均田"在客观上已无可能，儒家的"仁政"之说实显得苍白无力，在这种形势下，理学应时而出。理学可以说是儒家学说找不到对号入座的演出剧场时的一种畸形发展——由经世致用转化为空谈性理。出现这种变化，绝不是历史的偶然，而是经济基础的变化在意识形态领域中的反映。唐王朝废弃均田制，实行两税法，不但是税制发展过程之中的进步，而且是封建社会中商品经济得到进一步发展的产物，但封建商品经济在各种桎梏之下，总也冲不破自给自足的自然经济——中国封建社会的坚实始基。如果说盛唐之世是中国封建社会的巅峰，指导创造巅峰的理论就是儒家向往之中的井田制衍生出来的均田制和均田制基础之上的仁政说。唐以后均田制已不具备实施的客观条件，仁政说也就成了苍白无力的说教，指导中国封建社会一千多年的儒家学说也就失去了经世致用的作用。在这种情况下，儒学为了保持自己的正统地位，只能放弃经世致用的积极精神，在不存在的"天理"上大做文章，建立起客观唯心主义的体系——理学。

朱熹（1130—1200年）少年时就学有所成，十九岁登进士第进入了仕途，官至秘阁修撰，可谓是临安士大夫。面对着南宋的社会危机和民族危机，朱熹站在封建统治阶级的立场上提出了"存天理，灭人欲"的理论体系。在封建社会里，"人欲"就是老百姓生存下去的正当要求，具体到占人口绝大多数的农民来说，人欲就是要求有一份供八口之家生存下去的土地；"天理"就是统治阶级的最高利益。早在唐末，农民起义军就提出了"平均"的口号，黄巢号称"冲天太保均平大将军"。宋初，李顺、王小波起义提出了"均贫富"的口号。南宋钟相、杨太领导的农民起义提出了"等贵贱，均贫富"的口号。起义农民的要求已不是早期的改朝换代，把一个好皇帝推上龙庭，而是要求经济上的"平均"，政治上的"平等"。这种变化说明了封建社会的上升时期已经过去，"下层"（被统治者）已不能按照旧的方式接受统治。但"上层"（统治者）仍有力量坚持用旧的方式进行统治。于是下层对于上层的天不是要"补"，而是要"冲"，只有冲垮了上层的天，才能达到"等贵贱，均贫富"的目的。朱熹就是在这种历史背景之下提出集大成的理学体系。具体地说，理学产生的历史背景就是中国封建社会已经失去了上升时期的生机，生产力在封建制度许可的范围之内很难再得到发展，而且"下层"已经提出了变革封建制度的口号——"等贵贱，均贫富"。即政治上要求平等，经济上要求平均。政治上要求平等是对封建制度的全面否定，因为封建社会就是建立在不可逾越的等级制度之上的。封建社会的"天"应该"变"了，而且也确实处在缓慢的渐变之中。唐代出现的租佃关系，到宋代已发展为契约关系，佃农不但可以"起移"（契约期满另行谋生），而且佃户在政治上有了自己的户籍。故宋代的佃农和"自由劳动出卖者"的差距已经不遥远了。宋代的城市已由封闭的里坊制走向了全方位开放的格局，为市民阶层的产生和工商业的繁荣创造了条件（辽燕京仍然是里坊制）。就在中国主体地区封建社会开始渐变的伊始，女真族、蒙古族的铁骑席卷了九州大地。临安士大夫既要"补天"又要"抗侮"，可是手无缚鸡之力，腹中只有一部过时的春秋经，于是不可避免地扮演了悲剧的角色。

朱熹集理学之大成，在"理"（意识）、"气"（物质）关系上提出"本无先后之可言，然必欲推其所从来，则须说先有是理"。并把超然于万有之上的"理"和封建伦理道德联系到一起，"未有君臣，已先有君臣之理"，故三纲五常磨火不得，封建秩序是永恒的。"天理"是至善的，"人欲"是万恶的。"存天理，灭人欲"方可天下太平。但现实社会无"仁政"可施，也就无"天理"可讲。于是把"理"演化为形而上之的"道"，先于天地而存在，于是三纲五常也就成为万古不灭的真谛——各阶层对最高封建统治者的单方面义务。故历朝统治者对理学推崇备至，朱熹也就成为孔子的正宗嫡传。"朱注"成了科举考试的唯一正确答案，因为脱离了"朱注"之轨，也就难免走上离经叛道的殊途。历朝统治者在"挂羊头卖狗肉"的宣教中，给"存天理，灭人欲"之说注入了新的内容。

理学以儒学为核心，并渗透了一定的道、佛思想，使"虚""无"为"有""实"服务。尽管朱熹的思想体系中也有一些合理的内核、唯物主义的因素甚至积极的东西，但历朝统治者或明或暗地崇理学、用理学的最根本原因是理学认为"父子君臣，天下之定理，无所逃于天地之间"，"山河大地都陷了，毕竟理却在这里"。实可谓"海可枯，石可烂"，对最高统治者的忠心永不变。

朱熹虽然把儒学发展为理学，企图用"理"去支撑"天"，但南宋王朝的民族危机、社会危机已不容许士大夫坐而论道了。朱熹在政治上主张富国强兵，抵抗女真贵族南侵，反对屈辱求和。在经济上主张"以口数占田"发展农业生产，推行"社仓制度"，防止豪强的兼并与掠夺。朱熹生前并不显赫，皇上对他也谈不上宠信。朱熹去世之后不久，韩侂胄因北伐失败被杀，其首献金廷谢罪。在韩侂胄（外戚）和赵汝愚（宗室）的政治斗争中，朱为赵党，故受到韩的打击，称朱熹的理学为伪学。赵、韩党争结束后，朱熹也就从政治旋涡中解脱了出来，最高统治者才开始认识到朱熹的"价值"，于是于朱熹去世后九年，即南宋嘉定二年（1209 年）谥之曰"文"，朱熹也就被尊为"朱文公"。南宋嘉定五年（1212 年），朱熹的《四书集注》被列为国学。南宋宝庆三年（1227 年），朱熹被赠太师，追封信国公。南宋绍定三年（1230 年）改封徽国公。南宋淳祐元年（1241 年），宋理宗下诏学宫将朱熹从祀庙堂。

咸淳五年（1269 年），宋度宗下诏赐朱氏故居名"文公阙里"，同孔子阙里并而为二。元朝至元元年（1335 年），元顺帝下诏修建朱熹文庙，次年改封齐国公。明永乐十三年（1415 年），朱棣御序的《四书五经大全》颁行天下，"朱注"成为科举考试的标准答案。明景泰六年（1455 年），诏朱熹后裔袭翰林院五经博士（直至清末）。清康熙五十一年（1712 年），诏朱熹配祀孔庙，位列"十哲"。称朱学为"集大成而绪千百年绝传之学，开愚蒙而立亿万世一定之规"。

唯心主义作为一个体系来说是由客观唯心主义和主观唯心主义组成。客观唯心主义的宣教有时会受到条件的限制；主观唯心主义是简而易行，"顿悟即成佛"。纲常之道存诸吾心，吾心也就是纲常之道。

陆九渊（1139—1193 年）提出了"心即理"的命题，认为"宇宙便是吾心，吾心便是宇宙""万物皆备于我"。只要"立本心"，就可以"志乎大"。在哲学体系中是主观唯心主义者，其学说称为心学，心学和理学相比可以说是简而易行。仁政难寻则"人心唯危",天理难容则"道心唯危",于是干脆在心田里种植封建社会的参天长青大树。但凡是"唯我论"者,都有些解放思想的气概,故禅宗敢于不敬佛祖,陆九渊也敢于声称:"君尽君道,臣尽臣道,父尽父道,子尽子道。""道"当然是封建社会的伦理道德,但强调共同遵守,非下对上的片面义务,并在此基础之上得出"天位非人君所可得而私"的结论。孤家寡人们都清楚地知道,盘古开天地以来没有不死的皇帝,没有不亡的王朝,天位确实是"非人君所可得而私",但听起来却很刺耳,不如山河大地都陷了,君臣之理犹存,听起来舒心。所以历朝封建统治者崇埋学为儒家嫡传,贬心学为旁门杂说。因为"唯我论"者以"我"为中心思考问题,几个"为什么"之后,"问苍茫大地,谁主沉浮"的中枢神经就有复苏的可能,就可能产生脱离"天理"轨规的"妄念邪思"。

尽管开创心学的陆九渊和集心学之大成的王守仁都是封建王朝的忠臣,对于黎庶阶层来讲都是牧师和刽子手的双重角色。但心学仍不如理学受垂青,"唯我论"者和"唯天理论"者相比,当然是后者更可靠。因为"我"是主观的,可以有各种观念的"我","天理"是客观的,在"朱注"之中只能是纲常之道。

陈亮(1143—1194年)认为"盈宇宙者无非物",从世界观角度上来说,是个完全彻底的唯物主义者,在此基础之上提出了"王、霸可以杂用,则天理、人欲可以并行"。斥理学为"尽废天下之实""理心于无形之表"。

叶适(1150—1223年)认为"道"不过是物的总称,而物则是道的实体。个别事物有始有终,而物总称的"道"则无始无终。"道"是万物万体的总抽象和概括,是物体的共性。叶适和陈亮均有功利思想,反对空谈性理。其学说是南宋时期经济领域中的变化在意识形态领域中的反映。

朱熹和陆九渊的鹅湖相会是哲学史上的佳话。朱熹和陈亮私谊甚深,陈亮赞许朱熹有"赤手丹心扑不破"的抗金意志。朱、陆、陈、叶虽然学术观点不同,但在"抗金"立场上却完全一致。这不得不说他们"均是儒根生,同诵春秋经"的缘故吧。华夏的道统,春秋的大义,把他们组合到了一起,这也是西子湖畔儒冠的共性——站在不同的角度上,不但要补天,而且要抗侮。

（三）诗坛新韵——老梅傲西风

靖康之变，女真的鼙鼓惊破了宋人的宣和盛梦，匝地而起的狂飙席卷了黄河南北、大江两岸，同时也惊醒了高居于象牙塔中的文坛士大夫。北宋的诗坛，初以晏殊为代表，承袭了南唐之风。柳永的《乐章集》则代表了市民阶层的风情和习尚。"铁板铜琶唱大江东去"者唯东坡居士一人而已。靖康之变后，诗坛为之一振，陆游、辛弃疾、张孝祥、陈亮、范成大、刘过、杨万里、刘克庄、张炎、周密、林霁山、文天祥等在诗坛上发出了震撼心灵的呐喊。"僵卧孤村不自哀，尚思为国戍轮台。夜阑卧听风吹雨，铁马冰河入梦来。"（陆游）"男儿到死心如铁，看试手，补天裂。"（辛弃疾）"山河破碎风飘絮，身世浮沉雨打萍……人生自古谁无死，留取丹心照汗青。"（文天祥）……这些发自肺腑的悲歌，真是诗如其人，人如其诗。火花、闪电、雷鸣、利剑、金戈、铁马，可谓一扫花间之风，独树天地正气，以诗言志，惊风雨泣鬼神，以词抒怀，山河同悲，风云变色。今日读之，犹令人热血沸腾，欲与前贤同擂战鼓，齐声呐喊："北定中原，统一九州。"

诗可以让时人热血沸腾，让后人为之泣泪。但诗坛上的呐喊却无法挽救腐败入膏肓的宋朝灭亡的命运。但文天祥的一曲正气歌融会了低泣、呐喊、闪电、雷鸣，也融会了千秋碧血。浩然正气，为河岳、为日星，弥漫九州，穿越了时空，陶铸了中国的国魂。这些撼人心弦的诗篇，在中国文学史上溯前朝可谓新韵，但是老梅方能傲西风。亦可谓是传统的发扬，在血与火的洗礼中迸发出了夺目的光和热，照亮黑暗如漆的现实，同时也永远激励着后人的情怀。

二、故国何在

如果说燕云十六州的士大夫是后晋王朝的弃民；北宋在签订《澶渊定盟》之后与辽王朝成了"兄弟之邦"，百年和好，为了表示"诚意"，封边不纳逋逃，再度成为弃民。两度被中原王朝遗弃之后，只得与耶律氏认同，成了大辽子民。金灭辽、北宋之后，燕云地区的汉族士大夫更加困惑，是西辽遗民还是南宋遗民？真是"天低幽燕，长安路迷，故国何在？春秋大义，华夏赤子，是耶非耶"，怅惘之中只好又和完颜氏认同。

（一）敢以房山为陵园

契丹人据有燕云十六州后，仍视之为汉地，死后归葬北土。大概是汉地终将非我所有，不忍将先人遗骨遗之他乡。完颜亮迁都燕京，定为中都。同时迁三祖陵寝于中都西南的大房山。敢以房山为陵园，一方面说明完颜氏对于据汉地、行汉制、施汉法十分自信；另一方面也说明了中都地区的汉人已开始和完颜氏认同。完颜亮南征途中打算定都开封，被弑之后，此议也就搁浅了。原因很简单，开封地区的汉人犹翘首南望王师北定中原，以大宋遗民自居，不与完颜氏认同。"州桥南北是天街，父老年年等驾回。忍泪失声询使者，几时真有六军来？"（范成大诗）正是这种心态的写照。金宣宗贞祐二年（1214 年），成吉思汗兵临中都城下，金宣宗不返故地却迁都南京（今开封），在汉地求偏安，因为当时开封地区的汉人大概已经和完颜氏认同了，所以金王朝才能在中州大地上苟延了二十余年。由此看来，中都地区的汉人和完颜氏认同比开封地区早了半个世纪。这半个世纪是金世宗、金章宗迅速汉化的时期，故开封地区汉人和女真人的认同，可以说是有在汉化基础之上文化认同的色彩。而中都地区汉人和女真人的认同则是在"胡化"基础之上的政治认同。耶律氏在燕京地区近二百年的统治，使中都地区的汉人和女真人的迅速认同有了历史基础和先朝前例。

（二）汉人与南人

元朝把全国臣民定为四个等级，蒙古人为一等，色目人为二等，汉人为三等，南人为四等。把金王朝统治下的汉人视为汉人，把南宋统治下的汉人视为南人。一个民族被区分为两个等级是为了对汉族进行分化，以达到分而治之的目的，同时也是由于汉人和南人之间确实是有着明显的差异。"南人"是汉族政权南宋的遗民，在文化上、政治上都没有"胡化"过，和统治者没有任何认同的基础。"汉人"自己也说不清是辽还是金的遗民。原燕云十六州的汉人已经习惯于二等公民的低调生涯，沦为三等公民后，具有心理承受能力，能在三等公民的基础之上和一等公民、二等公民合作。"南人"从没有经历过异族统治，"华夷之辨""夷夏大防"的观念深入民心，对四等公民的生涯不但没有精神准备，也没有心理承受能力。所以在武装反抗失败之后，仍然对元统治者抱不合作的态度，也就更谈不上彼此之间的认同了。可以说是高傲的头虽然低了下来，高傲的心依然在跳动，这是"汉人"和"南人"的根本区别。

（三）幽州台上少新诗

盛唐诗人陈子昂登上幽州台后发出了"前不见古人，后不见来者"的慨叹。其实，以天下为己任的士大夫面对历史时，对历史遗留下的现实负有责任感。展望未来时，对给后世的遗留具有使命感。虽然前不见古人，后不见来者，但处身立世要前不愧古人，后不负来者，可谓任重而道远。华夏儒冠以道统、文统的袭承为己任，中都士大夫如果登上幽州台，对古人、对来者只有无言或长叹。无言是在寂默之中走向死亡，长叹是在怅惘之中苟活下去。故幽州台上豪情绝，幽州台上新诗稀。幽州台上望幽州，幽幽忧忧悠悠。二百多年的幽情，二百多年的忧愁，只有化作"悠悠"。但悠悠绝非是悠然自得，而是将波涛汹涌的心河压抑成一潭悠悠的止水。纵观一部中国文学史，辽金实难占一席之地。如果说辽虽据有燕云十六州，但幅员偏于北隅，难以自成体系，故于文学史上可忽而略之。金则不然，金朝据有淮河、秦岭以北的广大地区，是秦汉以来文化最为发达的关中、山东（函谷关以东）地区。但有金一代文坛寂寂，实难和南宋相提并论。金世宗、金章宗时期，金朝的经济得到了发展，人口也达到了七百五十八万余户、四千五百八十余万人，大大超过了北宋全盛时代元丰年间，可是文化事业未能同步发展。溯其因是士大夫阶层长期的低调生活，使文坛也沉寂成了一潭止水。

书院是我国封建社会的一种民间教育组织和学术研究机构，萌于唐，发展于宋。书院多由民间创办，以儒家经典和理学大师的著述为主要教材，书院的特点是允许不同观点、不同学派竞相讲学论难。教学上多采用辩论问难方式，讲授与自学并重。和官学比较起来，显得自由生动。书院教学一般不以科举入仕为目的，与为科举培养考生的官学有着明显的区别。唐代书院还不普及，北宋时期书院得到发展。靖康之后南宋境内书院林立，朱熹就先后主讲过白鹿书院、岳麓书院、武夷书院。中都为北方的政治、文化中心，有金一代史载不见书院之设。如果说文学史上辽金难占一席，能有著作传世的作家寥寥无几；查遍哲学史则无辽金一席之地，也就谈不上哲人有著作传世了。哲苑、文坛皆寂寞，说明了中都士大夫风骚已尽。风骚已尽的原因很多，长期的低调生涯，在屈辱中进行合作，以二等公民身份求生存也就成了唯一的生活目的。心灵开始麻木才能接受屈辱，接受屈辱之后心灵也就更加麻木，麻木的心灵之中展现不出"鹰击长空，鱼翔浅底，万类霜天竞自由"的生活画卷，当然也就不会发出"问苍茫大地，谁主沉浮"的深韵。

辛弃疾是南宋遗民，在山东举行反金武装起义失败后，生擒叛徒张安国，率部冲破金军的围追堵截，渡江南归。辛弃疾南渡后在偏安小朝廷中壮志难酬，"把吴钩看了，栏杆拍遍，无人会，登临意"，只得"唤取红巾翠袖，揾英雄泪"。看吴钩是相信有朝一日吴钩会"出鞘"。登楼北望是意在击楫渡江，率王师北定中原。可谓兵韬剑气壮志犹存。壮志虽一时难伸，还有志同道合的"红颜知己"一揾英雄泪。心理学中有"痛极不流泪，愤极寂无声"之说。沉默啊！沉默！"不在沉默中爆发，就在沉默中灭亡。"中都的士大夫就是在沉默中走向了死亡——为了躯壳的生存，把心灵默默地埋葬。

辛弃疾南归后，虽然未能挥戈返帜北定中原，但和陆游、朱熹、陈亮等一起投入了补天抗侮的激流之中，为"王师北定中原"奔走呐喊。一部《稼轩长短句》是言志、是抒怀、是宣意、是幽思……总之，是吟出来了、哭出来了、说出来了、喊出来了……有人和、有人听、有人应、有人同欣、有人同悲。如果辛弃疾选择了张安国的道路，当然也会蟒袍加身，玉带横腰，成为中都士大夫。但纵有栏杆，如何去拍？登楼远眺，是南望还是北望？即便有泪，如何去流？何人为之一揾？可以说是"纵有《稼轩长短句》，谁人知晓"？因为"稼轩长短句"的内容一定是"无人读"。党怀英是辛弃疾同窗学友，金章宗时为中都文坛盟主，可谓风光显赫一时，但辛、党二人在中国文坛上的地位，实不可同日而语。

完颜亮被弑之后，宋金之间约有近半个世纪的大体"和局"。由于社会环境相对安定，经过了一段时期的休养生息，金朝出现了"府库充实，天下富庶""宇内小康"的局面，时人称大定（金世宗年号）年间为"小尧舜时期"。金世宗、金章宗汉化程度均很深，有相当的文化素养，对诗文、书画可谓通晓，对儒家道统绝对尊重。时人既然称其统治为小尧舜时期，文坛上当然不乏歌功颂德之作。士大夫群体也不会太寂寞，也会有盟主执牛耳，才子显风骚，有佳作雀噪一时。可是"文坛盛况"难入史载，惊世之作难以跨越时空。当时的"里程碑"难以扬名于国门之外，后世也就更无人知晓了。如果金王朝档案制度健全，典籍、文章亦未遇兵火之焚，《全金诗》的部头也不会比《全唐诗》小，但后世再版的可能性很小，至多是图书馆中的古董，供研究金史的人查阅。

三、两都士大夫——殊途同归

（一）必然的失败者，惨痛的失败

中都士大夫和临安士大夫不可并论，西子湖畔的儒冠独领风骚之说并非扬宋抑金。从汉民族的角度来讲，宋朝给汉民族带来的只有屈辱，汉民族从此一蹶不振，未能再现汉唐的辉煌。汉民族是华夏大家庭中的主体民族。无论其在大家庭中是否处于统治地位，起主导地位的作用是无可置疑的。唐朝把中国封建社会推向了巅峰，宋朝承唐朝之后，确实面临着一个十分严峻的难题。说盛唐之世是中国封建社会的巅峰，是和宋朝相比较得出的结论。如果宋朝把中国封建社会的大厦又加盖了一层，那么"巅峰"也就属宋不属唐了。可是，中国封建社会大厦的地基已经不允许再加盖一层了。从这点上来讲，宋朝也就只能扮演悲剧的角色。具体来说，当生产力和人口的发展已使"均田制"的实施失去了客观可能，建立在儒家理论之上的中国封建社会就已经走完了上升时期的里程。以土地高度集中、封建商品经济发展、工商业城市和市民阶层的出现、封建人身依附关系开始松动、农民起义提出了否定封建制度的口号等为标志，说明了生产力已经冲击着旧的生产关系，尽管这种冲击还是微澜初起，水波不兴。由于中国封建社会的始基（自给自足的小农经济）太强大了，指导中国封建社会的理论思想（儒家学说）太强大了。生产力的发展总也冲不破自给自足的小农经济的藩篱；新思潮的产生总也摆脱不了儒家思想的羁绊。于是中国封建社会就像深谷中的幽潭，大风呼啸而过时，至多卷起几个浪花而已，绝无溃堤裂岸之虞。尽管中国封建社会的始基——自给自足的小农经济、中国封建社会的指导思想——儒家学说，均是根深蒂固的参天大树。但大树会变成老树，老树会变成病树，"病树前头万木春"是自然界的规律。可是当宋朝的生产力慢条斯理地冲击着生产关系时，女真族的铁骑却卷起了狂飙，席卷了黄河两岸、大江南北。从汉族角度来讲，生死存亡的危机淡化了一切其他矛盾，停滞了历史发展的进程。从女真族的角度来讲，铁骑南下是加速自己历史发展的进程，在刀光血影中飞跃到了封建社会。金朝控制下的北方区域，历史的进程是面临着如何摆脱氏族制的野蛮残余，确立封建制度。于是，野蛮和血腥又给封建制度注入了生机，受到了拥戴，顺应了潮流。更可叹的是历史在注入了一定新的内容之后还会重演，而且演得更加"精彩"，元朝的建立、清朝的建立给中国封建社会造成的影响，可以说是和金朝大同小异。

从历史发展的进程上来看，宋朝完全可以不把悲剧演得如此"精彩"、如此悲痛、如此凄凉。因为北宋统一了黄河流域、长江流域、珠江流域的广大地区后，完全有能力在更大的范围内实现九州大统一，避免氏族制的残余借女真族、蒙古族铁骑的狂飙冲击长城以南的封建秩序，可是赵氏皇帝在极端私欲的指导下，造成了汉族的千古悲剧，也酿成了华夏大家庭的悲剧。

唐末藩镇割据越演越烈，发展成为五代十国的分裂政局。宋朝统　了内地之后，出于养兵防内的指导思想，放弃了对边疆地区的九州大统一。对"领土"十分慷慨，宋太祖用玉斧指地图一画，大渡河以西就弃之"化外"。对燕云十六州、河西走廊等历代封建王朝视为屏障的重镇，亦视之为"化外之区"。养兵防内的主旨是防止统兵将领割据，防止农民起义。但结果是"子孙终困于'敌国'"。

宋朝的经济、科技很发达，两者均超过了唐代的水平，相对辽、西夏、金等"敌国"完全处于绝对优势。可是军事上弱得不堪一击，对辽、西夏的政策是求和——花钱买和平。遇到钱、领土、皇冠都要掠取的完颜氏，也就只好俯首称臣，三宝一同奉上。遇到要统一全国的忽必烈，赵宋皇室也就只有乖乖地当俘虏的分儿。北宋亡于金，南宋亡于元。两宋均未亡于农民起义，实是民族矛盾冲淡了阶级矛盾的结果。

宋朝的开国之君赵匡胤，自知得天下于挚友、恩君的孤儿寡母之手，于封建道德来讲，实可谓不仁不义。由于惧怕历史在自己子孙身上重演，于是"杯酒释兵权"，宁可"弃四边于四夷"，不敢用谋略武勇俱全的将帅实现九州大统一。北宋末年，宋金定海上之盟，南北夹击辽王朝。统军北上的主帅竟是不知书、不知兵的宦官童贯，结果被辽军打得落花流水，北宋将亡可想而知。北宋开国的宰相赵普，腹中只有半部《论语》，故后世有"半部《论语》治天下"之讥。宋朝有武不用将才、帅才，文不用贤才、人才的传统，"公卿有党排宗泽，帷幄无人用岳飞"是时人之叹。时人已经看得如此之"透辟"，足见这条"用人方针"执行得是多么认真。能够在宋代政治舞台上长期立足者尽是庸才，用庸才治国、将兵无失控之虞，是赵氏诸帝的用人之道。综上所述，从历史的进程来看，宋朝很难避免扮演悲剧的角色。赵宋王朝的既定国策又使悲剧的角色扮演得十分"精彩"，逐步走向了衰落。

如果做一个形象的比喻，以唐代废弃均田制实施两税法为标志，中国封建社会的上升时期已经过去，指导中国封建社会发展了一千多年的儒家思想已经过时。北宋王朝创建之时，中国封建社会这座大厦始基的承重能力已经达到了极限，所以北宋王朝的君臣根本无法在此始基之上再加盖一层，也就是说，任何圣君贤相均无法让中国封建社会再现辉煌。就在这多事之秋，大厦的主管者玩忽职守，让一伙"落后的入侵者"闯入了大厦，把大厦弄得乱七八糟。在大厦里居住了一千多年的居民中，有人已经开始思索对大厦的建筑格局进行改造，而思索必然会导致另行起基重建。但由于"入侵者"的闯进，中断了正常的思索。大厦中有不同想法的居民都团结了起来，或是奋力将"入侵者"逐出大厦，或是和"入侵者"合作，以便恢复大厦中的原有秩序。

总之，这时大厦中的原有居民所思索的绝不是对大厦的改建和重建，而是稳定原有格局，恢复原有的秩序，经过一番不同形式的努力拼搏之后，这座大厦终于安定了下来，于是居民急于进行不同档次的"室内装修"，也就没人再考虑建筑格局问题、楼基问题，更谈不上改造和重建了。这座大厦里的居民就这样反反复复地折腾了近千年。于是大厦中的居民深信，这座大厦是最完美的大厦，是永远不会倒塌的世界中央城堡。直到1840年，一伙"先进的入侵者"又闯入了大厦，大厦中的居民又联合了起来和入侵者搏斗。但这回败得很惨，只好割让一部分房间给入侵者，入侵者在强占的房间里安装蒸汽机，蒸汽机隆隆的震响才惊醒了在大厦里居住了两千多年的居民的陈梦，才开始思考大厦的建筑格局为什么抵挡不了各种入侵者的进攻？大厦的始基经得住蒸汽机的振动吗？最后得出的结论是只有在自己的房间里也安装上"蒸汽机"，以"蒸汽机"对"蒸汽机"才能把入侵者逐出这座大厦，然后再建新楼。但这时已经临近二十世纪。

宋朝是必然的失败者，但真正的惨痛失败者并不是赵宋皇室，因为封建社会里没有不灭亡的王朝，真正的惨痛失败者是具有一千多年积淀的士大夫阶层。无论中国封建社会如何改朝换代，士大夫的地位、儒学的地位均没有动摇过。因为士大夫阶层是中国封建社会的中坚；儒学是中国封建社会的指导思想。两宋士大夫在"补天"的努力中把经世致用的儒学扭曲成空谈性理的理学，"存天理，灭人欲"的说教虽然得到了历朝统治者的垂青，却输掉了儒学的传统，使"儒冠"和"无用"真正地联系到了一起，使"儒冠"沦为政治上的乞丐。在改朝换代的过程中亦失去了"道统"（春秋攘夷之义的抗侮精神），失去了"文统"（文以载道变成了文以媚主），甚至可以说失去了整个封建社会——封建社会在理学的指导之下只能沦为半殖民地半封建的社会。

（二）侥幸的胜利者，惨痛的胜利

金朝太侥幸了，轻而易举地入主中原，夺取了华夏皇冠。其原因很简单——对手是腐败不堪的宋朝。因而创下了经济、政治、文化、人口的对比均处于绝对劣势的"野蛮者"战胜了经济、政治、文化、人口均处于绝对优势的"文明者"的奇迹。奇迹的产生是由于"文明者"经济、政治、文化、人口诸方面的绝对优势均建立在腐败的基础之上，所以绝对优势实际上是绝对劣势。女真人是在入主中原的鼙鼓声中飞跃到封建社会的，客观环境巨大的跨越使女真人未及思考就已经"汉化"了。金朝的"样板"是宋朝，故女真人的"汉化"可以说是建立在腐化基础之上的"汉化"。从医学上来讲，癌细胞在青春的机体上生长得更快；从政治上来讲，迅速崛起的军事集团更经不住腐化的冲击。故女真人迅速地"汉化"也就迅速地腐化，也就迅速地退出了历史舞台，可谓来去匆匆。女真人迅速"汉化"的过程中，中都士大夫可以说起到了催化剂的作用。所以，以完颜氏为首的女真贵族在马背上得天下，在马背上"汉化"，在马背上腐化。由完颜亮定鼎中都到宣宗贞祐南迁共计只有六十一年（1153—1214年）。

辽亡之后耶律大石远走西域，创建了西辽王朝。西辽王朝强盛一时，在沟通中西交通、传播中西文化方面均发挥了重要的作用。唐以后西方人可以说是通过西辽了解中国的，"契丹"的音译一度成为"中国"的称谓。蒙古族的骑士轰轰烈烈地入主中原统一九州，百年之后悄然离去，回到塞上草原，在"汉地"潇洒地走了一回，但为中国永恒的大统一做出了贡献。女真族在成吉思汗铁骑的威迫下弃中都而在"汉地"求偏安，金亡后以失败者的身份迅速融入同是元朝的汉族之中。民族融合是历史的进步，落后民族融入先进民族更是历史的进步，甚至是历史的飞跃。南北朝时的"五胡"是以胜利者的姿态昂首"汉化"，大度、潇洒地融入汉族，给汉民族注入了生机，为华夏大家族的振兴做出了贡献。女真人是成为被统治民族后低首融入汉族的，两个同受压抑的被统治民族在低吟中互相认同了。两个低调的民族融合到一起之后，产生不了任何新的生机、新的振兴，只能是新的沉默。

虽然女真人是入主中原的胜利者，但是胜利来得太侥幸了，所以胜利带来的后果非常惨痛，金朝在北方的统治只起到了为元朝的统治奠定基础的作用。中都士大夫在历史的舞台上演出了一曲沉默的歌，有人赞颂沉默，因为理智的沉默是对敌手最大的蔑视，是给敌手致命一击的信号，是爆发前可怕的寂静。但中都士大夫的沉默是麻木的沉默，是走向死亡的沉默。

（三）忍其人所不能忍，宣其人所不能宣

如果没有北宋的腐败，金朝不可能入主中原。如果没有金朝入主中原，北宋必将被农民起义所推翻（或改朝换代之变）。如果没有金朝虎视江南，南宋亦会被农民起义军所推翻（或改朝换代之变）。如果没有南宋的腐败，"王师"恐怕早已北定中原。如果没有金朝的腐败，南宋也难以在江南偏安。宋金两朝的对峙，成了共存的基础。所以宋金对峙的过程中，双方均没有发展成南北朝时期的政局，实现内部统一。

宋金两王朝是相依为存的敌手，虽然相依为存，但毕竟是敌手，所以南北道绝，隔淮对峙，行旅不通。学术文化当然也就无法交流，南宋境内书院林立，理学家争相讲学，向最高统治者献上永恒不变的"天理"——纲常之道。可是北方士大夫竟不知理学为何物，于理论上虽然一窍不通，但在实践上却颇有经验，在任何情况下都能保持沉默，都能和最高统治集团合作，尽管合作的前提是屈辱。

窝阔台攻占金南京（开封）后，"迁"士大夫于燕京。四十年后，忽必烈攻占临安，亦"迁"士大夫于大都，于是南北士大夫聚于一堂，可以进行"学术交流"，坐而论道。南方士大夫有理论，北方士大夫有实践，理论和实践相结合，共颂大元国泰民安。靖康之后，南北士大夫"殊途"，元统一后，南北士大夫"同归"。北方士大夫精于沉默，善"忍"；南方士大夫精于理学，善"宣"。南北贯通后"忍""宣"结合，在大元盛世忍其人所不能忍，宣其人所不能宣。悲夫！

第十一章

元大都的士大夫

第一节 华夏皇冠——孛儿只斤氏统一了全国

中国人自古就有九州一统的观念。为了国家的统一，各阶层均做出了贡献，甚至做出了牺牲。陆放翁临终示儿"死去元知万事空，但悲不见九州同。王师北定中原日，家祭无忘告乃翁"。可是"来孙却见九州同，家祭如何告乃翁"。元朝统一了全国，忽必烈戴上了华夏皇冠。

历史上，北方的游牧民族，无论是以失败者的身份还是以胜利者的身份越过长城之前，均接触过中原地区的传统文化。辽朝据有燕云十六州之前，已承认了儒家的正统地位，所以有认同的基础。蒙古族崛起于草原大漠之间，所接触的女真人是沿边"土著"居民，如果使用借用名词，可以说是未曾"汉化"过的"生女真"。蒙古族崛起后举行了西征，在西征的过程中和色目人、色目文化开始认同。西征结束后，秉常胜之余烈，反帜南下，如摧枯拉朽，灭亡了金、宋两王朝。也就是说，蒙古族在进入中原地区之前，受"汉化影响"较小，而是深受色目文化的影响，所以和黄河流域、长江流域的广大居民缺乏认同的基础。

元朝统一了全国，元朝的统一是继汉、唐之后的大统一，而且统一的区域超过了汉、唐时期。行省制的确立，又使统一有了政治体制上的保障，是名副其实的统一。忽必烈戴上了华夏皇冠，这顶皇冠是立基在坚实的军事、政治、经济基础之上的皇冠，绝不是只拥有虚名的"天可汗"，而是堂堂正正、真真实实的九州共主。

一、建立大统一元朝

元朝的建立结束了五代十国以来三百多年的分裂政局。我国境内并立的南宋、金、西夏、西辽、大理、吐蕃归于一统，实现了全国的大　统。元朝的统一和隋朝的统一是截然不同的统一。隋朝的统一是在内迁少数民族不断"汉化"的基础之上，在魏孝文帝改革之后，北方诸民族已经在政治、经济、文化上融为一体，以生机勃勃的面貌出现在黄河流域的政治舞台上。建立隋、唐王朝的关陇军事贵族集团，其成员不乏"汉化"了的胡人。少数民族的"汉化"，不是简单的同化，而是给汉民族注入新生的血液，改变了人口的素质。不但为隋灭陈统一全国准备了条件，也为大唐盛世奠定了基础。

元朝的统一是建立在民族分级基础之上的统一。元朝把全国的臣民按民族分为四等，蒙古人为一等人，色目人为二等人，汉人为三等人，南人为四等人。色目人包括中亚人、西亚人、阿拉伯人、欧洲人，是蒙古贵族统治全国的借用力量，甚至可以说是依靠力量。汉人包括金朝境内的汉族人、契丹人、女真人，以及唐以来迁入中原地区的沙陀、吐谷浑、党项、渤海等族人。南人主要是指南宋境内的汉人，也包括长江以南的诸少数民族。元朝在此基础之上实现了政治上的统一。

二、民族大融合

元朝把金朝境内的汉人、契丹人、女真人及唐以来内迁的诸少数民族统称为汉人，其原因是这些人确实已经"汉化"了。契丹人在辽亡之后，女真人在金亡之后，均失去了心理状态上的优势，于是大部分自然而然地融入人口及政治、经济、文化发展水平仍处于领先地位的汉族之中。北方的汉族人早已失去了心理上的优势，而融入者又是军事上的失败者，政治、经济、文化上的落后者，故不能在"汉化"的过程中给汉族注入新生的血液，产生不了新的振兴。北方的契丹、女真等少数民族融入汉族的政治基础是同是元王朝的三等臣民，享受同等的政治待遇。

契丹、女真等少数民族的"汉化"，不能简单地视为同化。因为北方的汉族人在与契丹、女真等少数民族长期交往、杂处、通婚的过程中也产生了"胡化"。胡化在原燕云十六州地区表现得最为突出，因为从石敬瑭割让燕云十六州（938年）到明北伐军攻克大都（1368年），燕云地区的汉族人民在这里生活了四百三十多年。在这四百三十多年中，燕京（辽）、中都（金）、大都（元）是辽、金、元的国都与政治中心，是契丹族、女真族、蒙古族统治最坚实、控制最严密的地区。在这种情况下，这些地区的汉族人"胡化"也就成为不可避免的趋势。胡人"汉化"，汉人"胡化"，胡汉互化，是元大都地区"汉人"的特征。

三、稳定封建秩序——化腐朽为神奇

元朝统一了全国，但元朝的统一不是在"汉化"基础之上的统一，而是在"胡化"基础之上的统一。所谓汉化，是"胡人"接受汉族的传统文化，是文化上的认同；胡化是汉人认可"胡人"的统治，是政治上的认同。文化上的认同是水到渠成的自然趋势。经济、文化上均落后于被统治民族的统治民族，其落后性不可避免地也会反映到政治领域中来，其表现形式虽然有直接的，也有间接的，甚至以"道统"原则的形式表现出来，但其落后性的实质可以说是不容置疑的，造成的停滞、倒退是客观的，而停滞和倒退大多是"野蛮"手段的直接产物。对汉族的上层来讲，"认同"就是和统治民族的上层合作，共同统治广大下层，也可视为促进蒙古贵族"汉化"，稳定受到"铁骑"冲击的封建秩序。进一步接受封建秩序，对蒙古贵族来说无疑是一种进步。封建秩序受到落后与野蛮的氏族制残余的暴力冲击后，又得到了恢复，无疑也受到汉族各阶层的欢迎，于是本来是束缚生产力发展的封建秩序，经

"铁骑"冲击后却化腐朽为神奇，成了恢复生产、稳定时局的良方至道。

宋代农民起义军提出了"等贵贱，均贫富"等口号，明末农民起义军提出了"迎闯王，不纳粮"和"均田免赋"等口号。宋、明两代的农民起义军所提出的口号，均是对封建制度的否定，尽管这种口号根本无法实现。元末红巾军起义所提出的口号是："休道石人一只眼，此物一出天下反。"借用白莲教进行宣传，表现出其原始性。朱元璋攻下婺州后，提出的口号是"山河奄有中华地，日月重开大宋天"，完全是民族主义色彩。元末农民起义由始至终未能提出反对封建制度的口号，说明了元代和宋、明两代农民的要求确实不同，具体来说就是有元一代中阶级矛盾被淡化，受到冲击的封建秩序面临"恢复"的问题。在这种情况之下，农民起义军也不可能提出反对封建制度的口号。

四、骑士的骄傲与悲剧

蒙古族是马背上的民族，凭弓马之强震撼了欧亚两大洲。自两汉以来，以不同方式进入中原地区的游牧民族均通过不同的途径"汉化"了。蒙古族入主中原，结束了金、南宋、西夏、大理、西辽、吐蕃并立的政局，建立了幅员辽阔的元朝。在一百多年中，这个马背上的民族没有"汉化"，当明朝的北伐军兵临大都时，元顺帝弃城而逃，回到了塞上草原。曾经君临九州的蒙古族又重新开始了驰骋大漠南北的马上生涯。蒙古族没有变，没有"汉化"。以骑士的英姿入主中原，又以骑士的洒脱悄然离去。一百五十多年的汉地豪华，如过眼烟云（以攻克金中都计算）。蓦然回首，依然是草原、大漠、毡包、蓝天。这是骑士的骄傲，也是骑士的悲剧。值得骄傲的是"我还是我"，叹为悲剧的是，"我"怎么没有学点儿什么？

蒙古贵族入主中原后和汉族地主结成了同盟，但蒙古贵族没有接受中原传统的儒家文化，这是元朝的蒙古贵族和金朝的女真贵族、清朝的满洲贵族的不同之处。蒙古贵族和汉族地主结成了同盟，但不接受传统的儒家文化，不迅速"汉化"，这种现象确实是比较特殊。蒙古族是一个经济、文化方面比较落后的民族，落后的征服者被先进的被征服者所同化，是历史的正常现象。

蒙古族入主中原一百多年后，又悄悄地回到大漠南北的草原上重操旧业，这种现象可谓异常。溯其因由，蒙古族入主中原时，已征服了中亚、西亚和欧洲的广大地区，接触到了多种不同的先进文化，眼界十分开阔。军事上所向无敌的胜利，使这个马背上的民族十分高傲自信，认为"我就是我"，"我永远是我"，"我永远是个征服者"。所以和汉族地主阶级在政治上结成了同盟之后，没有接受传统的中原文化。

第二节　大都的崛起

一、沉默后的繁荣

蒙古军队于金宣宗贞祐三年（1215年）攻破中都后纵火烧城，一炬之下豪华为墟。并废中都名号改称燕京，然后移兵西征。蒙古中统二年（1261年）忽必烈封皇子真金为燕王，驻节燕京。由中都被焚到真金驻节的半个多世纪中，燕京既不是政治中心也不是经济中心、文化中心，可以说是一座沉默的城市。

蒙古中统五年（1264年）改燕京为中都，至元九年（1272年）改中都为大都，北京地区在历史上首次成为统一王朝的首都。金中都和元大都两座城市的地理位置相距不过百米，但都城的功效间断了半个多世纪。故金中都对元大都在政治、经济、文化上均缺乏直接影响。特别是贞祐大火之后，豪华为墟，衣冠四散。金中都的文化基调、文化韵味也就荡然无存了。元大都聚东方和西方的工匠在平地上起新城，城市的基调和韵味也就融汇了欧亚两大洲的风情，其文化色彩无疑是多元的，呈现出纵贯东西两大文化体系的繁荣。

二、统一王朝的帝都

忽必烈定鼎大都四年之后，元灭宋统一了全国。自五代以来分裂了三百六十多年的政局又重新得到统一。元的统一是在更大的范围内统一了全国，在中国历史上有重大的意义。因为元以后历明、清两朝，在最高统治集团的更替和民族的纷争之中，统一的政局没有发生过动摇，中华诸民族均承认这个统一的多民族国家是自己的祖国，自己是华夏大家庭中的一员。

都城是全国的缩影，故大都是一座民族之城。元初是横跨欧亚两洲的大帝国，大都自然是个国际性的大都会。在马可·波罗的笔下，大都有百万人口，这一方面是有意识地夸张自己的见闻，同时也是由于欧洲大城市一般只有几万人口，初入中国的马可·波罗有些目眩了。根据元廷的漕运能力来计算，根本没有能力供应百万人口的用粮。依据清末民初的城市人均占地面积来计算，大都也不可能达到百万人口（大都城区湖泊、草地、宫殿、禁苑占地面积远远超过清朝时期）。《元史·地理志》所载至元七年，大都路属下各州县的总人口数为四十万一千余人，大都城市人口史无明载，但总不会太接近这个数字。元末漕运能力降至十几万石，依靠漕粮为生的大都城中的人口只能有限了（京师人口年用粮在三石以上）。

大都城中蒙古人、色目人占有相当的比例，这些人之中除个别学者，恐怕难以归入士大夫阶层。元朝科举制度不发达，大都城中又难以"聚衣冠而居之"，所以大都虽为统一王朝之国都，但城中士大夫阶层不会太庞大。

第三节　九儒十丐

蒙古贵族在远征的过程中接触到了各种宗教，从实践中得出的经验是任何宗教都能和征服者进行合作。在初入中原的草原骑士心目中，"儒家"也就是"儒教"，孔子就是儒教的教主。故尊封孔子为大成至圣文宣王。从现代的观点来看，儒家是一种学说，不是宗教。但自南北朝始，最高统治者心目中就有儒、释、道三教序位之分，所谓序位之分就是谁作为精神统治的工具最好。唐代产生了三教圆通之说，辽、金、元三朝的最高统治者虽然承认儒家的正统地位，但对儒家的认识却远远不够，因为从总体来讲，这些草原骑士出身的封建统治者的文化素质和手中掌握的权力可以说是不相符的，未能很好地利用儒学来统治"汉地"。所以出现了崇祀孔子，但不重用儒生的情况。元帝恩宠西僧，以喇嘛教为国教，社会上有"一官、二吏、三僧、四道、五医、六工、七猎、八娼、九儒、十丐"之说。"九儒十丐"之说的实质是儒生在政治上没有出路，学而优难仕。儒冠和乌纱帽失去了必然的联系，儒冠也就和"无用"联系到了一起，"九儒十丐"之说也就有了市场。士农工商四民之中，"读书"人位居首位，各阶层人士都"礼敬斯文"的原因很简单，童生入泮就成了秀才，秀才的前程不排除是状元宰相。一辈子博不到"功名"的老塾师也说不定能教出个"跃龙门"（中进士）的学生，故一顶儒冠两袖清风仍能受到世人的礼敬。一旦失去了政治上的"出路"，尽管这个出路只是幸运者的"通道"，不耕、不工、不商的儒冠之士，当然也就只能位居四民之末、序于乞丐之前了。儒冠"有用"还是"无用"，完全取决于统治者的"用"还是"不用"。悲夫！

第四节　屡兴屡废的科举制度

一、科举制度的最低谷

窝阔台汗九年（1237 年），元廷采纳耶律楚材的建议开科取士，但直至仁宗皇庆二年（1313 年），科举制度才确立下来，历经七十六年之久才成定局。"皇庆科制"只实行了二十二年，元顺帝至元元年（1335 年）因权臣伯颜之议而罢科举。中断两科后才得到恢复，科举制度的发展在元朝可以说是举步维艰，并不是一帆风顺的。按照三年一开科的定制，自窝阔台九年至元亡之时（1368 年），共计一百三十一年，本应开科四十七次，但只开科十六次，共取进士一千三百零三人。

二、科举制度中的录用政策

元朝科举分乡、会、殿三试。乡试为省级考试，取中者为举人，全国共取三百名。蒙古人、色目人、汉人、南人各取七十五名，均占四分之一。会试取百名，亦均占四分之一。上述科举制度是建立在四个等级制度基础之上的。汉人、南人的人口数量、文化素质远远高于蒙古人、色目人，可是录取名额却等而同之，在考试内容、张榜序位、授官品级方面，汉人、南人也不能享受和蒙古人、色目人的同等待遇。元朝不利用科举制度向汉族地主阶级知识分子大张利禄之网，其用心是怕汉人、南人利用科举考试的优势控制国家机器。元朝科举考试中的政策固然保持了蒙古人、色目人在仕途上的优势，却松动了蒙古贵族和汉族地主阶级的政治联盟。

第五节　动荡的豪门

一、旧豪门荡然无存

中都被焚之后，改称为燕京。居民四散逃生，士大夫阶层大多追随金宣宗南迁开封。豪华为墟之后，豪门也就荡然无存了。在将近半个世纪的时间里，燕京地区既不是政治中心，也不是经济中心，当然也就失去了文化中心的地位。虽然文化豪门对政局有相对的独立性，但也绝不会存于废墟之中，况且以耕读继世、家学相传的旧豪门在金世宗后期才得到一定的恢复，金宣宗时始具雏形，羽翼未丰，即遇贞祐之变，何能苟延至"大元鼎兴"？

二、色目豪门初盛即衰

随着蒙古军队西征的胜利，大批西亚、中亚地区的阿拉伯人进入燕京地区从事商业活动，称之为商人。在大都兴建之前，燕京路定居的商人已有两千九百多户，约一万五千余人。这些人在政治上属于元朝所依靠的二等公民——色目人。又是经济上的富有者，凭借着政治、经济上的优势在元初时形成了大都豪门，最有代表性的就是阿合马父子。阿合马深得忽必烈宠信，在尚书省、中书省秉政二十多年，是个敲骨吸髓的聚敛之臣。阿合马拥有妾室四百余人，儿子四十多个，尽居要职。其子忽辛只不过是个不知事理的"胡商"，却出任了大都路都总管，是大都地区的最高长官。

身为二等公民的色目人权势急剧膨胀，引起了包括皇太子真金在内的一些蒙古贵族的不安与不满，身受阿合马迫害的汉族小军官王著（千户）利用社会上对阿合马广泛的愤怒，计诛了阿合马。王著行刺成功之后挺身就捕，临刑时高呼："王著为天下人除害，今死矣！异日必有为我书其事者。"王著诛杀阿合马事件有极深的政治背景，反映了蒙古人、色目人、汉人之间的矛盾，蒙、汉上层均以不同形式介入了这场政治风波。事后忽必烈也感到震惊，改变了对阿合马的态度，下令"开棺戮尸"以平民愤。阿合马事件后色目人的扩张受到了抑制，色目豪门在大都的地位为蒙古豪门所取代。

三、蒙古豪门此兴彼亡

蒙古豪门主要是皇室诸王和权贵。但蒙古贵族上层之间斗争十分激烈，忽必烈的全盛时期就发生了海都之乱、阿里不哥之乱、乃颜之乱，后世政局更为动荡不安。争夺帝位的斗争十分激烈，最后酿成了两都之战，大都近郊成了战场。蒙古豪门此兴彼亡，三朝显赫、四代秉政的豪门权贵不见史载。

四、汉族豪门未能兴起

割据山东三十余年的地方军阀李璮反元军事行动失败后，忽必烈发现王文统与李璮有联系，将王文统处死。曾经推荐过王文统的廉希宪、张易、商挺、赵良弼、刘秉忠等汉族大臣都受到了怀疑。这些人可以说是忽必烈开国的元勋，但都是昙花一现后就坐了冷板凳，谈不上是大都豪门。

综上所述，金王朝中都地区的旧豪门在金末或随金宣宗南迁汴京，或在蒙古军队纵火烧城时四散逃生。失去政治上、经济上的依托之后，也不可能重新聚合或形成。元朝的汉族新贵由于处在三等、四等公民的地位，也实难长享富贵，继世钟鸣鼎食。色目豪门是缺少"根基"的暴发户，阿合马事件后开始走下坡路。蒙古权贵内部斗争激烈，从总体来说十分显赫，从个体上来说又难以长盛不衰。所以大都城中虽有豪门，但形不成门阀世族。政治、经济上的豪门在"长期稳定"的环境中才可能发展成文化名门，但元大都不具备这种条件，所以大都豪门中很难走出士大夫阶层的人士。

第六节　大都的士大夫阶层

一、士大夫阶层的主体

大都城中的色目豪门、蒙古豪门在政治上虽然显赫，但文化修养十分有限，目不识丁者不乏其人。故"豪门"转化不成"学门"，产生不了士大夫。科举制度又有明显偏向，不可能聚集起大批的地主阶级知识分子。所以，大都城中士大夫阶层并不庞大，主要是各级汉族官员和众多的吏。吏又称为书吏、胥吏、文吏，其地位类似现代科级以下的公务员。元朝的定制各级行政衙门均以蒙古人充当达鲁花赤，由色目人充当同知，汉人充当总管。蒙古人、色目人大多不识汉字，更不通晓法律和典制，于是按"例"办事，"吏"的队伍很庞大。元承金制，吏的地位很高，可以由吏升迁进入仕途。故有"一官二吏"之说，金、元之吏不能与明、清之吏等而同之，属于士大夫阶层。元廷中央机关的枢密要职均由蒙古人、色目人担任。这些人缺乏办事能力，所以置有众多的下级官员和吏。下层官员和吏均是所谓的汉族地主阶级知识分子，所以大都城中士大夫阶层的主体不是学门之士，也不是科举之士，而是众多衙门中的下级官员和吏。

二、士大夫阶层平民化

士大夫阶层是地主阶级的知识分子，从其总体上的政治、经济地位来看可归入中间阶层。在科举制度之下，士大夫阶层受到上层的礼敬和下层的尊重。因为"十年窗下无人问，一举成名天下知"。穷秀才一旦金榜题名，也可以变成状元宰相。穷秀才虽然大多数是"老死于牖下"，但状元宰相可以说是穷秀才的精神支柱，正因如此，世人也不敢小瞧了穷秀才。但在元朝录用有倾斜的政策之下，有元一代录取进士一千三百余人，汉人、南人才占一半约六百人，而且金榜题名后也难以置身显贵，所以穷秀才的路更窄了，也叫世人小瞧了，故有"九儒十丐"之说。

大都城中的房价、粮价高得惊人，南宋灭亡之后，元廷征辟一些有影响的"南人"到大都任职，但不少中级以上的官员，赁屋而居，常思桑梓之乐。没有"根基""家业"可凭恃的小官、小吏的生活经常陷于窘迫之中，实难避入象牙塔中自命高雅。

大都城中以下级官员和吏为主体的汉族士大夫阶层在政治上没有出路；在经济上又不能列入富有者的行列之中，所以其政治、经济地位日趋平民化。所谓日趋平民化，就是和平民之间的距离日趋缩小。

第七节　大都士大夫

一、北方士大夫聚于大都

蒙古铁骑西征回师之后，攻占了汴京，灭亡了金朝。忽必烈稳定北方政局之后，开始了对南宋的战略进攻，也加强了对北方地区的政治统治。燕京重新成为中都，后又由上都（开平）移鼎中都，号称大都，成为北方的政治中心。随着大都王气，儒冠开始聚于大都地区。

北方士大夫自从石敬瑭割让燕云十六州（938 年）始，至忽必烈定鼎大都

（1271年）时，已生活了三百多年。无情的现实使儒家的"华夷之辨""华夏正统"之说早已成了逝去的历史。"中原父老"对南宋王朝"王师北定中原"，已不抱任何幻想。由于政治动荡，契丹族、女真族、蒙古族的统治者依次以胜利者的姿态登上了北方的政治舞台，北方的士大夫已有"历事新朝，不求名节"的经历。元朝把全国臣民按民族分为四等：蒙古人为一等人，色目人为二等人，汉人（包括契丹、女真等北方少数民族人口）为三等人，南人为四等人。其实，辽、金两朝汉人一直是实际上的二等公民，元朝在法律上定"汉人"为三等公民，这对生活了三百多年的"遗民"来说，并不感到突然。北方的士大夫，特别是燕云十六州地区的士大夫，在心态上是低调的，有接受压抑的传统，即在无力反抗之下产生的，希望通过合作，使统治"汉化"。之后，当然也就会和自己"认同"，契丹族、女真族的统治者都曾在政治合作的基础之上和汉族的上层认同，这种"认同"就是不同民族的上层共同统治人民。

由于北方的士大夫大多对元朝抱合作的态度，所以通过不同的途径很快聚于大都，如刘秉忠、窦默、耶律楚材、王文统、杨惟中、姚枢、许衡等。北方士大夫聚于大都的目的毋庸讳言是求得自己的生存和发展。也就是说，为了功名利禄，但客观上对北方政局的安定和元朝的政权建设起到了积极的作用。

二、南方士大夫迁于大都

南宋属区的汉人和其他少数民族，在元朝通称为南人。南人是四等公民，其地位低于汉人。"汉人"和"南人"的主体均是汉族人，元代统治者将其区分为两个不同的等级，溯其因，首先是对人口上占有绝对优势的汉族人进行分化，以便分而治之。其次是"汉人"和"南人"的政治观点、立场确实不同，"汉人"大多数在理论上放弃了"春秋攘夷"之义；在实践中不同程度上开始和元朝合作。"南人"不仅在元军挥兵南下时进行了激烈的抵抗，而且宋亡之后仍对元朝抱有敌意，许多士大夫阶层的人士以"遗民"自珍，终身不事元。

南方的士大夫和北方的士大夫对元廷的不同态度，溯因可达南北朝时期。

永嘉之乱后，北方（朝）出现了少数民族南下，也出现了民族大融合。幽州地区在大动乱中首当其冲，故胡汉杂处之区成为民族大融合的摇篮。南方（朝）一直在汉族政权的控制之下，处于相对稳定之中，中原地区的"衣冠南渡"，华夏文明在江淮流域仍按其原有的方式继续发展。靖康之变后，宋室南渡，偏安于江淮地区。在军事上虽不能"北定中原"，但也顶住了女真铁骑的压力，保住了半边江山。保住了半边江山，也就保住了所谓的正宗汉族传统文化。直至元廷统一全国之前，江淮地区一直在汉族政权的控制之下。北方地区（特别是燕云十六州地区），由于契丹、女真、蒙古族的长期统治，居民在不同程度上均产生了"胡化"，少数民族的"汉化"、汉族的"胡化"，是胡、汉人民长期共同生活的结果，是民族融合的具体表现形式。但"胡化"使北方的汉人和南方的汉人在许多方面产生了差异，这种差异反映在政治上就集中地体现为对元朝的不同态度。以文天祥、陆秀夫为代表的南方士大夫在宋亡之前对元军进行了坚决的抵抗，在宋亡之后，"杀身成仁，舍生取义"，誓死不与元朝合作。从心理状态来讲，靖康之变后，南宋对北方的金朝虽然不具有军事优势，但仍不失具有中分天下的军事实力。在儒家"天不变，道亦不变"传统思想的指导下，南方士大夫阶层人士是不相信"吾其左衽乎"。所以一旦沦为四等公民，没有精神上的准备，更没有接受压抑，在低调之中求生存、求发展的经历。在这种情况下，南方的士大夫阶层人士很难马上走上和元朝"合作"的道路。这种"合作"不是形式上的合作，而是心理状态上的"认同"，对被统治民族来说，这种认同只能建立在屈从的基础之上。

元军占领南宋首都临安之后，"迁"皇室、百官、太学生……百工、乐妓、伶优于大都。在被迫北迁者之中，不乏士大夫阶层的人士，仅太学生就有千余人。众多的太学生被"迁"到大都后，元廷进行了所谓的考核，根据取舍的标准，对一部分人进行了"择用"，余者流落街头，能够南返乡梓者寥寥无几。此举和金太宗天会六年（1128年）开科取士；辽圣宗统和七年（989年）对宋进士"叛逃集团"的"接待"如出一辙。元廷"迁"众多的太学生于大都绝不是"盛世求贤惟恐有遗"，而是分化瓦解太学生的队伍。靖康年间太学生陈东数次率众伏阙上书，主张挽留李纲，誓死抗金，赵构杀陈东、欧阳澈，造成很大的政治影响。南迁临安之后，太学生仍是士大夫阶层中最活跃的政治力量，赵构被迫下罪己诏，封陈东、欧阳澈为朝奉郎，赐官田十顷，借以缓和太学生的情绪。故元军攻占临安后，"迁"太学生于大都，分化瓦解了这支南人士大夫中最活跃的政治力量。辽圣宗、金太宗、元世祖腹中虽缺"文墨"，但实不缺"治术"，可以说三人均是"戏儒"的高手。

所操三曲，可谓同工，对儒门来说，只有三曲同叹了。南方平定后，元廷又先后征召了一些有影响的士大夫阶层人士到朝中任职。应该说，被征召者并不均是叩首谢恩欣然上道的。有些人应召是被迫的，目的只是减少一些压力。因为到大都一行之后，再退归桑梓就是"朝廷命官告老还乡"。地方官总不能不礼敬三分。在这种情况下，赵孟、张伯淳、万一鹗、凌时中、包铸、吴澄等江南名士被征召到大都，成了元廷的京城士大夫。谢枋得在江南享有盛名，元廷"累召不赴"，至元二十六年（1289 年）被地方官强行押送到大都，但他仍然拒绝和元朝合作，最后以绝食的方式死于悯忠寺，为江南士大夫谱写了一曲悲壮的挽歌。

三、政坛士大夫

士大夫是地主阶级的知识分子，在漫长的封建社会里，农民和地主是对立的统一。但地主阶级可以通过不同的渠道，培养出自己的知识分子；农民阶级作为被统治阶级，又不代表新的生产力和生产关系，故不可能培养出自己的知识分子。我国封建社会的知识分子，从总体来讲是地主阶级的知识分子，这种现象直至十九世纪七十年代以后才开始改变，中国封建社会中才产生了资产阶级的知识分子。因为伴随着民族工业的发展，中国封建社会里开始产生代表新的生产关系、新的生产力的民族资产阶级，资产阶级的知识分子也就开始登上历史的舞台。在此以前，中国封建社会的知识分子——士大夫阶层的人士，只能属于地主阶级。地主阶级的知识分子，只能和当时现存封建王朝合作，或推翻现存的封建王朝，再建立新的封建王朝。在元朝统一全国之初，士大夫阶层的人士对推翻元朝的统治，显然是纵有其心，也无其力。所以只能以三等公民、四等公民的身份来和元廷合作。

中国士大夫阶层的人士有从政的传统，舍从政将老死于牖下，辜负了治国平天下的满腹经纶。无论是立于朝堂还是守于封疆，总要涉足政坛以求大用，故蒙古贵族统一北方的大局初定之后，以耶律楚材、刘秉忠、刘敏、卢德元、赵屈、姚枢、张文谦、董文炳、廉希宪、李德辉等为代表的士大夫阶层人士与蒙古贵族通过不同的渠道进行合作，步入了政坛。耶律楚材（1190—1244年），契丹人，辽皇室后裔。少时博览群书，精通天文、地理、历法之学，下笔为文如宿构。系辽太祖长子耶律信的八世孙，仕金，在尚书省任职。1215年蒙古军队攻破中都后，隐居于香山。成吉思汗闻其名召至西征军中，很受重用。拖雷监国时耶律楚材奉诏到燕京查办要案，处死了为非作歹的权贵子弟十六人，燕京城中稍安。元太宗（窝阔台）任用耶律楚材为中书令，耶律楚材推荐十路课税使，陈时可、赵昉为燕京路课税使。使蒙古贵族始知"课税"胜过抢掠，不出毡帐，即能满足所欲，开始改变野蛮的致富方式。耶律楚材"编经文、求礼乐、植纲常、改风俗、兴文治"，出谋划策，为元朝立国奠定了始基。

刘秉忠（1216—1274年），早年隐居武安山为僧，忽必烈即位前召海云禅师，刘秉忠应邀一同前往。面晤之后颇得忽必烈的信任，遂留藩邸，参与帷幄密谋，商议军国大事。忽必烈即帝位后，官拜光禄大夫、太保、参领中书省事，成为枢机重臣。在大都城的兴建及元廷制度、典章的制定过程中均发挥了重要的作用。

耶律楚材、刘秉忠在元廷列居高位参与机枢，是大都政坛士大夫中的最上层的人士，影响颇大。

贞祐南迁（1214年）之时，中都城中的士大夫阶层人士大多随金宣宗南下汴京。窝阔台灭金之后，又将汴京城中的人口回迁燕京。忽必烈至元十三年（1276年），元军攻破临安，掠宋皇室、百官、太学生北归，置于大都。元军灭金、灭宋后的两次人口大迁移，不但增加了大都城中的人口，而且提高了大都城中人口的素质，因为被迁者均是元廷认为"有用的人"，其中不乏士大夫阶层的人士。这些"迁"来的士大夫，地位当然不能和"诏"来的士大夫相比，但其人数众多，构成了士大夫阶层的下层，在政坛中也有一定的影响。因为蒙古人、色目人不识汉字，更不通晓汉法、汉制，国家机关中不得不任用大批汉族士大夫阶层人士为下级官员和文史。蒙古贵族初定中原之际，不但需要汉族地主阶级的合作与支持，也急需士大夫阶层人士参与各级行政机构的管理，以便国家机器正常运行。在这种情况下，以耶律楚材、刘秉忠为代表的士大夫阶层人士（三等公民）应时而出，步入了元朝的上层政坛，并在一定程度上参与了机枢。但李璮反元军事行动失败后，王文统和李璮的关系被发现，忽必烈对汉人高级官员大多产生了疑惧心理，色目人的地位不断加强。汉人高级官员从元廷决策层中被排斥出来，一些上层人士只好明哲保身，远离政治旋涡。忽必烈命许衡入中书省议事，许衡称病固辞（怕位列机枢招来祸事）。忽必烈对许衡的表现很为不满，责道："窦默屡言王文统奸邪，你为什么不说？是孔子教你这么做，还是你不遵孔子教？既往不咎，以后不许。"

由于忽必烈对汉人疑惧心理日增，所以在至元二年（1265 年）规定在官制上"以蒙古人充各路达鲁花赤（蒙古语，原意为掌印者），汉人充总管，回回充同知，永为定制"。也就是说，决策权（掌印）、监察权不能由汉人来掌管，汉人只能从事业务工作。在这种情况下，汉人、南人虽然立于政坛也难以发挥真正的作用。于是，一些有识之士也就有意识地远离政治旋涡，扎扎实实地干一些具体的工作。远离政要机枢，扎扎实实地干一些实际工作，并且做出了成绩的士大夫阶层人士以郭守敬、王恂、朱世杰、李治、朱思本、虞应龙、岳铉、许国祯等为代表，其中郭守敬成绩最为突出。

郭守敬（1231—1316 年），字若思，大都邢台人。长期在大都任都水监、提调通惠河漕运事等职务，在北京的建城史上是一位十分有影响力的人物。纵观其一生，可谓为北京地区做了两件大事：一是在营建大都的过程中（1267—1285 年），为了把西郊山区的木材、石料运往城区，郭守敬"凿金口、导卢沟水以漕西山木、石"。金口河通航三十余年，西山木、石源源不断地运入大都城中，使营建工作得以正常进行，免去了陆路运输的巨额耗费。二是引昌平白浮村神山泉水西折南转，成功地避开了沙河、清河河道，傍西山山麓，汇诸泉之水入瓮泊，然后经高梁桥流入城区积水潭，解决了大运河通县至积水潭段的水源问题。由于这段运河落差很大，郭守敬在沿河建闸十一处，使漕船得以由通州驶入城区积水潭。至元二十八年（1291 年）忽必烈由上都避暑回来时经过积水潭，见"舳舻蔽水"，龙颜大悦，赐名曰"通惠河"。

郭守敬还参加了《授时历》的编制工作，《授时历》为我国使用最久的历法。在编制《授时历》的过程中，郭守敬制造了简仪、浑天仪、仰仪、立运仪、证理仪等天文学观测仪器，并设置了二十七处观测点，"东极高丽，西至滇池，南逾朱崖，北尽铁勒"。其测量范围之广，实属前无古人，在明、清两朝之中亦后无来者。

由于郭守敬在北京建城史上具有杰出的贡献，如今北京市政府根据侯仁之先生的建议，在积水潭汇通祠建立了郭守敬纪念馆。

综上所述，有元一代大都城中的士大夫阶层人士虽难以在政坛之中领风骚，但还是借助"政坛"干了一些实事，于天文、水利、数学、历法、地理、农学等方面有所建树。士大夫弃"虚"务"实"本是面向社会的一件好事，但对孔门之徒来说，实是一种无可奈何，因为儒家有"何必曰利"（"利"与"道"是两个对立、对等的概念）的传统，这种传统使中国封建社会的士大夫在两千多年的时间里不但不能成为"独立的政治力量"，也不能成为"相对独立的政治力量"。封建社会中的女性，一生由夫权主宰，士大夫则一生由君权主宰。封建社会中的女性成了弃妇犹为夫守节，封建社会的士大夫用与不用均为君尽忠。中国封建社会中不乏改朝换代，但无士大夫阶层人士创建新朝。

四、文坛士大夫

金世宗、金章宗时期（1161—1208 年）社会相对稳定，中都文坛日臻鼎盛。贞祐南迁后中都为墟，居民四散逃生，活跃于文坛上的士大夫阶层或随金宣宗南去，或逃避到社会环境较为安定的河朔地区。成吉思汗末年，丘处机定居燕京。丘处机颇得成吉思汗的赏识，受命"掌管天下出家人"，成为红极一时的人物，丘处机主张道、儒、释三教并修，以达"全真"。一些燕京地区的残存文士依托于全真道门下，孙周、李士谦、刘中、陈时可、吴章、赵昉、王锐等人和丘处机均有唱和往还之诗，实可谓"儒假道行"。窝阔台时期（1229—1242 年），元好问向耶律楚材推荐避乱河朔的文士王纲、杨奂、李献卿、高鸣、李治、敬铉、杨果、刘郁、杨恕等五十余人。这些人之中有一部分先后到达燕京，进入仕途。蒙金战争中金廷对政局失控，社会动荡，南境驻军北调，边务疏空，北方汉族居民大量拥入南宋境内，引起江淮地区许多州、路户籍激增。燕京文士到河朔避乱，虽说是有就近之便，但也不排除和怀有蒙古贵族合作的冀望。丘处机隐居山东栖霞山时拒绝了宋、金的征诏（时金宣宗已南迁汴京），但对成吉思汗之诏则欣然就道，这不能不说是"择木而栖"。

窝阔台灭金、忽必烈灭宋之后，大批汴京、临安的士大夫被"迁"到大都，凡属被"迁者"均带有强制性。至元二十四年（1287 年），忽必烈命集贤直学士程钜夫南下搜访遗逸。程将叶李、赵孟、张伯淳、凌时中、包铸、吴澄等人推荐到大都。这些人都是江南名士，应该说这些人中有相当一部分人是不愿离乡远仕的，但若"抗诏"，后果又不堪设想。这些人到达大都后，均受到不同程度上的"礼遇"。但和"避乱河朔"者的心境是截然不同的。前者和契丹、女真族的统治者有过合作的"经历"，在三百年中，可以说是形成了"传统"。尽管这种合作在民族关系上是被统治者和统治者之间的合作，是在屈从前提下的"认同"，但北方的士大夫，特别是燕云十六州的士大夫，对这种政治压抑已经适应了。

元仁宗年间（1312—1320 年），科举制度经反复之后总算确定了下来。通过科举考试，欧阳玄、黄溍、杨载、范梈等人显名大都文坛。江南名士虞集、袁桷、邓文原、贡奎等人也通过不同途径先后到达大都。当时元廷灭宋已有四十年之久，社会进入相对安定时期，士大夫进入大都的途径虽然不同，但无政治强制色彩，而且进京者的目的也十分明确——以求一用。应该说不论通过何种途径进入大都的士大夫都希望在政坛上一展宏图，但在刘秉忠、史天泽之后，汉族士大夫可以说在政治舞台上没有大显身手的机会，于是也就只能在文坛上显显声名。元为继唐之后的统一王朝，但元代文坛去唐远矣！

实不可同日而语。在大都文坛上领风骚者，按时间顺序当为元好问、赵孟頫、欧阳玄三人。

元好问（1190—1257年）字裕之，号遗山，出身于汉化了的女真族士大夫家庭。八岁就会作诗，早年就学于陵川名儒郝天挺，中进士第，官至尚书省左司员外郎。金亡后不仕，遍游河朔名山大川，所作诗文为一时之冠。郝经对他的盖棺论定评价是文章"挟幽并之气，高视一世"，时值战乱之后，"故老皆尽，先生遂为一代宗匠，以文章独步几三十年"。元好问历金亡元兴，他和汉族士大夫的情感有所不同，汉族士大夫自己也说不清是谁的遗民，元好问则明明白白地是"大金遗民"。他的故国之思寄托在"丧乱诗"中，"真挚凄切"具有很强的感染力。清人评论元好问时有"国家不幸诗家幸，赋到沧桑句便工"之叹。的确如此，元好问若不逢金元易鼎的动乱，实难文坛主风骚，更难后世留名。元好问不仕元，可是通过耶律楚材推荐了避乱河朔的文士五十余人，俨然文坛盟主。蒙金战争结束后，元好问定居山东东平。于窝阔台汗十年（1238年）、乃马真后三年（1244年）、海迷失后二年（1249年）、蒙哥汗三年（1253年）四度北上燕京。从表面上看是访友叙旧，诗词唱和，实际上难免有冀望出山之意。因为他向耶律楚材推荐的文士正活跃在燕京文坛之上。赵著、王鹗等人颇为行时，但当时蒙古贵族正忙于对宋作战，实无暇文学，所以元好问也就只好"独步几三十年"。赵孟頫（1254—1322年）字子昂，号松雪道人，宋太祖赵匡胤十世孙，浙江吴兴人。南宋末年任直州司户参军，宋亡后闲居乡里。元统一后忽必烈诏征江南名士，赵孟頫在被推荐之列，到大都后任刑部主事，后升至翰林学士承旨，荣禄大夫知制诰，官序位列一品，可谓恩宠无以复加了。其实赵孟頫只是个"文学词臣"，这个闲散高官在送故人高仁卿还湖州的诗中道破了真相："太仓粟陈米易籴，中都俸薄难裹缠。"所以对能还乡的高仁卿不胜羡慕。

赵孟頫并不是个"特例"，元朝中期任翰林学士的姚燧也叹道："神州桂玉地，富至居犹难。……寒囊空到称假，岂能久盘桓。"元后期由江南到大都任职的揭傒斯作诗自言生活的窘状时云："裘褐不自蔽，藿食空营营。"出现这种现象的原因很简单，大都地区在蒙金战争、两都之战（1328年）中遭到了严重的破坏，近畿地区粮不能自给。城区之中的非农业人口的粮食供应均"仰仗东南"，元代大运河不畅通，漕粮依靠海运，海运不至"则京师大饥"。在正常情况下，大都城中的粮价就比产地高出许多倍，故在中书省（最高行政机关）御史台（最高监察机关）任职的王恽亦有"薪如束桂米如珠"之叹。清水衙门中的文学词臣生活之窘迫自然是雪上加霜了。

集贤直学士程钜夫深受忽必烈"宠信"，可是这位"宠臣"在大都任职的十年中竟然搬了八次家，始终找不到满意的住所，自己尚无立身之地，奈何将赵孟頫等江南名士举荐到大都，真令人费解。参加过大都建城工作的张景父子及其后代竟然无力建造私宅，始终靠租房度日。因为大都城中"地皮紧张"，宫苑、寺庙占去很大面积，可造民居之处，又多被蒙古豪强所据有，文学词臣只好赁屋而居了。

政治上的压抑、生活上的窘迫，使赵孟頫这位元廷新贵不得不发出"南渡君臣轻社稷，中原父老望旌旗"的伤感。"故国金人泣辞汉，当年玉马去朝周"的故国之思溢于言表。"东海西山壮帝居，南船北马聚皇都"是歌功颂德的词臣文章，"三年漫仕尚书郎，梦寐无时不故乡"是真实的内心写照。赵孟頫不但在大都文坛领风骚，而且在大都书坛、画坛上领风骚，四大书法家有颜、柳、欧、赵之说。但后人多评赵字"秀而媚"，媚者无骨气也。文天祥、谢枋得脚下的路是在大都从容就义，赵孟頫脚下的路则不可言矣！中国封建社会的士大夫可以说没有自己脚下的路。

欧阳玄（1274—1358年）字原功，号圭斋，湖南浏阳人。延祐二年（1315年）进士，致和元年（1328年）由国子监丞迁翰林待制，兼国史院编修官、知院事。后转艺文少监，拜翰林直学士，编修《四朝实录》，升侍讲学士，兼国子监祭酒。至正三年（1343年）奉诏修辽、金、元三史，任总裁官。拜翰林学士承旨，光禄大夫。欧阳玄生于元逝于元，而且躬逢了元朝的"盛世"。中进士后一直在大都任职，定居了四十三年，也亲历了两都之战和红巾军兵临大都东郊的"危局"，虽为文学词臣，但仕途风顺。赵孟頫去世后，欧阳玄即在大都文坛上执牛耳。但其才气去赵远矣！后人称其作品"平实简明"，诗文均收入《圭斋文集》。

欧阳玄晚年请求回归故里，但"中原道梗"（反元义军兴起），于至正十八年（1358年）病故于大都崇教里，享年八十五岁。欧阳玄虽贱为"南人"，但又贵为"高官"。他是在压抑中成长起来的士大夫，所以和元王朝在屈从的前提之下进行了"认同"，他的作品"平实简明"，实际上是"庸庸者不足道也"，在文学史上实难争一席之地。但在当时的大都文坛却享有盛名，因为他是官居一品的御前词臣。在大都的文坛上，还出现了一些少数民族的文士，如贯云石、马祖常、萨都剌、赵世延、乃贤等人。这对多民族统一的大家庭来说，无疑是一种可喜的现象。这些人久居中原，"汉化"程度极深，甚至是世居中原，已经"汉化"。其文化修养完全可以融入士大夫阶层的行列，故可以在大都文坛上占一席之地。在这些人中，乃贤、萨都剌可为其代表。

乃贤（1309—？）字易之，又名马易之，别号河朔外史，本突厥葛逻禄氏（"葛逻禄"系突厥语"马"之意）。元统一后内迁，遍游各地，后定居大都，著有《金台集》（金台系蓟城，历史上北京地区的别称），集中有不少关于大都的诗。有元一代，色目人的地位高于"汉人""南人"。蒙古贵族不愿意色目人"汉化"，色目人本身也不愿意"汉化"，均凭借政治力量抵制"汉化"，但色目人还是接受了汉族文化。"落后的征服者总是被先进的被征服者的文化所征服"，这是历史证明了的事实。从地域文化的角度来讲，"一方水土养一方人"，生活在新的地理环境之中，总要产生新的"变异"，而变异总是在可能的条件之下趋向文明、趋向进步、趋向民族的融合。

萨都剌（1272—1355年）字天锡，元代著名诗人。关于萨都剌的族属，文载颇有分歧。色目人、蒙古人、回纥人、维吾尔人之说均有之。但不论何说，萨都剌的族属均为少数民族。萨氏著有《雁门集》，其代表作为《念奴娇·登石头城次东坡韵》：

石头城上，望天低吴楚，眼空无物。指点六朝形胜地，惟有青山如壁。蔽日旌旗，连云樯橹，白骨纷如雪。一江南北，消磨多少豪杰。

寂寞避暑离宫，东风辇路，芳草年年发。落日无人松径里，鬼火高低明灭。歌舞尊前，繁华镜里，暗换青青发。伤心千古，秦淮一片明月。

这首词可以说是继苏东坡《念奴娇·赤壁怀古》之后的千古绝唱，吟之意气风发，激荡胸臆。不但给读者的情感和思绪以强烈的冲击，而且会产生强烈的领悟和感受。

无论萨都剌的先世归属何族，他站立在石头城上望"大江东去"时，其情其感绝不是囿于一隅小天地，而是汇入华夏大家庭的洪流之中，和浩浩的长江拥抱在一起。李贽盛称元朝为"华戎一统之业"。元朝确实是实现了九州大统一，元以后统一的多民族国家得到了进一步的巩固，在激烈的斗争之中，统一的政治格局从没有动摇过。以萨都剌为代表的少数民族士大夫，对九州大家庭的统一无疑做出了巨大的贡献。他们在趋向文明、趋向进步的过程中，也就自然而然地趋向了民族的大融合，趋向了九州的大统一。

萨都剌一生游遍了大江南北，但大都可以说是他的故乡，他不但少年时期是在大都度过的，中进士后亦在大都任职，可以说是名副其实的京城士大夫。据考证，萨都剌寓居大都时，住所就在海子（今积水潭）附近。故《雁门集》中有不少反映大都的诗。

五、史苑士大夫

"文史不分家"是士大夫治学的传统，本书将"文坛士大夫""史苑士大夫"分列，完全是为了行文方便，绝不是大都城中曾活跃着两个泾渭分明的群体。

我国有盛世修史、录（实录）之说，修史就是修前朝的历史，修录就是积累本朝的资料，以备修史之用。修史、修录均需有一定的人力、物力，只有"天下已定之后"，最高统治者才会考虑到修史、修录。修史的目的是"史以载道"，修录的目的是"录以载迹"。其实质均是为当时的最高统治者歌功颂德，但对后世来说总是留下了"道"和"迹"。

有元一代的修史工作可分为三大部分：一是修蒙古族国史；二是修本朝《起居注》《实录》；三是修《辽史》《金史》《宋史》。窝阔台灭金后，中原初定。大批"汉人"（汉族、契丹族等的通称）文士开始和蒙古政权合作，为新王朝服务。但蒙古族史的修撰，仍由一小部分蒙古族文士掌管。其原因是"汉人"不通晓蒙古族文字；同时也是为了"保密"，以防"泄露家底"。在这种情况下，即使受到蒙古统治者重用的亲信汉族文士也无权阅读"国史"（最早的蒙古国史均是用回鹘文写成，现均已佚。《元朝秘史》一书，系明初由四夷馆所译）。

忽必烈即位后，开始起用大批"汉人"文士和蒙古族文士一起承担修史工作，并且成立了专门的机构翰林国史院。翰林国史院设有修撰、编修官，负责修撰诸帝实录。

元廷"给事中"的职责为"掌随朝省、台、院诸司，凡奏闻之事，悉记录之，如古左右史"。诸帝《起居注》由给事中负责修撰。由于《起居注》的修撰成为定制，故修实录有了依据，忽必烈以后诸帝的《实录》才成为真实的"实录"。成吉思汗至蒙哥的五朝"实录"，其实是"追录"。

以忽必烈的《世祖实录》而言，赵孟頫、王构、姚燧、王恽、张九思、高凝等人参与了这项工作；《成宗实录》由程钜夫、赵孟頫、马祖常、吕思诚、苏天爵等人修撰；《英宗实录》由吴澄、马祖常、吕思诚、苏天爵等人修撰。顺帝时修撰泰定帝、明宗、文宗、宁宗四朝实录时欧阳玄、张起岩、王结、苏天爵、周伯琦、宋褧均都有参与。从忽必烈朝始，元廷的《起居注》《实录》的具体修撰工作均由汉族士大夫阶层人士负责，但领衔者均是中书省的重臣。中统二年（1261年）元廷即准备修辽、金二史，但阿里不哥争位，李璮反元的战乱先后爆发，忽必烈也就无力顾及"盛世文治"了。灭宋后大批有关宋史的图籍北运到大都，但史臣似乎对这些丰富的典籍并不感兴趣，究其因大概是出于避祸的心理。元仁宗即位后大兴文治，始定科举制度。修辽、金、宋三史被提到了日程之上，一时之间修三史的讨论成了大都文士的热门话题。但发生"南坡之变"，修三史之议也就只能中止了。元文宗即位后，再度大兴文治，但修三史的工作还是未能付诸实行，原因是书中的正统归属问题，具体来说也就是宋、金、辽三朝的年号问题不易解决，这个问题太敏感了，所以只好暂停勿议。

顺帝即位后中书省右丞相脱脱为总裁官，脱脱是元廷重臣，握有实权，所以三史的修撰工作得以顺利进行。在正统归属问题上脱脱采用了著名文士虞集的意见：宋、辽、金三朝各自为体系，各用本朝年号，不相统属。这种"回避法"虽然仍有人表示异议，但由于脱脱已经下了定论，故得以顺利进行。

在修三史的过程中，欧阳玄、揭傒斯发挥了主要的作用。修三史的工作量十分巨大，可是元廷将其视为"政治任务"，所以仅用了两年零七个月的时间（至正三年三月到至正五年十月）即全部完成。为此，元廷大事庆祝，修史诸臣以鼓乐为先导，将三史送入皇宫内宣文阁，顺帝亲自出面接受，其礼仪之隆重，可谓空前绝后。进献三史的典礼结束后，顺帝在宣文阁大宴群臣，凡参与修史者多有封赏。

元廷急于修三史，并大事宣扬，其用心是粉饰太平，故急于成书。在"时间紧，任务重"的情况下，三史成书之后质量上均存在不少问题，但对后世来说，还是留下了不可缺少的史籍。在修三史的过程中，元廷集中了大量的人力、物力，征召了许多著名文士参加编撰工作，这对大都的"史苑"来说无疑是一件空前绝后的盛事。由于修三史之时，元廷的统治已成江河日下之势，故执笔的士大夫在宋辽、宋金关系上还是流露出感情的色彩。

第八节　大都文化

一、南北文化大融合中形成的大都文化

辽朝的建立打破了长城的界线，让燕北草原和燕南平原连成一体；金朝的建立让草原大漠和中原地区连成一体。但辽、金两王朝在越过长城进入"汉地"之后都产生了后顾之忧，均有所谓的北边之患，所以长城大门一度打开后就又重新关闭。元朝的岭北行省辖区北达北冰洋，辽阳行省的辖区东临日本海，终元之世无北边之患。长城的大门真正打开了，草原和平原真正地连成了一片。

元朝统一了全国，结束了南宋以来南北王朝隔淮河对峙的分裂局面。塞外草原、中原大地、江南水乡连成了一体，实现了草原文化、平原文化、水

乡文化的大交流、大融合。京师文化是全国文化的总体缩影，所以大都文化充分地体现了熔草原文化（游牧文化）、平原文化（黄河文化）、水乡文化（长江文化）于一炉的特色，生活在大都城中的士大夫不同于囿于一隅的燕京士大夫，也不同于难阅江南春色的中都士大夫，眼界比较开阔。眼界开阔的直接原因是国家统一。辽宋虽在澶渊定盟之后出现了百年和局，但双方均有"书禁"，文化交流受到了严重的限制。南宋和金、元对峙时期，"南北道绝，载籍不相通"，学术文化几乎无法进行交流。以儒学而论，程朱理学在南宋已居正统地位，而北方尚不知理学为何物。南宋境内书院林立，私人讲学之风很盛。

燕京地区辽、金两朝史书、方志均无书院之载，直至窝阔台十二年（1240年）赵复来到燕京，始设太极书院，"北方知朱程之学，自复始"。继赵复之后，江南名儒吴澄被忽必烈征召到大都，在讲学的过程中提出了朱、陆合一的主张，这种观点虽不显达于当世，却被后世许多儒学名家所承袭，反映出大一统形势之下的学术包容精神。在南北统一之前，北方承袭辽、金以来崇尚淳厚朴实的遗风，南方文士的创作风格大多格调典雅清秀，南北文风绝然不同。

统一之后许多江南文士通过不同途径来到大都，大都文士关汉卿、马致远等人也到江南游历。大都文坛形成了南北互融的文风，而且影响了有元一代。

二、熔中外文化为一炉的大都文化

元初是横跨欧亚的大帝国，色目人是中亚人、西亚人、阿拉伯人、欧洲人的通称。色目文化是阿拉伯文化、欧洲文化的混合型文化，这种文化是在蒙古族西征过程中形成的。元初色目文化凭借政治上的优势，在大都城中发挥了重大的影响。任何新文化的输入，对原有文化都会产生冲击，而碰撞之后，也就必然会产生融合。融合的方式或是被原有文化同化；或是取代原有文化的地位，形成新的文化体系。当色目文化失去了政治上的依托之后，很快就融入了中国固有文化之中。但在元初的大都城中，色目文化无疑是一股强劲的异域之风。元廷在高丽国设有征东行省与日本隔海相望，来自东方的高丽文化在大都城中也存在一定的影响；来自喜马拉雅山南麓的尼泊尔文化也在大都开花结果。故大都文化可以说是受到了横贯欧亚的多种文化的综合影响，熔中外文化于一炉。在这种情况下，生活在大都城中的士大夫在固有文化传统之外也接受了外来文化的启迪。

三、城市文化的繁荣

辽南京是囿于一隅的北国陪都；金中都是半壁江山的北方之都；大都是一统九州、势跨欧亚的元帝国的首都。在北京建城后的历史上，元大都有着重要的地位，作为国都，其地位和功能可与唐长安相媲美。但由于元朝的政策，元大都在文化事业上未能再现唐长安的璀璨，但也别开生面，展示了大统一的帝王之都的风采。

元大都的经济繁荣是无根之木、无源之水，一切"仰仗东南"，依靠大运河与海运这两条补给线，一旦"漕运不至，京师大饥"。但大都的兴盛时期毕竟聚集了五六十万的人口，形成了熔南北、中外、胡汉文化为一炉的大都城市文化。

（一）由阳春白雪到下里巴人

唐以来科举考试重诗文，士大夫阶层以吟诗作文为高雅。像达官显贵，甚至直接向皇帝献上诗文，一旦受到垂青，即可显身扬名。元朝的上层统治者视诗文为无用之学。大都城中的广大市井之人，对所谓阳春白雪之调也难以理解，在这种情况之下，以下级官员和文吏为主体的大都士大夫阶层也就只好改弦更张，弃阳春白雪而在市井阶层中以求知音了。敢向市井觅知音，应该说是对士大夫阶层传统的一种反逆之情，尽管这种反逆之情是在政治、经济压力之下产生的。

大都城中有一个庞大的市井阶层，简而言之，市井阶层就是为上层服务的下层。下层的存在依附于上层，人身往往直接受到上层的压迫和奴役。以下级官员和文吏为主体的士大夫阶层在元廷中也受到冷遇和歧视，作用和影响均已下降到蒙古、色目官员的附庸，诸事仰人鼻息，政治地位、经济地位日趋窘迫。再唱阳春白雪调，不但无人听，自己也唱不出来了。人总希望受到欣赏，当不可能受到上层欣赏时，就希望受到下层的欣赏。以诗言志，以词抒情，"知音少，弦断有谁听"。于是，大都的下层士大夫开始弃阳春白雪唱下里巴人。唱下里巴人，一方面是宣泄自己心中的郁闷；另一方面是向市井求知音。在这种情况下散曲、杂剧应时而兴。

（二）不让唐宋有风骚

中国文学史上，唐诗、宋词、元曲各领风骚。诗词囿于士大夫圈子之中"孤芳自赏"，散曲、杂剧的作者虽然仍是士大夫阶层的人士，但它的"知音"却是"广大群众"（杂剧的唱段由散曲组成）。元曲四大家中关汉卿、马致远、王实甫都是大都人，大都能够成为杂剧的摇篮是因为城区之中人口众多，不仅有剧作者、演出者，还有观众。

关汉卿（约1234—约1300年）号已斋叟，大都人，早年曾任职于太医院，宋亡后南游杭州、扬州等地。《析津志》载其"生而倜傥，博学能文，滑稽多智，蕴藉风流，为一时冠"。《青楼集·序》云其"不屑仕进，乃嘲风月，流连光景"。关汉卿一生创作六十多个杂剧，今存十八种，其代表作为《感天动地窦娥冤》。该剧对被压迫的弱女子由相信命运到觉醒斗争的过程给予了热情的讴歌，在国内外影响均很大，被译为法、日、俄三国文字，在莫斯科公演过全剧。1958年，剧作者关汉卿被列入世界文化名人。王实甫（公元1260—公元1336年）名德信，大都人。早年为官，仕途坎坷，只好退隐。所做杂剧有名目可考者共有十三种，现存三种，其代表作为《西厢记》。剧中成功地塑造了崔莺莺、红娘、张生三个典型的艺术形象，对封建礼教进行了尖锐的抨击与批判。提出了"愿天下有情人都成了眷属"。这在当时来说可谓斗胆包天，因为"情"终于战胜了"礼"和"理"。

《西厢记》辞藻华美，富有诗意，属杂剧中典型的文采派，是我国戏曲宝库中的珍品，先后被译为英、法、德、意、日等国文字。马致远（约1250—1321年）号东篱，大都人。宋亡之后南游，曾任江浙行省的官吏，仕途不显达，退隐山林。所做杂剧今知者有十五种，《汉宫秋》为其代表作。剧中把王昭君改写为未入匈奴便投河自杀，十分富于悲剧色彩，可以视为金、宋相继灭亡之后，民族情绪曲折的反映。《汉宫秋》曾被译为英、法、日、德等国文字，流传于世界。

马致远的散曲成就为元代之冠，现存一百二十多首，有《东篱乐府》传世。

关汉卿、王实甫、马致远均是大都人。大都熔南北、胡汉、中外文化于一炉的文化基调，对他们的创作生涯无疑产生了积极的影响。从三人的代表作来看，主角是妇女，被同情的对象是妇女，讴歌的还是妇女。孔子认为"唯女子与小人为难养也，近之则不孙，远之则怨"。大都的杂剧一反儒家的传统观念，这不能不说是受城市文化基调的影响。大都城中的文化基调由于受到色目文化的冲击，无疑是比较开放的。这种开放可以说是对儒家思想的一种解放，这种解放也就是元代杂剧的基调。关汉卿、王实甫、马致远均是下级官吏，而且仕途十分坎坷，为了寻求解脱，只好"嘲风月，流连光景"，寄郁懑于剧曲之中，所以落笔之处对封建社会不是讴歌而是揭露。宋亡之后，关、马南游，与其说怀有故国之思，不如说是欲进一步沉浸在汉族传统文化之中。因为大都自从石敬瑭割让燕云十六州以来，一直处于契丹族、女真族、蒙古族的统治之下，多少发生了一些"变异"。江南地区在宋亡之后才统一到元廷管辖之下，从文化角度上来讲是"华夏正统"。趋向正统无疑是士大夫阶层的人士儒根太深的一种反映。马致远长期客居江南，他作品中的人民性比浪迹大都市井的关汉卿确实要逊色一筹。唐诗中的人民性大多通过作者忧国忧民的情怀显示出来；元曲中的人民性则是通过戏曲中的人物显示出来。

（三）士大夫与城市文化的繁荣

中国封建社会的城市和欧洲封建社会的城市是完全不同的概念。欧洲封建社会的城市是在和封建领主斗争中产生的，是封建领主的对立面，所以"城市的空气都是新鲜的"。中国封建社会的城市是由军事中心、政治中心发展成的。军事中心的政治地位不断加强必然成为政治中心；政治中心需要强大的军事力量来保卫，必然发展成军事中心。军事中心和政治中心必然会聚集起众多的人口，众多的非农业人口必然造成巨大的消费市场，形成商业中心。中国的经济中心城市一般来说不是生产中心，而是物资集散地和消费市场，所以政治中心、军事中心必然成为经济中心和交通枢纽，发展成规模巨大的城市。中国封建社会的城市是封建社会、封建制度、封建王朝的堡垒。城市是否繁荣，一般来说取决于城市在政治、军事、经济上的地位；取决于封建王朝是否处于相对稳定的上升时期。城市文化是否繁荣除受上述条件的制约，还取决于城市中士大夫阶层的数量和质量。

大都城中士大夫阶层的主体是众多的下级官员和文史。这些人序为三等公民或四等公民，仕途又十分不顺，在京城米贵居家不易的情况之下，经济上也很窘迫。科举制度不但是士大夫阶层存在和发展的客观条件，也是士大夫阶层的精神支柱。在蒙古贵族据有大都地区的一百多年里，科举制度屡兴屡废，总计开科十六次，录取汉人、南人六百五十余人，平均每科仅四十人。

这四十名"幸运儿"也不能在授官品级上和蒙古人、色目人享受同等地位。身处逆境之中，精神支柱又已经倾斜了，从客观来讲，士大夫阶层的主体部分已经很难再和元朝合作下去。可是，元朝的政权又处于相对稳定之中，即便是处于风雨飘摇中的政权，推翻它也要冒着巨大的风险，和它合作还能苟安一时。所以士大夫阶层的人士在压抑、苦闷、怨惘之中还是和元朝合作了下去。在这种情况下，士大夫阶层中的主体部分虽然在形式上还留在统治阶级之中，但其政治、经济地位和思想感情已经和统治阶级中的统治集团拉开了很大的距离，趋向了平民化。士大夫阶层平民化的具体表现是走出象牙之塔来到了现实之中，而现实给文化艺术提供了源泉和生机，所以说士大夫阶层平民化的趋向是大都城市文化繁荣的重要原因。

大都城市文化的繁荣，杂剧可为其代表。杂剧的著名作家是失意的士大夫；演员中不乏沦为市井之徒的士大夫；观众之中也少不了同病相怜的士大夫。作者、演员、观众，同声相应、同气相求、同泣同悲、同欣同慰。戏演在台上，情发自心田里。

（四）由洛阳正音到大都正音

一个城市政治、经济、文化方面的影响反映到语音学中，就是该城语音的覆盖面积和影响范围，具体来说就是该城语音通行的范围。所谓通行包括两个方面，一是听得懂该城语音；二是会说该城语音。现在的普通话"以北京音为标准"，普通话在辛亥革命以前称为"官话"。官话以北京音为标准是历史发展中形成的，但北京语音的发展也只是到了元代以后，北京成为全国的政治、文化中心，"以北京音为标准"的语言才能形成或推广。

北京音的发展源头，可上溯到东汉时期的洛阳。东汉重士风，都城洛阳之中太学生、清流名士、四方学者辐辏云集。蔡侯纸普及之后，洛阳的城市文化空前繁荣，充分地发挥了政治中心、经济中心、文化中心对"四方"的影响。从语言文化的角度来讲，"洛阳正音"开始出现。魏晋两朝均以洛阳为首都，北魏孝文帝由平城迁都洛阳后，通令全国"一从正音"，也就是说，全国各地均以洛阳语音为标准。

洛阳地处中州大地，居天下之中。隋炀帝开通大运河后，洛阳交通枢纽的地位更加突出。隋唐两朝均以洛阳为东都。从政治上来讲，杨广、李世民、武则天等有影响的帝王均长期驻跸洛阳；从经济上来讲，洛阳不但是人字形大运河的撇捺交汇点，而且是全国的驰道、驿站的总枢纽，仓储物资的集散地；从文化上来讲，隋唐两朝的科举考试亦经常在洛阳举行，以就四方学子之便。

北宋以洛阳为西京，首都系东京汴梁。西京洛阳与东京汴梁共处中州大地，直线距离不过一百多千米。所以"洛阳正音"也就完全覆盖了"汴梁正音"。金、元两朝攻破汴梁时，均迁城中人口于燕京，于是"洛阳正音"也就被迁到了大都。

元朝实现了空前的九州大统一。大都政治中心、文化中心的地位得到了充分的发挥。以戏剧为代表的大都城市文化也发展到了空前繁荣的水平。大都城市文化的特征是融合了南北胡汉文化，亦贯穿了中西文化。以戏剧为代表的大都城市文化空前繁荣的主要原因之一是士大夫被逼出了书斋，走进了戏院。元杂剧的剧作者、演员、观众之中均不乏"潦倒儒巾"。诗、词、散文方面的影响难以冲出"读书人"这个圈子。戏剧就不同了，在上层和下层之中均可以"获知音"，其总体影响远远超出了所谓的"正统文学"。在这种情况下，被迁到大都的"洛阳正音"融合了多民族、多地区的语音之后，发展成了"大都正音"。大都正音借助政治上的影响和大都城市文化的繁荣，特别是借助戏剧舞台的辐射走向了全国，为今日"以北京音为标准的普通话"的形成、发展打下了基础。

秦始皇在郡县制的基础之上统一了六国，又在统一六国的基础之上统一了文字，实现了"九州书同文"。但是由于中国地域广阔，地域经济、地域文化之间存在着巨大的差异，故有"十里不同俗，百里不同音"之说。继"洛阳正音"之后所形成的"大都正音"，可以说是大都士大夫在新的形势之下，用新的方式繁荣了大都城市文化，而大都城市文化的繁荣，到达了一定的水平之后才有可能借助政治、经济上的影响，使"洛阳正音"发展成"大都正音"，大都正音形成之后，在更大的范围内发挥了影响，并促进了明清两朝白话文学的发展。

第十二章

明北京的士大夫

第一节　华夏皇冠——戴到了汉族田舍翁的头上

一、堂堂正正地践天子位

洪武元年（1368年）正月，朱元璋即帝位于南京。为了统一九州，命征虏将军徐达挥师北伐。明军所向披靡，顺利地攻占了河南、山东，同年八月攻占大都，宣告了元朝统治的灭亡。幽燕地区自公元936年被石敬瑭割让契丹（辽）王朝后，被契丹族、女真族、蒙古族统治了四百多年。朱元璋的帝位始基是"驱逐鞑虏，正位中华"；从君臣名分来讲，朱元璋不但没有在元朝皇帝驾前称过臣，亦未食过君禄，是草莽英雄起兵伐无道，解民于倒悬。可谓是合乎天理顺乎民心，理直气壮，堂堂正正地坐在皇帝的宝座上御宇九州。

二、全新的课题，老朽的考生

朱元璋是农民的儿子，幼丧父母，与人放牛，为生存所迫出家为僧。时势造英雄，放牛娃历尽艰难险阻，削平群雄，登上了皇帝的宝座。由于出身和初期经历的限制，朱元璋的治国之道也就是田舍翁的治家之道。朱元璋如果生在封建社会的上升时期，或许能勤俭发家。可是生不逢时，没有赶上"好世道"，就像一个勤勤恳恳的田舍翁，儿孙们大多是"浪子"，左邻右舍又尽是"不正经的人"，虽然挣下一份家业，但经不住自家糟蹋，外人连偷带抢，日子过得一代不如一代。最后被一个"挺不起眼的野小子"趁火打劫来了个"连锅端"。好端端的一份家业，就这样白扔了。

朱元璋在封建帝王中确实是个实干家，颇有敬业精神，但田舍翁的治家之道就是缺乏进取精神，从不去开拓新领域，为儿孙计，诸事只求一个稳妥、平安。如果说历史是封建君主的考场，朱元璋则是汉族人走进考场的最后一位开国之君，试卷的内容是全新的，但这个考生太老朽了，从老朽的自身来讲，还是使出全身的解数，答出了一张可悲，但是令自己满意的答卷。

三、勒紧"裹脚布"

朱元璋以行僧之微登上皇帝的宝座，总怕臣下不好驾驭，其实是怕臣下瞧不起自己。故对居功揽权的功臣要杀而后安；对淡漠仕途者也很不放心；对退归林下者也要进行监视，总把士大夫阶层视为异己。在崇理学、定"朱注"为一尊后仍不放心，认为加强思想统治要从小抓起，由学生入手。在加强思想统治的同时，还要加强管理，为圣朝育人要突出一个"严"字。

朱元璋定鼎南京后，理学大师宗讷出任了第一任国子监祭酒。这位国立大学校长，很会按皇帝的精神办事，制定了许多苛条，对学生实行高压政策，学生有被饿死、吊死的。学生反迫害、反饥饿，就闹了两次"学潮"。第二次"学潮"是由于监生赵麟出了一张"揭帖"而引起的。朱元璋盛怒之下，把赵麟斩首后头颅悬挂在国子监示众。十年之后，朱元璋对这次学潮还记忆犹新。亲临国子监训示全体师生，并将训词刻石勒碑，永为后世鉴。永乐迁都北京后，将乃翁这篇杰作又勒石刻于"北监"。今碑虽损犹存，全文录于下：

恁学生每听着：先前那宗讷做祭酒呵，学规好生严肃，秀才每循规蹈矩，都肯向学，所以教出来的个个中用，朝廷好生得人。后来他善终了，以礼送他回乡安葬，沿路上著有司官祭他。

近年著那老秀才每做祭酒呵，他每都怀着异心，不肯教诲，把宗讷的学规都改坏了，所以生徒全不务学，用著他呵，好生坏事。如令著那年纪小的秀才官人每来署学事，他定的学规，恁每当依著行。敢有抗拒不服，撒泼皮，违犯学规的，若祭酒来奏著恁呵，都不饶！全家发向烟瘴地面去，或充军，或充吏，或做首领官。

今后学规严紧，若有无籍之徒，敢有似前贴没头帖子，诽谤师长的，许诸人出首，或绑缚将来，赏大银两个。若先前贴了票子，有知道的，或出道，或绑缚将来呵，也一般赏他大银两个。将那犯人凌迟了，枭令在监前，全家抄没，人口发往烟瘴地面。

钦此！

全文通篇为白话文，未经词臣加以润色，保留了田舍翁的素质、心态和本来面目。朱棣把这块碑"复制"后立于北监，无疑是向北京国子监的师生们表示父子相承相袭，一切遵照乃翁之制办理。

廷杖首创于何朝，论者有唐朝或元朝之说。这个问题确实难以考证，因为"律""典"之中无廷杖条，言出法随，皇帝要打人，即可称之为廷杖，于是有人把廷杖之源上溯到东汉明帝"亲手撞郎"。廷杖首创何时姑且不问，廷杖盛于明、止于明绝对是信史。中国有士可杀而不可辱的传统，明以前虽然发生过责打大臣的先例，但都是特殊原因、特殊情况、特殊执行，没有成为"定制"。廷杖在明朝广泛使用，说明了封建社会已经走到了绝路之上，在统治阶级内部失去了法制、规范、原则，也失去了秩序、体统、道德，只能用野蛮的手段来维持皇权的绝对尊严，而野蛮的手段在正常情况下是对敌对阶级才使用的。

特务是现代名词，中国历史上特务并不发达，在明以前统治阶级尽管使用特务，但在国家的编制上没有特务机构。朱元璋始设检校，检校是御前侦探，主要任务是侦察功臣有无不轨之行。对于士大夫阶层的人士，也在侦察之列。钱宰是在野名儒，被征入京编《孟子节文》一书。一日罢朝回家，途中吟道："四鼓咚咚起着衣，午门朝见尚嫌迟。何日得遂田园乐，睡到人间饭熟时。"此诗被跟在他身后盯梢的检校听到，报告给了朱元璋。第二天早朝朱元璋对钱说："你昨天作了一首好诗，不过我并没有嫌你迟，把'嫌'字改作'忧'字如何？"钱老夫子被吓出了一身冷汗。

吏部尚书吴琳致仕返乡，朱元璋对他很不放心，派检校去侦看一下这位"求退"者有无异常现象。检校在村外和一位犁田的老农打听吴尚书，老农回答："在下便是。"检校回报吴的近况后，朱元璋才放下心来。

朱元璋制定的《大诰》中，有士大夫不为君用处死的条款。洪武年间也确实处死过高启、姚润、王谟等征召不就的士大夫。纵观一部中国通史，开国之君当然有"人君之术"，但缺"人君之度"，大多是"宁可我负天下人，莫让天下人负我"的"寡德之人"。寡德之人的子孙不但寡德而且寡才。上乘者为庸君，庸中佼佼，也就是个守成之主。下乘者为昏君、暴君，昏暴相替，也就必出亡国之君。总之，中国的封建帝王无论是开国之君、守成之君，还是亡国之君，均缺少人君之度。既然天子以四海为家，其心胸理应可以包容四海。朱元璋以四海为家宅，视九州为儿孙基业，可是其心胸仍是田舍翁，意常在畦陇之间，实无人君泱泱之度，对多读了几本书的士大夫就总放不下心，而且是对用世者、避世者、汲汲于功名利禄者、淡漠于功名利禄者均不放心。真可谓"活得太累了"。田舍翁活得太累了，驭下的臣民自然也就休想活得轻松，特别是士大夫阶层的人士。

综上所述，田舍翁以齐家之术治国，视九州为朱家大院。可是齐家乏术，朱家小院内的家政从没有摆平过，朱元璋一撒手人寰，朱家小院就闹起内讧来，先是周、湘、齐、代、岷五个亲王被废，湘王合室自焚。紧接着爆发了靖难之役，朱允炆宫中大火之后不知所终。后世又发生过汉王朱高煦、安化王朱寘鐇、宁王朱宸濠的叛乱，直到南明弘光小朝廷覆灭之后，鲁王（在台州称监国）和唐王（在福州称帝）还争名号，势如水火，唐王甚至认为"时事之可忧，不在清而在鲁"。若不是清兵追至，恐怕朱家还要演出一场同室操戈的悲剧。儒家讲修身、齐家、治国、平天下。朱家小院的家政如此，朱家大院的国政在二百七十多年里更从来没有摆平过。田舍翁齐家乏术，治国也就当然无道了。其毕生的努力，只是在"放脚"运动开始之前，为士大夫阶层再一次勒紧"裹脚布"，使有可能迅跑的士大夫失去了最后的一次机会。

四、更惨痛的失败者

如果说宋朝是"必然的失败者，惨痛的失败"，明朝则是必然的失败者，更惨痛的失败。宋朝承盛唐之后，中国封建社会大厦始基的承载能力确实不容许再加建一层。而且唐末五代的大动荡中，君臣之纲可以说是荡然无存。赵匡胤的皇冠又来之不正，故急需提倡理学，以稳定封建社会的秩序。朱元璋是堂堂正正即天子位，使汉民族在九州这个大家庭中恢复了应有的地位。

封建社会的大厦虽然不能再加盖一层，但七零八落之后，为加固和装修创造了条件。如果朱元璋具有类似李卓吾的家世和早期经历，或许在加固和装修的过程中能对中国封建社会这座大厦进行一定程度的改建。倘若在改建的过程中能进一步顺应历史的潮流，明朝的历史也就是另一种结局了。可是朱元璋是个田舍翁，田舍翁只会以齐家之道治天下，这就决定了明朝比宋朝失败得还要惨。宋朝和金朝的争斗中还保住了半壁江山；明朝则是土崩瓦解。明朝的实力比宋朝要强大得多，但"强人"如此不堪一击，溯其因由甚多，把科举制度完全纳入了理学的"道统"之中，企图依靠"存天理，灭人欲"之说为圣朝育人，竭尽全力为士大夫勒紧"裹脚布"，结果进一步导致"天理难存，人欲横流"。汉族田舍翁的家私，也就轻而易举被满族田舍翁据为己有了。

第二节　京城士大夫的地位与组成

一、明朝士大夫的地位

辽、金、元三朝在北京史上有着重要的地位，三朝的迭次兴起，使北京由北方军事重镇变成帝王之都。元大都当时不但是全国第一大城市，甚至可以说是世界第一大城市。但从士大夫史的角度来讲，辽、金、元三朝又是士大夫们活动的低谷。产生这种现象的最根本原因是三朝的最高统治者均是少数民族，三朝均以少数民族为主体组成上层统治集团，对汉人均有不同程度的压制。汉人虽然位列高官，但仍是"二等公民"。以汉人为主体所组成的士大夫阶层，深知自己和最高统治者的合作只能建立在屈从的基础之上。

民族压迫、民族歧视是封建王朝阶级社会里的正常现象，但文明程度较高的民族居于统治地位时，社会的发展还是处于相对正常的状态之下。当统治民族在人口的数量上、素质上均低于被统治民族时，社会的发展不可避免地会出现许多异常现象。这种异常反映到士大夫阶层之中就是文坛、政坛相对失去"生机"。明朝的建立使士大夫阶层的人士在社会上恢复了一等公民的身份地位，而且在御座之前也成为立于朝、净于朝的正臣、良臣，敢说、敢笑、敢骂、敢尽忠心，敢以天下兴亡为己任。换句话来说就是社稷（帝位）是朱家的，但"道统"是君臣均要遵行的。国家兴亡匹夫尚且有责，何况身为志在安邦济民的儒家传人，当然要不苟立于朝。在大是大非面前，不但"直谏"，而且敢于"死谏"，敢于"铁肩担道义，妙手著文章"，血染春秋经。

士大夫是地主阶级的知识分子，故其思想武器库里实难有超越儒家体系的新鲜东西。但面临着封建社会后期的"世道之变"，以王守仁和李贽为代表的士大夫阶层人士还是站在不同立场之上开始"觉醒"，产生了新的思想体系。

明代的士大夫阶层恢复了"生机"，但这只是打破了被统治民族的桎梏之后所产生的生机，儒家思想的桎梏还是紧紧地束缚着士大夫们的思想意识。经世致用，敢于面对"人欲"的儒学被扭曲成理学后，作为一种没有任何经济基础的意识形态在社会上广为传布，并借政治上的依恃，居于思想界的统治地位。用没有经济基础的理论去指导社会实践，当然会碰得头破血流。士大夫们虽然敢说、敢哭、敢骂、敢以天下兴亡为己任，但还是扮演了悲剧的角色，甚至留下了书生误国的非议。

二、江南士大夫聚于北京

元顺帝至正十八年（1358 年）红巾军兵临大都，兵争之后又遇水灾，"灾民大饥，人相食，葬死者遗骨达十万具"。由于江淮地区已被反元军事力量所控制，年漕运量仅十万余石，大都居民四散求食逃生。在这种严峻的形势下，元廷却闹起内讧和党争。天灾人祸双临并至之下，滞留危城之中的人口所剩无几，大多为皇室、贵族、官僚及其服务人员。

洪武元年（1368 年）明北伐军攻占大都，元顺帝率亲军卫士北返塞上草原。明廷在北平地区实行净化人口政策，尽"遣降人北返"。汉族居民均迁开封，大都城中几成空城。直至洪武十四年（1381 年）明廷编制赋役黄册时，以一百一十户为一里，顺天府属下附郭的大兴、宛平两县总计有八十八里，九千六百八十户，按每户五人推算，总计有四万八千四百人，这四万八千余人是北平城区和郊区人口的总和。明初朱元璋厉行"法制"，编制黄册统计人口是十分严密的，地方官不敢隐瞒人口，怕遭"扒皮充草"之祸。所以人口统计数字可以说是准确可靠的。

永乐元年（1403 年）朱棣在南京即帝位后，升北平为北京，改北平府为顺天府。同年八月迁南直隶（今皖、苏地区）苏州十郡、浙江等九省富民至北京。被迁来的富民大多属于长江流域经济、文化发达的地区，这些人的总体文化素质比较高，其中不乏士大夫阶层的人士。

永乐十八年（1420 年），朱棣正式宣布迁都，次年皇室、衙署均莅临北京。明初中央机关的六部、五寺、都察院、通政司等的各级官员可以说多是江南士大夫阶层的人士，因为元末大批江淮地区的地主阶级知识分子参加了反元起义军，朱元璋定鼎南京后又征诏了许多"江南名士"到朝廷任职，这些士大夫阶层的人士布满了明廷的众多衙门。永乐迁都北京后，南京城中的士大夫阶层也就随同北上，成了北京士大夫。

综上所述，元末的大都、明初的北平几乎成为空城，永乐迁都北京前后迁来大批长江流域的人口，这些人之中士大夫阶层的人士占有相当高的比例。

三、众多的学生士大夫

明王朝在北京城中建有众多的学校，最高学府国子监的学生统称为监生，根据不同的入学途径又分为举、贡、荫、例四类；在学名额，永乐时多达万人，明朝中叶时仍有五六千人，国子监学生均由国家供养，而且已婚者养其妻子，未婚者赐予婚聘钱，省亲回籍官给川资，享受待遇可谓优厚。六堂修业合格者量才授予六品以下职官，遇会考均有权参加。

明朝的太医院、钦天监、四译馆等机构也附有教育职能，培养后备人才，学成之后量才授职。顺天府的各级官学及官办阴阳学、医学和各书院虽属地方教育机构，学成之后不直接授予官职，但在北京地区也是颇具影响力的学校。

培养宗室子弟的宗学，初始办学宗旨是为了"袭爵"，后因科举日隆，宗学学生学满额定学期之后一律参加顺天府乡试，亦可视之为科举制度下的学校。

北京地区上述学校的学生均享有免役复身之权，由国家或地方行政当局供养，其身份可归于士大夫阶层。因为在校学生绝大部分是修科举之业的候考生、进修生，儒学之外的专门人才才学校虽不修科举之业，但也是"学而优则仕"的孔门之徒。总体上均可归入士大夫阶层，北京城中学生之多，达到了空前水平。

四、科举士大夫

永乐十三年（1415年）首次在北京举行会试（礼部主持），永乐十九年（1421年）迁都北京之后，历届会试、殿试均在北京举行。明朝科举三年一试，有明一代共举行了九十一次科举考试。北京作为北直隶院试、乡试，礼部会试，御前殿试的考试中心云集了大批科举阶层的士大夫。这一阶层人数众多，凡是以举业为途的地主阶级知识分子，录取与不录取均可归入这一阶层。

五、政治舞台上的主体

明朝的皇室子弟成年之后均分封各地为王，不在朝中供职，而且受到朝廷的监视，根本不可能参与政治，以防止重演"靖难之役"，所以北京城中无皇室贵族阶层。在朝中供职的大官僚，一旦致仕立即"还乡"，这是没有例外的"定制"。因为致仕不还乡，长期滞留京师难免招惹政治上的是是非非，造成不堪设想的后果。大官僚致仕后立即还乡，使北京城中官僚贵族阶层均是政坛过客。朱元璋在位时杀戮功臣，"开国元勋"们也未能形成政坛之上的世袭门阀。

明朝实行中央集权，北京城中有一个庞大、复杂的"中央机关"体系，众多的各级官员及其幕僚大多为科举出身，所以北京城中的官僚士大夫是官场的主体。

官僚士大夫、学生士大夫、科举士大夫构成了北京城中的士大夫阶层。官僚要致仕还乡，学生学成要授官，科举士子金榜题名也就成了官僚，名落孙山最终还是要离京另谋发展。总之，作为"个体"来说，各阶层的士大夫均是"京城过客"。但作为一个阶层来说，士大夫阶层在北京城中却是相当的稳定。稳定的原因是科举制度在明朝不但非常稳定，而且在意识形态领域中、教育体制中、官员选拔制度中发挥着决定性的作用。辽、金、元三朝的科举制度尽管产生了重大的影响，但对最高统治者来说，均是一种权宜之计，只是笼络汉人的一种手段。辽的科举几乎是汉人的"专利"，契丹人虽然也可中进士，但可以说是一种特例。金、元的科举制度在录取名额、张榜序位、仕途品序上均带有偏向，目的是保持科举仕途之上本民族的优势，对汉人进行"抑制"，防止汉人垄断科举仕途，控制国家机器。明朝的最高统治者是汉族人，在利用科举制度上不用担心"失控"，所以科举制度牢固、稳定地主宰了士大夫阶层的命运，在这种情况下，北京城中形成了一个庞大的、稳定的士大夫阶层。

明朝的京城士大夫阶层相当活跃，因为不存在皇室贵族、官僚贵族（门阀世家）对政治舞台的垄断。在政治舞台上，官僚士大夫的对手是宦官集团。在封建社会里，官僚士大夫集团的社会基础相当庞大。自隋唐之后，历经民族的纷争、最高统治集团的更替、改朝换代的动荡，官僚士大夫阶层可谓"我自岿然不动"。宦官乃刑余之人，六根不全，社会地位低下，尽管恃昏君宠信专横、喧嚣一时，但终归没有可能对官僚士大夫阶层进行全面打击，更没有可能威胁官僚士大夫阶层的存在，也绝不会动摇有千年积淀的官僚士大夫的基础。所以官僚士大夫阶层和宦官集团的斗争尽管十分尖锐和激烈，士大夫阶层的人士作为个体来说不乏失败者，但作为整体来说，却是岿然不动。

第三节　铁肩担道义，妙手著文章

一、统治阶级内部的中流砥柱

统治阶级的上层由皇室贵族、官僚贵族（门阀大官僚）所组成。这一阶层的特点持"天恩祖德"，肆无所忌地进行竭泽而渔的统治。明朝的皇子、皇孙一律外封为王，以资"镇抚""拱卫"。在"靖难之役"后，藩王们在政治上不再作为独立力量而存在，更不可能以宗室士大夫的身份独占仕途。朱元璋在全国大体平定之后开始杀戮功臣以除后患，"谋逆"者固然被杀，"竭忠"者也难善终，故开国元勋们未能形成门阀世族垄断仕途。在这种情况下，科举出身的士大夫官僚阶层在政治舞台上居于主导地位。

以北京史的角度来讲，两宋基本上是在比较中涉及。唐朝山东旧世族衰，但关陇军事贵族兴。牛李党争就是科举官僚阶层和贵族官僚阶层之间矛盾的具体反映。辽、金、元三朝的最高统治者是少数民族，皇室贵族、豪门贵族也都是少数民族。汉族官僚固然未能形成门阀世家，科举士大夫官僚阶层也未能发挥其充分的影响，更谈不上发挥主导作用。明朝的建立，使科举制度承唐宋之后发挥了正常作用，士大夫官僚阶层也就在政治舞台上发挥了主导作用。

士大夫是地主阶级的知识分子，士大夫通过科举制度"发迹"，也就成了官僚士大夫。官僚士大夫作为个体是不稳定的，很难形成三代进士之门，但作为一个阶层来讲，在科举制度之下，这个阶层是很稳定的。只要有科举制度存在，士大夫就能通过金榜题名成为官僚士大夫。明朝的科举制度对地主阶级来讲是"平等竞争"，故穷书生可以一跃龙门成为进士公，进士公之后如果"文运不启"也难免再沦落为穷书生。

无论是"穷书生"还是"阔书生"，无十年寒窗的根基总不会成为进士公，十年寒窗也就是十年封建正统教育，忠君爱民、修身、齐家、治国、平天下的抱负也就在潜移默化之中开始形成。故科举出身的士大夫官僚比门阀世族出身的贵族官僚要富有朝气和进取心。尽管八股文的模式和"朱注"的束缚使这些朝气和进取心失去了创意与革新的气概，但对封建社会本身来讲却具有调节失衡的积极意义。明朝时期，中国封建社会已经进入了晚期，政治上皇权高度集中，经济上土地高度集中。士大夫阶层忠君、爱民、修身、齐家、治国、平天下的抱负绝改变不了历史发展的大趋势，但对封建统治阶级内部来讲，无疑是狂澜之中的砥柱，尽管这个砥柱不可能"挽狂澜，柱陆沉，肩危天"。

二、谏武宗南巡

明朝自仁宣（1425—1435年）之后，即位的皇帝大多是幼主、昏君。英宗宠信宦官王振，酿成了"土木之变"；明武宗即位后更为荒唐，"沉豹房之乐"，宦官刘瑾窃权柄政成为"站着的皇帝"。明朝的政局江河日下。

正德十三年（1518年），明武宗在江彬的挑唆下微服行至昌平，企图出居庸关莅宣府（今张家口市宣化地区）幸女乐。巡关御史张钦锁闭了居庸关，对监守太监表示死也不会放皇帝出关。按剑坐关下，对守关军吏曰："敢言开关者，斩！"武宗使者前来传旨开关，张钦拔剑叱之，把这位钦差吓跑了。

明武宗见张钦态度如此坚决，只好自昌平返京。二十余天后，得知张钦正在白羊口巡视军务，于是急驰出居庸关，实现了幸宣府女乐之愿。张钦是京畿通州人，正德六年（1511年）进士，以巡关御史之微敢抗万乘之尊，显示了士大夫为官恪尽职守、不惜冒死犯颜的正气。

明武宗想到江南一游，其南巡势必造成隋炀帝下扬州的祸国殃民之举，于是朝臣纷纷上疏谏阻。舒芬、黄巩、陆震首先上疏阻止，吏部郎中孙凤等十四人、刑部郎中陆俸等五十三人、礼部郎中姜龙等十六人、兵部郎中等众多朝官一齐上疏力阻。郎中是"部曹之属"，不过区区六七品小官，他们不苟立于朝，以天下为己任，实可谓前无古人，后无来者。明武宗大怒，将黄巩、陆震等六人打入诏狱，又令舒芬等五十三人在午门外罚跪五天。但明武宗的淫威并没吓倒这批士大夫，大理寺正周叙等十人，工部主事林大辂、何遵、蒋山卿等联名上疏，力陈南巡之弊，于是又有六名上疏者入狱。这些京城士大夫反对武宗南巡，并非是愚忠，而是为国家着想、为百姓请命的大无畏之举，在行动中并非党同，而是使命感和浩然正气使其结成了一个"群体"，敢于为信念置荣、辱、生、死于度外，面对廷杖、诏狱而无所畏惧。

一百多名朝官被罚跪了五天，又各杖三十，当场被打死十一人，有的被降职，有的被罢官，有的被戍边，但明武宗的南巡计划终于被制止。朝官们被罚跪期间，晨入暮归累累如重囚，北京民众沿街循巷候之于途，无不感愤泪下，造成了很大的影响和声势。北京市民"候之于途"的感愤，无疑是对士大夫阶层的声援；对明武宗暴虐肆淫的抗议，表现了士有正气、民有正风的社会风尚和政治素质，在北京的历史上留下了值得大书特书的一页。

三、礼仪之争

明武宗无后，故明世宗嘉靖以藩王袭承大统。明武宗与明世宗是堂兄弟，同为宪宗之孙。明武宗为明孝宗之子，明世宗过继给明孝宗，兄终弟及，登上了皇帝的宝座。明世宗生父已逝，故欲尊为皇考。在封建社会里嫡长正传为国之大本，世宗欲尊生父为皇考，不符合"皇统祖制"，于是发生了"礼仪之争"。阻谏者认为明世宗若尊生父为皇考，明宪宗大统即不在明孝宗，破坏了嫡长正传、皇统大本，也就动摇了大明基业，所以要誓死抗争。今人看来，此举在思想上固然是儒家愚论；在政治上是不明智的选择；在个人仕途上更是断送前程，甚至会招来杀身之祸。但在当时却是坚持真理、捍卫国本的大节问题，绝不能苟从。因为"皇统"事关"道统"（儒家的根本原则），君臣均需"董道而行"，立于朝就一定要诤于朝。

首辅杨廷和上疏阻谏，明世宗不听，杨廷和辞官还乡，表示不苟立于朝。杨廷和是成化十四年（1478年）进士，金榜题名时年仅十九岁，正德初年入阁参与政务。武宗死后，世宗册立，逮捕佞臣江彬，革除弊政，罢斥群小……均由杨廷和以明武宗遗诏的形式付诸实行。明世宗即位之初，杨廷和辅政，使朝纲有重振之势。因"礼仪之争"而去职殊为可惜。杨廷和去职后，包括尚书、侍郎、都御史等大臣在内的二百多名朝官在皇城左顺门跪成一片，高呼高皇帝、孝宗皇帝，声达大内。明世宗几度派司礼太监劝众朝官散去，但无人遵旨，一直相持到日已过中午，明世宗大怒，令锦衣校尉把翰林学士丰熙、吏部郎中余宽、兵部郎中相世芳等八人逮捕，投入诏狱，声称请愿事件是八人所煽动。锦衣校尉拘捕丰熙等八人时，杨慎、王元正带领一些朝臣表示抗议，撼宫门大哭，这更激怒了明世宗，于是传旨将参加请愿的五品以下朝官一律缉拿入狱，何孟春等八十六人姑令待罪。余下品级较高的官员已不足百人，大多数又属高龄之士，随着尚书金献民等人退出皇宫散去。第二天明世宗对参加请愿的人进行审理，受廷杖者多达一百八十多人，有些人被处以"再杖"，被打死者有十七人之多。许多人受杖之后罚以谪边。

礼仪之争以京城士大夫们失败而告终。廷杖打在恪守封建准则的骨鲠之臣身上，实际是打在皇统、国本、祖制、道统等一系列儒家道德规范上。说明了明王朝的皇权专制已开始破坏自己的"初本始基"，封建准则、道德已开始在统治阶级内部不复存在。孔子有"刑不上大夫，礼不下庶人"之说，世人亦有"士可杀而不可辱"之论。破坏阶级内部统一的准则和道德是统治阶级彻底走向没落的标志。礼仪之争发生在明嘉靖时期，绝不是历史的偶然。

从此以后，明王朝政局日非，骨鲠之士难立于朝，群小弹冠相庆。

四、谏世宗弹劾严嵩

明世宗嘉靖皇帝崇信道教，二十余年不视朝听政，宠信方士妄想长生。户部主事海瑞于嘉靖四十五年（1566 年）二月上疏激谏，痛陈世宗误国之失。最后表明"大臣持禄而好谀，小臣畏罪而结舌，臣不胜愤恨，是以冒死，愿尽区区，惟陛下垂听焉"，时人称之为"天下第一疏"。昏聩的明世宗见疏之后不但不省悟，把疏掷在地上咆哮说："快给我把他抓起来，别让他跑了。"旁边侍值的太监说："此人素有痴名，听说他上疏时，自料触忤当死，买了一口棺材，诀别了妻儿，家中童仆都吓得四散，没有一个敢留下，他是不会跑的。"

海瑞是琼州人（今海南省），举人出身，曾在国子监任教，可称为京城士大夫。以主事之微，敢批嘉靖之逆鳞，并没有被"礼仪之争"中的廷杖吓倒。被投入诏狱后，问成死罪。明世宗死后，海瑞方获释。后出任应天巡抚，成为民间颂扬的"青天"。

严嵩以善撰青词（道教祷祀之词）得到明世宗的垂青，嘉靖二十一年（1542 年）以礼部尚书兼武英殿大学士的职衔入阁，两年后晋升为首辅，秉政达二十年之久。在明世宗的宠信之下权倾朝野，富比朝廷。明廷官员媚之者昌，逆之者亡。锦衣卫经历沈錬上疏力陈严嵩十大罪状，结果是惨遭廷杖，后逮捕处死，两个儿子也被杀。但暴行并没有达到"箝天下人之口"的目的，继沈錬之后，兵部员外郎杨继盛于嘉靖三十二年（1553 年）又上疏弹劾严嵩五奸十罪。严嵩用唆弄的手段激怒明世宗，处杨继盛一百廷杖，投入诏狱处以死刑。杨临刑从容吟诗："浩气还太虚，丹心照千古。生平未报国，留作忠魂补。"

杨继盛伏尸西市（今北京西四牌楼），文坛名士"后七子"之一的宗臣亲至法场解下袍子遮盖了这位骨鲠铁汉的尸体，痛哭祭奠。杨继盛敢死，宗臣敢祭，实可谓"人如其文，文如其人"，凛然正气充塞了天地之间。

杨继盛是河北容城县人，进士出身。在南京任兵部员外郎时，即上"请罢马市疏"，揭露严嵩、严世藩、仇鸾的罪行，被免去官职，后因马市真相败露，才复职为兵部员外郎。但仍疾恶如仇，到职不到一个月便以忠奸不并立于朝的气概上"请诛贼臣疏"，弹劾严嵩。杨继盛的高风亮节为世人所敬仰，吴应棻在"请罢马市疏""请诛贼臣疏"卷首题词"千秋碧血"，纪晓岚、刘墉、左宗棠等一百六十四人在卷后均有题跋。

五、张居正之叹

（一）宰相之杰

自称"异端之尤"的李贽，誉称张居正为"宰相之杰"。朱元璋"废中书省，罢丞相"，并诏示子孙"永不再设"。六部、都察院、五军都督府等中央机关均直接对皇帝负责。可是后世子孙却不肯"勤政"，不是委政于宦官，就是委政于内阁大学士。仁宣两朝三杨辅政，以尚书之尊入阁办事，权势日尊。发展到嘉靖朝，严嵩当政，内阁首辅无宰相之名，有宰相之实。纵观有明一代能称为"权相"者，唯严嵩、张居正。严嵩遗臭千古，时人、后人均口诛笔伐。张居正是个有争议的人物，时人、后人对其均有不同的评价。

客观地说，张居正若不能誉为"宰相之杰"，亦可称为"办实事的人"，评功摆好有"政迹"可言：整饬吏治，清丈全国土地，推行"一条鞭法"；治理运河、黄河；任用戚继光镇守蓟边，封俺答汗为顺义王，长城沿线"军民乐业，不用兵革，岁省什七"。仅就推行"一条鞭法"而言，即可称之为改革家。

（二）个人的悲剧

张居正少年得志，大器早成。十二岁进学成为秀才，十六岁中举人，二十三岁中进士，任翰林院编修。七年后由于严嵩当政，国是日非，便称病归家，在半亩竹园中闭门读书。六年后遵父命重返京城，任国子监司业。隆庆元年入阁辅政，上《陈六事疏》。万历即位后张居正任首辅，把《陈六事疏》付诸实行，掀起雷厉风行的政治改革。

万历即位时年仅十岁，张居正获得了太后的支持，又内结太监冯保，故大权在握。万历对张居正言听计从，既尊重又敬畏。张居正秉政十年，据《明史纪事本末》载，太仓积粟可支十年，国库的存银达四百余万两，经济确实是搞了上去。万历十年（1582年）张居正病故，万历十一年追夺张居正官阶、封号，万历十二年（1584年）籍没家产，长子张敬修被迫自杀，次子张嗣修和众孙发配远边充军。

（三）历史的悲剧

严嵩误国，张居正兴国，可是两个人的结局几乎是等而同之。严嵩是权奸巨恶，罪有应得。张居正的身后结局，时人、后人大多发出一声由衷的长叹，长叹只是惋惜张居正的事业，并不是对张居正表示同情。张居正的个人结局于情屈，于法并不屈。所谓于情屈，就是张居正一生办了不少实事，万历初年明朝确实是"有了起色"。于法不屈是按照《大明律》对号入座，张居正的结局是理所当然。可是封建社会的法在执行的过程中"刑不上大夫，礼不下庶人"。对统治集团内部而言，"法"只是清除异己分子的工具，换句话而言，就是官场斗争中的异己分子才会被"绳之以法"。从这点来讲，张居正的结局在"法"上也显得"屈"了。

纵观张居正的一生，在办"实事"的过程中也办了不少"私事"。一身正气、两袖清风的海瑞姑且不论，和张居正一样位极人臣，办了不少实事的于谦，在明英宗复辟后被处斩抄家，于谦的住所"四壁萧然，寒素如书生"，执行抄家"公务"的锦衣卫旗校都感动得落了泪。张居正死后，"好货"的明神宗万历看上了张居正的财宝，太后也因万历之弟大婚的珠宝未备正在发愁。于是母子二人动了抄张家发笔横财的念头。能够让皇家眼热，不顾"寡恩"之讥，这笔财产绝不会是个小数。但又举棋不定，所以迟迟未动手，风声早已传出，张家进行了"财产转移"，可是仍然抄出了黄金一万两、白银十万两。

张居正理财的方针是开源节流。可是父丧奉旨回乡葬亲，乘坐"前轩后室"的三十二人大轿，轿两廊立有侍童听呼，监察御史在轿前开道，沿途地方长官跪接跪送。每餐酒菜一百样，张居正还说没有下箸处。真定知府钱普置苏州菜，始合张居正口味，张居正喜曰："吾至此地才得一饱。"其他官员闻讯，急募苏州厨子。

张居正奉旨接太夫人来京奉养，一路之上地方官竭尽逢迎之能事。行近黄河，张母忧曰："如此洪流，得无艰于涉乎？"地方官得知后"于河之南北，以舟相钩连，填土于上，插柳于两旁，舟行其间如陂塘"。故渡黄河之时，张母全然不知。行至通州，知州张纶"具绿豆粥以进，但设瓜、蔬、笋、蕨，而不列他味"。这个精心"调研"出来的食谱果然产生了奇效，张母到京后对儿子说："一路烦热，至通州一憩，始游清凉国。""次日，纶即拜户部"，捞了个"特大肥缺"。

张居正病休了数月，京城内外的各级官员纷纷为之设醮祷祝，"御史朱琏暑月马上首顶香炉，暴赤日中，行部畿内，以祷祝奉斋。箐部吏误进荤酒者，得外放"。

"戚继光之位三孤（加衔少保、少傅、少师），李成梁之封五等（有公、侯、伯、子、男的封爵）"对张居正皆自称"门下沐恩小的某万叩头跪禀"。此等称谓不符官制、世理、人情，时人、后人皆为之一叹。张居正厉行整顿吏治，却为儿子会试走后门，遇到抵制后，竟借故变更试期，以示"绝对权威"。再度开科，儿子果然喜跃龙门，成了进士公。《牡丹亭》作者汤显祖二十一岁时乡试中举，这位才子学识广博，于时文、时艺之外精通诸子百家、天文、地理、医药、乐理……为时人所慕，誉满海内。

张居止试图让儿子名登榜首，还要找几个名士来当陪衬，他看上了汤显祖，但遇到了直言拒绝。汤显祖相信自己的才能，不齿于"后门安排"，也不愿屈身捧场，结果自然是"落榜"。三年后，张居正再次要求汤显祖"合作"，又遇到了直言拒绝。汤显祖宁可弃考归乡，亦不出卖自己的人格。直到张居正死后，汤显祖才出山应试，中了进士。那一年他已经三十四岁了。

爱子之心人皆有之，为儿子走后门，红尘社会里实属难免。身居一人之下、亿人之上的大宰相，在儿子身上如此下功夫，而且手段和行径不但有失官体，而且有失士风和人格，欲以此道治天下，可乎！张居正的业绩莫过于"一条鞭法"，"一条鞭法"的实施无疑有助于资本主义因素的萌芽，是历史的进步。可是在实施的过程中"民亦怨之"。首先是各级官员知道张居正的目的是通过"一条鞭法"增加朝廷的收入，如在清查中不"达标"，对自己的仕途十分不利，所以在普查全国土田时用小尺丈量，使在册征粮田地达七百多万顷，比弘治时期增加了近三百万顷。这近三百万顷土地中有清查出的"私隐之田"，但小尺丈量出来的比例也不低，"胥吏舞弊"的对象当然不是"形势之家"，所以还是苦了小民。

其次是未能因地制宜，推行搞了"一刀切"。实行"一律征银""以银代役"。贫困地区的农产品商品化的水平极低，"征银""代役"的结果是使农民被迫接受商人的盘剥，雪上加霜，忍痛低价出售自己的农产品，"剪刀差"变得越来越大，农民除了破产别无他路。

再次是商人家财万贯，在"量地计丁"的过程中却负担极轻。万历九年通令全国实行"一条鞭法"，次年张居正病故，"一条鞭法"也就搁浅了。张居正即便继续执政，"一条鞭法"恐怕也难以在全国通行。因为落后地区的农产品根本没有可能成为商品。

"不以个人道德评论历史功过"，这句话有一定的道理，但是它的适用也要有一个前提，即个人的德行、声誉、形象不破坏自己的事业，目的、手段、效果三者间的关系最终还是要统一的。老子可以说是味尽世态的"大彻大悟者"，故云："天下熙熙皆为利来，天下攘攘皆为利往。"李卓吾认为：三代以下的人，唯恐其不好名。因为不好名者，在逐利过程中也就不择手段。其实"名""利"二字也是统一的。"为千秋计利"，客观上必然"万世留名"。为当前计利，也会名噪一时。为个人计利，也就难免在当代或在后代"令名不彰"，甚至臭名远扬了。因为"人民可以被欺骗，但不会永久被欺骗。一部分人可以永久被欺骗，但所有的人不会永久被欺骗"是宇内的真谛。

论及张居正肯定会波及"大节小节"之说，大节小节说的实质是有大节者是否应遵循小节，最实质的表述可以说是"法"是否是全社会共同遵守的。奴隶社会里没有奴隶主和奴隶共同遵守的法。封建社会里开始有了部分法律需要地主和农民共同遵守。在封建社会里，"下层"遵法是被迫的，"上层"遵法是自觉的。言其自觉是没有监督，"上层"遵法守纪全凭自己的道德规范，所以封建社会里的政治家，其个人道德不但影响着，而且左右自己的"事业"。在这种情况下，老百姓认为"有治人无治法"，不盼有"良法"而盼有"清官"。

张居正生前已经意识到自己结怨很深，但表示自己无所畏惧，尽管前进的路上会有陷阱拦路，众矢攒身。一个办实事的政治家结怨是正常现象，不结怨的人可以说是养尊处优的庸人。拿破仑生前在国内外结怨可谓深矣！但神圣同盟只是把他赶下政治舞台，不可能毁弃他的"成果"。拿破仑再次被流放到海岛之后，曾自豪地表示，他的胜利不是打过多次胜仗，因为以往的胜利在滑铁卢之役一笔勾销了。他给后世留下的"成果"是他所制定的法典，特别是《民法典》。的确，拿破仑制定的许多法律在法国，甚至在欧洲至今仍然发挥着影响和实效。

六、东林党人

明神宗皇后无子，皇长子朱常洛为王恭妃所生。万历十四年（1586年），明神宗宠爱的郑贵妃生皇子朱常洵，明神宗意立朱常洵为太子。封建皇统的承袭原则是"有嫡立嫡，无嫡立长"。因太子是"天下之本"，立长立幼之争也就成为争国本的"原则问题"，持续了十五年，直到万历二十九年（1601年）明神宗才册立朱常洛为太子，持正统观念的士大夫获得了所谓的胜利。

在"争国本"时，吏部文选郎中顾宪成力主册立朱常洛，明神宗内心非常不满。万历二十二年（1594年）推举阁臣时，顾宪成推举因拥立朱常洛为太子而被解职的前首辅王家屏。两次"忤圣意"，使明神宗异常愤怒，将顾宪成罢官。顾丢官后回到原籍无锡和高攀龙、钱一本等志同道合之士在东林书院讲学，"抱道忤时"的各阶层士大夫纷纷闻风响附，在东林书院讽议时政，臧否人物，自负气节以示不苟合于世道。这些言论得到对当轴者不满的各阶层人士的广泛支持，朝中和他们观点相同的官僚士大夫遥相呼应。东林书院成了社会舆论中心，反对派称之为东林党。

万历四十八年（1620年），明神宗和明光宗（朱常洛）在两个月内相继病故，明光宗皇长子朱由校即位，庙号熹宗。东林党人重返政治舞台，盛极一时。明熹宗幼年丧母，由奶妈客氏抚养长大，即位后封客氏为"奉圣夫人"，同时提拔与客氏有暧昧关系的魏忠贤为司礼秉笔太监。魏忠贤很快就控制了锦衣卫和东厂，形成了阉党专政的局面。天启二年（1622年）以后，刑部尚书王纪、礼部尚书孙慎行、左都御史邹元标、副都御史冯从吾等先后被迫辞官。

天启四年（1624年），左副都御史杨涟上疏弹劾魏忠贤二十四大罪，要求严惩魏忠贤"以正国法"，逐客氏出内宫"以消隐忧"。继杨涟之后，御史袁化中、周宗建、黄尊素，给事中陈良训、魏大中、万燝、周之纲，吏部郎中邹维琏，兵部尚书赵彦等人先后上疏百余，弹劾魏忠贤。最高学府国子监祭酒（校长）蔡毅中等师生一千余人纷纷上疏弹劾魏忠贤。国子监的学生由于无上疏之权，只好请通政司代奏，这些奏疏均被"拒收"。国子监师生群起弹劾魏忠贤，不但在当时造成了巨大的声势和影响，在历史上也具有深远的意义。上疏和集体请愿，它代表了学生士大夫阶层的总体趋向，反映了以天下为己任的忧国忧民情怀，而且敢于直面廷杖、诏狱、谪戍。在个人仕途和国家前途的心灵天平上，国家的前途要远远重于个人仕途，因为阿附魏忠贤、投靠阉党是飞黄腾达的捷径。今日卖身投靠，明日即可加官晋爵，但士不齿为之；弹劾魏忠贤有不测之祸，但士不苟避之。

魏忠贤为了保住自己，只好对东林党人进行大屠杀。炮制了《东林七录》为黑名单，假借皇帝的名义将杨涟、左光斗、袁化中、魏大中、周朝瑞、顾大章逮捕入狱，严刑拷打，六人惨死狱中，时人称为"东林六君子"。魏忠贤的暴行得逞之后又进一步将东林党人一网打尽，以朝廷的名义将三百零九人榜示天下，凡列名榜上者，生者削职为民，死者追夺官爵。

天启六年（1626年），魏忠贤命修《三朝要典》，将"梃击""红丸""移宫"三案"平反"，并以之为迫害东林党人的重要武器，将周宗建、缪昌期、高攀龙、周顺昌、李应升、黄尊素、周起元逮捕入狱。高攀龙义不受辱，"效屈平之遗"投水自尽，其余六人均在狱中受尽酷刑而死。

天启七年，明熹宗死，无子，由其弟信王朱由检继位，年号崇祯。崇祯在即位前虽为亲王，但深知"魏患"之害，即位后开始削夺魏忠贤的权力。贡生钱嘉徵上疏弹劾魏忠贤十大罪：并帝、蔑后、弄兵、无二祖列宗、克削亲王、无圣、滥爵、邀边功、伤民财、褒名器。小小贡生敢于发难，一石激起千层浪，群臣纷纷交章弹劾。崇祯见时机已经成熟，将魏忠贤发配到凤阳守陵，并籍其家。魏在途中畏罪自杀，诏磔其尸，笞杀客氏于浣衣局。廷臣上《钦定逆案》诏刊全国，阉党二百六十人分别定为斩首、充军、革职等罪。下诏焚《三朝要典》，为被害的东林党人平反昭雪。

钱穆先生认为东林所言的"是非""好恶"渊源于王阳明的"良知""立诚""知行合一"。而明清之际诸家治学，尚多东林遗绪，得东林遗风之一二。

七、首善之区的呐喊

朱元璋颇知舆论监督的重要性，凡是有关基层的文件均"榜之于学宫"，让读书识字的人掌握文件精神，目的是监督文件的执行。可是舆论并非仅限于对文件的执行过程进行监督，还会对文件本身进行评议，甚至指责。于是"学宫"之中也就出现了评议时政、讽议时政的言论。

明代北京书院林立，见诸史载的有通惠书院、双鹤书院、马闻道书院、白檀书院、首善书院……各阶层的士大夫聚于书院之中或主讲或听讲，质疑答疑。儒学本身就充满了积极用世的精神，所以在宣讲、论难的过程之中不可避免地要"理论联系实际"。于是书院也就成了舆论中心。《左传》中有孔子称赞子产不毁乡校："郑人游于乡校，以论执政。然明谓子产曰：'毁乡校何如？'子产曰：'何为？夫人朝夕退而游焉，以议执政之善否。其所善者，吾则行之，其所恶者，吾则否之，是吾师也。若之何毁之？我闻忠善以损怨。不闻作威以防怨。岂不遽止？然犹防川，大决所犯，伤人必多，吾不克救也，不如小决使道，不如吾闻而药之也。'然明曰：'蔑也，今而后知吾子之信可事也。小人实不才，若果行此，其郑国实赖之，岂惟二三臣。'仲尼闻是语也，曰：'以是观之，人谓子产不仁，吾不信也。'"史书中有明朝数毁书院的记载，书院随毁随建，说明了舆论实难钳制。最可悲的是毁书院者并非只是魏忠贤之流的逆阉，张居正于万历七年（1579年）亦有毁书院之举，令天下书院皆改为公廨。由此看来，尽管明朝实行思想禁锢和特务统治，但对"书院"还是难以控制。士大夫立于书院讲台上的时候，最易焕发出儒者的初衷，激发出对时代、对历史的责任感和使命感，于是"书院"之中往往迸发出时代的最强音。

　　首善书院与东林书院齐名并驱，各领北、南风骚。首善书院之名取意"京师乃首善之区"，创办人为左都御史邹元标、副都御史冯从吾。《明史纪事本末》中盛称两先生是"真理学、真骨力、真节气、真情操"（从四个"真"字来看，假者大有人在）。《春明梦余录》中亦载"两先生退朝公余，不通宾客、不赴宴会，辄入书院讲学，绅衿有志于学者，环而静听，或间出问难，士风为之稍变"。邹、冯在讲学的过程中评议历代政事，强调为人应顾名义、重气节、知廉耻。这对士大夫之中的无耻之徒卖身投靠阉党是有力的抨击。所以"一时听者甚众，北京城中街谈巷议皆言首善之学"，重名节、明是非成为士大夫所追求的真谛。在逆境中砥砺名节也就是坚持真理（明是非）；坚持真理才能砥砺名节。把名节和是非联系到了一起，当时的名节也就注入了新的内容，不仅仅是恪守纲常之道了，更不是单方面的尽封建义务，而是有了是非标准。东林党人临难不苟免、视死如归的大无畏精神，如果说是恪守纲常之道，也给纲常之道增添了时代的内容，甚至可以说已超越了纲常之道的桎梏。当然当时的真理还不可能摆脱纲常之道，但毕竟已有是非可明了。

　　首善书院和东林书院北、南遥相呼应，以讲学为名抨击时政，号召士大夫们知廉耻、明是非、讲名节，其实质是激励壮志与豪情，誓与阉党进行不妥协的斗争。魏忠贤视首善书院的呼声为洪水猛兽，于天启四年六月将首善书院封闭，后又封毁了全国所有的书院，禁止讲学。借以压制东林党人和广大士大夫阶层的人士对时政的评议和指责。崇祯即位后，尽管朝臣们一再奏请恢复首善书院，但始终未获许。因为称孤道寡者均最讨厌舆论对其行径进行监督，何况崇祯是个生性多疑刚愎自用之人。崇祯在首善书院旧址之上建西洋历局，今宣武门内的"南堂"即是昔日的首善书院。

　　理学"存天理，灭人欲"之说的反动实质在于把"天理"（纲常之道）解释成"下"对"上"，全国臣民对最高统治者皇帝的片面义务，把"人欲"诬为人生不正当的追求。这种扭曲必然导致社会上产生畸形的意识形态（没有存在基础的意识形态），而最高统治者对畸形意识形态的提倡必然导致世人二重人格。因为二重人格的人才能适应畸形的意识形态。

理学作为一种思想体系，可以有不同的理解和解释。关键的问题是各阶层，包括最高统治者在内是否都要共同按天理办事，也就是说，封建道德规范是否要共同遵守。对"人欲"的认识关键的问题是人欲，是人生的正当追求，还是贪婪驱动下的攫取。

如果说理学"存天理，灭人欲"之说也产生过积极的意义，就是明朝的京城士大夫们在政治实践中对最高统治者提出了"存天理"的要求——皇上也要按封建道德规范办事；也提出了"灭人欲"的要求——皇上也要克制自己的邪欲。具体的表现就是阻止武宗游官府、幸女乐和南巡，礼仪之争和海瑞谏世宗枉求长生，国本之争……"存天理，灭人欲"之说由"下"对"上"，全国臣民对最高统治者片面的义务发展成为最高统治者也要遵守的道德规范。最高统治者不遵行时，不只是个体的强谏、强诤，而且发展成群体行动。由个体的抗争发展成群体的抗争，无疑是社会思潮的趋向。如果说南宋的农民起义军提出"等富贵、均贫贱"的要求，是对封建等级制度的根本否定，这种否定是来自敌对阶级的呼声，那么士大夫阶层要求最高统治者"存天理，灭人欲"则是来自统治阶级内部的呼声。这种呼声的实质亦是向等级制度发出了挑战，因为封建社会等级制度的基础就是"下"对"上"，全国臣民对最高统治者单方面承担义务，由单方面的义务发展成共同遵守的准则，这种变化说明了统治阶级的内部群众也开始觉醒了，由"极谏""苦谏"发展成群体性的大声疾呼。大声疾呼就是要引起社会的重视、视听的注意，发挥舆论监督的作用。把最高统治者置于"清议"的监督之下，这在中国封建社会里是空前绝后的。孔子提倡为尊者隐，孔子以后历朝的士大夫也决不会和最高统治者对着干。有清一代士大夫们也没有群体性地对最高统治者提出"存天理，灭人欲"的要求，空前绝后的现象发生在明代，这很值得进行深入的研讨。

东林的思想有其理论体系上的继承性，在实践中也会向着不同的方向发展，南宋时期陆九渊即提出了"君尽君道，臣尽臣道，父尽父道，子尽子道"。这就是对于"道"（封建伦理道德）要"上""下"共同遵守的要求。明代的士大夫在政治实践中进一步认识到"道"一定要"上""下"共同遵守，否则就会出现君不君、臣不臣、父不父、子不子的全面社会危机。陆九渊的"共同遵守论"，有元一代不可能在政治实践中得到反映。因为三等公民、四等公民是不可能要求最高统治者对"下"承担义务的。明朝的建立使士大夫们恢复了一等公民的身份地位，一等公民立于庙堂之上当然要发表自己的政见，于是陆九渊的"共同遵守论"也就在政治实践中得到了反映。

明代中叶以后，东南沿海地区产生了资本主义因素的萌芽。资产阶级意识形态对封建意识形态的最初否定就是否定封建等级制度，否定片面的封建义务。明代的京城士大夫群体中，东南沿海地区的人士占有相当高的比例。京城士大夫要求最高统治者"存天理，灭人欲"就是对片面封建义务的最初否定，最初的否定只能在"共同遵守"的前提下表现出来。

明朝的政治体系是集权、专制、独裁。为了保障集权、专制、独裁的政治体制的有效实施，又利用厂卫进行特务统治。特务统治的实质在某种程度上可以说是禁锢思想、统一舆论。数毁书院就是具体的表现形式之一，书院毁而复设，设而复毁说明了斗争的激烈。书院之中聚徒讲学的过程中也就产生了士大夫群体的凝聚力、感染力，焕发了士大夫群体的正气、正风。正气、正风陶铸了蔑视厂卫敢于面对诏狱和廷杖的正人，正人的感染力又进一步树立了正气和正风。

八、君昏臣正

明王朝的皇帝自明仁宗以后大多是幼主、昏君，甚至是即位时是幼主，长成后是昏君。但在崇祯后期之前，尽管发生了许多动荡，从整体上还没有发展到崩溃的边缘。从理论来讲，明王朝时中国封建社会已进入后期，封建制度从各方面表现出衰老和腐朽。建立在衰老和腐朽基础之上的帝国又遇幼主、昏君当朝，宦官专权，竟能传十六帝，历二百七十六年，这不能不说是个"奇迹"。发生这种奇迹的原因很多，君虽昏，臣却正，不能不说是原因之一。

所谓的臣正，首先是明朝科举出身的官僚士大夫均接受过封建正统教育。其次是官僚士大夫之中不乏封建社会中的"正人君子"。再次是正人君子形成了群体，庙堂之上有正气、社会上有正风。早在谏明武宗南巡时就显示出京城士大夫群体的正气和北京民众的正风，东林党人亦是在砥砺名节讲求清议之中进一步形成的士大夫群体。鲁迅先生在评论东林党人时曾指出："有人认为东林党人疾恶如仇操之过急，殊不知坏人亦疾善如仇。"万历朝张居正推行"一条鞭法"后，税收一律征银，农民生产出的产品必须通过"市场"去交易才能变成银两，在这种情况下，小农经济生产出的产品已经是"商品"。商品经济的发展使东南沿海地区产生了资本主义因素的"萌芽"，东林党人是否和"萌芽"有内在关系，无疑是值得深入探讨的问题。东林党人面对着"风声、雨声、读书声，声声入耳"，采取的态度是"家事、国事、天下事，事事关心"，而且是"莫道书生空议论，头颅掷处血斑斑"。其气节确实已经超出了封建社会内部的官僚党争的范畴。

科举制度下培养选拔出的官僚士大夫之中，也不乏阿附党同王振、刘瑾、严嵩、魏忠贤之士，这也无足为怪。"书中自有千钟粟、书中自有黄金屋、书中有马多如簇、书中自有颜如玉"是封建社会公认之论，读书的目的虽说是"达则兼济天下"，但"脱贫致富""封妻荫子"也是"兼济天下"的必然结果，二者发生矛盾时选择"脱贫致富""封妻荫子"道路者当然也不乏其人。但相比较起来，欲兼济天下者还是居京城士大夫阶层的主流。否则也就不会有谏武宗南巡、礼仪之争、国本之争，弹劾严嵩、魏忠贤等震撼京城的政治事件。王振"专宠"于明英宗，但在三杨（杨荣、杨溥、杨士奇）的抵制下未能"专权"，直到杨荣、杨士奇病故，杨溥老病之后才肆无忌惮，为所欲为，导致"土木之变"。刘瑾横行只有四年即被处以剐刑，魏忠贤猖狂也只有四年即畏罪自杀，严嵩虽弄权近二十年，但也是一朝失宠于皇帝立即成为阶下之人。这说明了具有以天下为己任观念的官僚士大夫在明廷有深厚的基础。阿附党同逆首者并没有真正的实力和社会影响。

有明一代四大权奸依次可排为王振、刘瑾、严嵩、魏忠贤。只有昏君当朝才会产生权奸。故王振与明英宗、刘瑾与明武宗、严嵩与明世宗、魏忠贤与明熹宗皆可谓有其君必有其臣；有其臣必有其君。仁宗以后每当昏君驾崩、幼主临朝之时，辅臣们才有机会以"先帝遗诏"的形式对朝纲进行一次整顿，使朝政多少有些起色。但幼主很快就变成了昏君，弄得朝纲不正，朝政日非。

明武宗死后，大学士杨廷和以明武宗名义发布遗诏："罢威武团练诸军、关闭所有皇店、废豹房和宣府行宫。"明世宗嘉靖即位时年仅十五，杨廷和又借起草即位诏书之机，用明世宗名义进一步实行改革，裁汰锦衣卫、内监诸局的旗校、工役十四万八千七百余人，减少漕粮一百五十三万二千余石，并斥退奸佞之臣，革除扰民暴政。天下臣民颂新天子圣明，赞杨廷和辅佐之功。但三年之后，杨廷和被迫辞职，嘉靖开始了祸国殃民的昏君生涯。

嘉靖死后，首辅徐阶受命起草遗诏，他遵杨廷和的前例，用明世宗遗诏的名义拨乱反正，兴利除弊，实为万历朝张居正改革的前驱。

九、书生误国论

明朝的各级官员大多是监生、举人、进士出身，接受过正统的儒家教育，可是明朝亡得很惨。对于明朝的灭亡，一些旧史学家百思不得其解，于是产生了"书生误国论"。认为"君（崇祯）非亡国之君，臣实亡国之臣"。

其实，崇祯是个地地道道的亡国之君。他在位十七年中大约任用了五十名内阁辅臣，实可谓无知人之明而又苛刻寡恩，在内外交困之中不亡何待。明初，朱元璋所网罗的士大夫均在压抑中生活过，在苦难中磨炼过。正如孟子所言："天将降大任于是人也，必先苦其心志，劳其筋骨，饿其体肤，空乏其身，行拂乱其所为，所以动心忍性，增益其所不能。"所以能承其大任。随着"天下承平日久"，士大夫们不知何为"压抑"，更没有经历过"磨难"，凭着十年寒窗所接受的正统教育就踏上了仕途，空有兼济天下之志，实缺兼济天下之术。在政治斗争中意气用事，虽然敢说、敢哭、敢骂，但终归无济于事。于是"书生气十足"也就成了贬义，也就成了不堪大用的同义语。可是稍有才略的皇帝知道，"书生气"也就是"正气"。乾隆曾经对臣下表示：一些大臣认为下属不堪任用时经常贬以"书生气十足"，殊不知朕最喜欢"书生气十足之人"。由此可知各级官员之中多几分书生气（儒家道德规范），少几分官僚气，实是皇家的福音。至于"党同伐异"之侪，实乃官僚的行径。"书生气十足之人"在官场上绝对斗不过"官僚气十足之人",故汉之清流至明之东林均难成其大事。有明一代实可谓昏君、官僚误国。若无书生"力挽",明王朝何能传至崇祯才亡国?

书生误国论的"国",所指系明朝,所以确切地说应是"书生误明论"。此论首创于清初的理学家,认为嘉靖、万历以后心学泛滥,人怀异想,持异论,放言肆说,于是圣道大坏。如果说心学也产生过积极的作用,就是中国的主观唯心主义者有解放思想的传统,在考虑问题时以"我"为核心,一旦冲决"纲常规矩",就可能成为"异端"。故持"书生误明论"者,甚至把明亡归于王守仁的学说"肆惑天下"。认为如果没有陆王心学,程朱理学一统天下,世人皆囿于"朱注"之中,天下也就太平无事了。如果程朱理学在明朝一统天下,世人皆遵朱注之道而行,朱氏的统治或许可以多延续一些时间。

但封建社会的后期,思想界势必变得异常活跃,各阶层的思想意识均会获得不同程度的解放。在解放思想的过程中,士大夫阶层的人士必首当其冲。正因如此,自武宗正德年间始,明朝的君权和臣权发生了多次冲突,尽管这种君权和臣权之间的冲突是以扭曲的形式出现的,但说明了"书生"在思想上得到一定的解放之后,其群体的行动已在客观上为自己争臣权。这在理学家看来,君为臣纲的"天理"已经动摇了。"书生"们"倡清议,重名节,明是非",其实质是提倡舆论监督、重视个人节操、不苟同、不阿附,要有自己的是非标准,而这一切,均被最高统治者及其代言人理学家归为"生异念,持异说,行离道轨"。于是得出结论,"好端端的一个大明朝",就毁在了"书生"的手中。明朝是亡于昏君还是亡于"书生",本是不辨已明,但最高统治者的代言人——理学家总要给主子找回点儿面子,于是搜尽枯肠制造了"君非亡国之君,臣实亡国之臣"的"书生误明论"。

十、君权与臣权

(一) 不受限制的君权

商鞅变法之前,领主制在我国普遍存在,各级领主均是政治、经济、军事上的实体。平王东迁之后，周天子固然是徒拥名号的天下共主，诸侯之中也发生了齐国的田氏取代姜氏，晋国的三家权臣分晋为韩、赵、魏三国。君权不但受到权臣的限制，而且受到取而代之的威胁。秦汉统一之后，领主制不复存在，但豪门世族开始兴起。魏晋南北朝时期实行"九品中正制"，士族成为相对独立的政治力量。改朝换代的政治巨变之中，新皇朝的统治者都要对士族表示尊重，以便获得支持。隋唐统一以后，士族政治受到严重打击，科举制度的确立，使士族进一步失去了仕途上的优势。唐末农民起义和五代十国时期的大动荡，使士族的政治彻底退出了历史舞台。两宋时期，皇权可以说是不再受到统治阶级内部的任何制约。但赵宋皇帝一直处于"子孙困于'敌国'"之境，皇权的发展也就受到了客观环境的制约。辽、金、元三朝初创之时，均带有氏族制的残余。金熙宗之前的勃极烈制，元世祖之前的忽里勒台制均是对皇权的限制。因为帝位的承袭要经过"公举"和"认可"，贵族在政治舞台上还是具有发言权。终三朝之世，贵族仍然在政治舞台上具有影响，皇权也就要受到一定程度的制约。

永乐之后，明王朝的皇室贵族只具有经济上的特权，开国元勋早在洪武年间被诛杀殆尽，传统的世家早已随着科举制度的兴起而退出了历史舞台。在统治阶级内部制约皇权的力量不复存在，皇权具有至高无上的权威。明王朝由创始到灭亡，一直处于高度的统一政局之下。所以皇权的发展亦不受客观环境的限制，集权的趋向也没有受到过制约。

（二）科举制度下的臣权

春秋、战国时期，世卿的臣权基础是领主制的层层分封。两汉臣权的基础是豪门世族政治、经济、军事力量的迅速增长。魏晋、南北朝臣权的基础是相对独立于皇权的士族政治。隋唐科举制度确立以后，士大夫阶层的臣权只能依托于科举制度，所凭借的只能是封建道德规范。

领主、贵族、士族在政治、经济、军事、文化上的存在是客观的，作为个体和群体来说都是相对稳定的，其所凭借的是自己的实力。君权和臣权之间的平衡与冲突；君权对臣权的制约，臣权对君权的制约完全取决于力量的对比。

唐代科举制度虽然已经开始确立，但士族并没有完全退出历史舞台。在升平的环境下关陇军事贵族得到发展，山东旧士族也得到了一定的恢复。安史之乱以后，藩镇割据之势业已形成，而且割据的范围不断扩大，士族和藩镇的势力均对皇权有一定的制约。唐朝中叶以后，士族、藩镇、科举士大夫阶层、宦官集团四者在政治舞台上角逐，具体反映为牛李党争、朝官和宦官之争、朝廷和藩镇之争，君权受到了藩镇和宦官的挑战。科举出身的士大夫官僚集团和皇帝之间尚不存在君权与臣权之间的制约问题。

处于内外交困之中的宋朝特别注意维护统治阶级内部的团结，君权与臣权之间的矛盾又受到客观环境的制约，并不突出。但理学和心学的产生，从另一个侧面说明了封建社会巅峰期之后，在走下坡路的过程中，君权和臣权之间的矛盾已不容回避了。由于宋代不存在士族、藩镇、宦官对皇权的制约，臣权的主体已是士大夫阶层人士。恩荫三世的宦门子弟，溯其先人也大多是科举出身。

辽、金、元三朝，汉族士大夫以二等公民，甚至三等公民、四等公民的身份立足于政坛，其臣权难以提到正常地位上来。明王朝的建立，使士大夫们不但恢复了一等公民的身份，而且在政坛上居于了主导地位，有明一代的各级官员，可以说大多是进士、举人、监生出身，属于士大夫阶层的人士。在政治舞台上，士大夫阶层的对立面是宦官集团，在两者的冲突之中，作为个体来说，士大夫中不乏失败者，作为一个阶层来说，宦官专权时期士大夫阶层的地位还是岿然不动的。而且有明一代虽有"宦官之祸"，但宦官完全是皇帝的家奴，不可能向皇权发出挑战。在这种情况下，君权和臣权之间的矛盾只能通过皇帝和士大夫阶层的冲突表现出来。

在统治阶级内部，随着士大夫阶层在政治舞台上的影响扩大，士大夫阶层的人士在尽为臣的义务时也就要求享受为臣的权利，其表现形式是要求最高统治者皇帝也要遵守儒家的道德规范，对儒家道德规范的遵守，也就是对士大夫阶层臣权的尊重。士大夫个体之间对权利和义务比值的主观容忍度的差异是相当大的，但从整体来讲，又有一个共同的趋向，于是在此基础之上形成了群体。谏武宗南巡、礼仪之争、国本之争就是君权超越了京城士大夫群体的主观容忍度，于是就产生了群体性的抗争，捍卫自己的臣权。

（三）君权与臣权冲突的扭曲表现

奴隶社会退出历史舞台之后，取而代之的是封建社会。顾名思义，封建社会是"封爵建国"的领主制社会。国王（皇帝）之下，公、侯、伯、子、男均具有自己的采邑（封地），层层对自己的领有者负责。欧洲封建社会各级领主之间的权利和义务泾渭分明，"我的附庸的附庸不是我的附庸"。也就是说，各级领主之间不能越级承担义务享受权利，君权和臣权均受到了层层的制约。这种制约既表现在形式上，更表现在实力的对比。从总体来讲，贵族的权利（臣权）是对王权的一种限制和制约的力量。而教会的力量对君权和臣权又都存在限制和制约。

中国封建社会可以说是不存在层层的领主分封制。与其说中国封建社会"不典型"，不如说是"封建"二字只是在世界范围内达到统一的一种借用，以便泛指中世纪时期。甚至可以说中国封建社会之所以称为封建社会是欧洲中心论的影响，是一种同欧洲"划一"的历史遗留。

自秦汉统一之后，中国的君权从总体来说一直处于不断加强的过程之中，呈步步上升趋势，君权巅峰的标志是清代雍正朝设立军机处。中国的臣权自秦汉统一后，从总体来说亦处于不断衰微的过程之中，呈步步下降的趋势。臣权最低谷的标志亦是清代雍正朝设立的军机处。军机处体制的确立标志着君权不再受到任何制约与限制，臣权不复存在。在这两千多年的时间里，少数民族所建立的王朝臣权所依恃的是氏族制的残余，亦可认为是贵族们所拥有的实力。但随着汉化的进程，氏族制的残余迅速消失，贵族的实力也就不复存在。贵族的臣权亦随之衰微，只能在形式上保留着一些所谓的遗存。汉族所建立的王朝，臣权所依恃的是士族制度与科举制度，士族政治退出历史舞台后，科举制度也就成为士大夫阶层臣权的唯一依托。士大夫作为个体与群体立足政坛，其凭借的是腹中五车诗书所载的儒家道统和文统。也就是说，君权尊重儒家的道德规范，也就是尊重了士大夫阶层的臣权。

明朝建立之时，中国封建社会已进入了后期，面临着一场新形势之下的

"礼崩乐坏""人欲横流"。各阶级、阶层、社会集团均要求对立面"复礼"，但自己却又很难"克己"。因为这时候的"复礼"和"克己"在传统的内容之外已经均注入了新的要求，新的要求是在新的形势下产生的，即皇权不受到任何限制，当然也就不受儒家道德规范的制约，皇帝用不着"克己"，只要求臣下"复礼"，但复礼不仅是恪守纲常之道，而是绝对遵从不受限制的皇权的绝对权威。而臣权的观念在此时也产生了，尽管广大士大夫阶层人士对臣权的观念并不是自觉的，只是认识到儒家道德规范是君臣均须遵守的。从客观来讲，皇帝只要遵守儒家的道德规范，士大夫阶层的臣权也就有了保障。从士大夫阶层人士主观来说，确实还没有认识到要向皇帝争自己的臣权，但皇帝已经敏感地认识到自己的君权受到了挑战，所以挥舞着廷杖，捍卫皇权的绝对权威。在统治阶级内部需要用如此野蛮的方式捍卫皇权的尊严，说明了皇权在不断加强的同时，也在空前地贬值。

从世界史的总体来讲，封建社会的晚期由于宗教势力的削弱，君权和臣权的矛盾开始突出，其冲突表现在政治、经济方面的利益上。矛盾和冲突虽然均发生在统治阶级内部，但又都和新的生产力的产生、新的经济领域的出现、新的政治要求的提出、新的意识形态的发展有直接的联系。明朝君权和臣权之间的冲突，发生在明代正德年间以后，应该说是和封建商品经济的发展、王阳明心学体系的产生，以至于和东南沿海地区资本主义因素的萌芽有一定的内在联系。但由于士大夫阶层的存在和发展，不是凭借政治、经济的实力，而是完全依托于科举制度，所以其臣权也就只能依恃儒家的道德规范。

君权和臣权之间的冲突不可能表现在政治、经济利益方面，而是以扭曲的形式反映出来，只是要求皇帝遵守儒家的道德规范，但对于一个不具有实力和君权对抗的阶层来说，呻吟声中的要求也会遭到血腥的廷杖。因为对于最高统治者来说，有力量挥舞屠刀时绝不会放下屠刀；有力量挥舞廷杖时绝不会放下廷杖。对敌对阶级是这样，在本阶级内部也是这样，政治斗争中绝不会手软。

中国封建社会君权和臣权的冲突在明代正德以后发生，不是历史的偶然，而是有着深刻的社会基础，并带有时代的音符，但廷杖无疑宣布了朱氏皇帝不承认任何臣权。否定了臣权的存在，也就使君权陷入极端孤立之中。

因为君权和臣权是对立的统一体，在内部是对立的，对敌对阶级、敌对势力来讲又是统一的。崇祯皇帝苦撑了十七年后，农民起义军攻破北京外城之际，在"鸣钟集百官，无一至者"的情况下，也就只能在景山古槐上结束了朱明王朝，结束了自己可悲的一生。其实，朱氏的廷杖葬送了自己，却为爱新觉罗氏陶范了为臣之道，使为臣之道和为奴之道完全重合为一体。故有清一代废弃了廷杖，但士大夫阶层的臣权不仅没有直接在政治、经济领域中表现出来，也未能以扭曲的形式表现出来。因为为臣之道和为奴之道已重合为一体，各级"奴才"是不会提出"奴权"的。

第四节　反理学的思潮

明初封建统治者尊崇程朱理学，科举考试以"朱注"为准则，否则就是"离经叛道"，所以明代学者和清代学者均有明朝"以理学开国"之说。统治者极力推崇提倡，但理学还是日趋衰落。所谓的"理学名家""名儒""大儒""醇儒"，均表现出十足的迂腐无能。明中叶以后，随着社会矛盾的激化，不仅政治危机严重，同时也出现了思想危机，旧的理学已经不可能解决现实存在的社会危机。统治阶级内部的一些人开始对理学产生了怀疑，于是站在不同的立场之上另辟蹊径，寻求新的哲理。在这种形势下，王守仁、李贽应时而出，建立了自己的哲学理论体系，同时也代表了士大夫阶层的两种趋向。

一、心外无物、心外无理的王守仁学说

王守仁（1472—1529 年）出身于官僚地主家庭，其父王华曾任南京吏部尚书。王守仁二十八岁中进士，进入仕途。明武宗正德元年（1506 年）因触犯刘瑾被贬谪到贵州龙场驿当驿丞，晚年曾任南京兵部尚书、江西巡抚等要

职，受封为新建伯。

王守仁二十一岁时随父寓居北京，和友人面对着庭院内的竹子苦思冥想，企图从"格"竹子来体认"天理"。经历了七天，毫无所得，反而病倒了。失望之余遂弃朱熹"格物致知"之说。在养病的过程中，向和尚请问禅机，在思想上颇受禅宗主观唯心主义的影响。于是发展了陆九渊"宇宙便是吾心，吾心便是宇宙"之说，进而提出了"心外无物""心外无理"的观点，构成了主观唯心主义的体系。王守仁的"心学"和佛教中的禅宗一样简而易行：只要人固有的"良知"得到恢复，就能不为"私欲障碍"。其实质还是"存天理，灭人欲"的说教。"天理"就是统治阶级的最高利益，"人欲"就是老百姓的正当要求。

王守仁的"知行合一"说是建立在批判朱熹先知后行论的基础之上的。先知后行造成了"知行脱节""知而不行""知行殊途""言行不一"，流弊甚广。故王守仁提出"食味之美恶，必待入口而后知""知而不行，只是未知"，可谓心学之中亦有实效论。

总之，王守仁的心学是在批判居儒学正宗地位的朱熹哲学体系基础之上建立起来的主观唯心主义论，在打破思想界的僵化、因循守旧方面起到了积极的作用。故此"心学"在嘉万时期曾经风靡一时。但这套主观唯心主义的理论是在明朝封建统治发生危机、客观唯心主义无能为力的情况下应运而生的。纵观王守仁的一生，在镇压农民起义军时可谓"刽子手"，在"致良知"的说教中又像个"牧师"，"刽子手"和"牧师"合二为一构成了王守仁的一生。但这不是个人道德上的"二重人格"，而是其阶级地位、政治立场、个人的抱负所决定的。如果王守仁生于封建社会上升时期的盛世，他一定是一个劝人向善的好"牧师"。可是他生不逢时，生于明朝的中叶，"儒经"已经过时了，理论实难联系实际，所以"牧师"在布道时要自己编写补充教材，补充的教材简而明，即外间的一切不必问了，求诸吾心（自己的心）即可以"致良知"。"心即道、道即天"，"知心即知道、知天"。"圣朝"的赤子"性无不善，故知无不良"。为圣朝育人，就是教赤子对社会上已不存在的纲常之道求诸己心。对于拒绝走进"教堂"听他布道的"异教徒"，"牧师"当然不会心慈手软，放下"圣经",举起利剑,也就为圣朝诛叛。故王守仁非"二重人格"之士,而是一个目的——维护封建秩序,两种手段——"牧师"和"刽子手"。

主观唯心主义者思想都比较解放,思考问题以"我"为核心,故敢于反对崇拜偶像,有独立思考的精神。所以王守仁认为求之心而得,虽其言非出于孔子,也不敢以为非;求之心而不得,虽其言出于孔子,亦不敢以为是(《阳明文集·答罗整庵少宰书》),这种观点给后世以巨大的影响。李贽发扬了这种观点,进一步提出了不应以孔子的是非为是非。东林学派的代表人物顾宪成、高攀龙提倡"重名节、明是非",把名节和是非标准联系到了一起,应该说是受到了王学的启迪,以对是非的独立思考,给名节注入了时代的内容。

由于王守仁的学说提倡独立思考,思想比较解放,故很快发展为浙中、江右、南中、楚中、北方、粤闽、泰州七个流派。泰州派的王艮为王学左派,把"道"解释为"以百姓日用之道为本"的"立身之学",凡是适用于"百姓日用"的就是"道",就是"天理",也就是"真理""真学问"。嘉靖二年(1523年)王艮周游各地之后,乘着自制的古车,穿戴古衣冠到北京讲学,"都人以怪魁目之"。其实,唤起以往的亡灵,是在赞美新的斗争,王艮以怪魁的姿态出现在京师,正是对传统理学的一种挑战。王艮之后泰州学派的颜钧、何心隐进一步超越了名教的羁绊,成为统治阶级心目中的异端。正因如此,王守仁虽然为明朝竭尽"牧师"和"刽子手"的双重职责,但王学在嘉靖、万历之后不但未能长盛不衰,清代的道学先生甚至把明亡的责任归为王学泛滥,因为王学开启了独立思考、解放思想的一叶小窗,尽管这不是王守仁的初衷。

二、不以孔子定是非的李贽学说

明朝中叶以后,随着社会矛盾的加剧,政治危机日益严重。朱熹的客观唯心主义固然早失时效,王守仁的主观唯心主义也难以挽救世道人心,而是越发展越流于空虚,流弊日甚。顾宪成在评论王学演变时说:"陵夷至今,议论益玄,习尚益下。高之放诞而不经;卑之顽钝而无耻。"因为主观唯心主义可以回避一切客观现实，既可以用主观去拥抱客观，也可以用主观去压制客观。在这种情况下李贽以"异端"的姿态挺身而出，大胆地否定理学，同时也不受王守仁心学的束缚，公开向封建传统观念提出了挑战。

李贽（1527—1602年）号卓吾，福建泉州人，生于海商世家。其先辈大都从事航海经商，或充当明王朝与海外诸国往来的翻译官。嘉靖时倭寇窜扰东南沿海地区，明朝再次实行海禁，在这种情况下，李贽的父亲也就只好另谋他业以教书为生了。李贽生活在这样一个"外向"的家庭之中，受传统的束缚较少，从小就有自己独立的见解，故"自幼倔强难化，不信学（道学）、不信道（道士）、不信仙释（神仙、僧尼）"。但作为封建社会的知识分子，除了科举仕途外，可以说别无他路。李贽在嘉靖二十一年（1552年）考中举人，三年之后进入了仕途。曾在北京任国子监博士、礼部司务，后来宦游云南任姚安知府。在万历八年（1580年）终于摆脱了官场的羁绊，开始了著书、讲学的生活，其代表作是《焚书》《续焚书》《藏书》《续藏书》。在这些著作中，李贽宣称不能以"孔子之是非为是非"，这在明代可以说是石破天惊的大无畏之论。并以此评论古今人物和历史是非，称元朝为"华夷一统"之业，赞陈胜、吴广为"匹夫首创"，古所未有，认为卓文君私奔不是"失身"是"获身"。

李贽受王守仁心学和佛教禅宗的影响较大，但又能突破王学和佛学思想的羁绊进一步解放思想。否定"致良知"之说，公然提出"人必有私"的观点和理学家"存天理，灭人欲"之说针锋相对。大胆地歌颂吴起、荀子、商鞅等代表新兴地主阶级利益的思想家、政治家，称同时代的政治改革家张居正是"宰相之杰"。（张居正推行"一条鞭法"，有利于封建社会商品经济的发展和资本主义萌芽的产生。）李贽敢于离孔孟之经、叛理学之道，应该说是东南沿海地区资本主义因素的萌芽给思想界带来的变化在士大夫阶层中的最初反映。

万历二十九年（1601年），李贽到京畿通州讲学，在讲学的过程中，忤怒了首辅沈一贯，他的特立独行之说引起了北京思想界的震荡，也产生了巨大的共鸣。明廷视之为洪水猛兽，万历三十年（1602年）以"倡言乱道，惑世诬民"的罪名把李贽下狱治罪，这时李贽已是七十六岁高龄，他义不受辱，持刀自割咽喉而死，著作也遭到禁毁。但是和明廷统治者的愿望相反，李贽死后"名益重，而书益传"。因为他的思想是社会的先驱，呐喊出了时代的先声和最强音。

三、卫道士和叛逆者的觉醒

王守仁和李贽虽然均属于士大夫阶层的人士，但是由于他们的出身和个人经历不同，尽管在思想意识方面都反对程朱理学，但王守仁是封建社会的卫道士，李贽是叛逆者。最值得人深思的是卫道士和叛逆者都有所觉醒。王守仁的觉醒是认识到已经不可能通过外在的精神去挽救封建社会的"巨厦将倾"，所以他由"心外"转向了"心内"，宣扬"心外无物""心外无理"，企图在心学的领域内重建封建社会的"巨厦"。李贽的觉醒是认识到封建社会的"巨厦"是建立在是非颠倒的基础之上，因此他要离经叛道，冲破封建道统的羁绊，把颠倒的一切再颠倒过来。程朱理学所宣扬的"理"是万古不变的纲常之道，王守仁觉悟到心外之"理"是不存在的，不可能找到外在的精神借用力量，所以他放弃了客观唯心主义的学说，企图通过主观唯心主义的理论，在"心学"的净土之上重建将倾的封建"巨厦"。李贽觉悟到是非标准是随着时代而发展演变，故不能以孔子的是非标准定是非。孔子可以不与古人同，后人也就当然可以不与孔子同。既然评论是非的标准是可以改变的，万古不变的"理"当然也就是不存在的。卫道士和叛逆者站在不同的立场之上均觉悟到"理"不是超天地万物的永恒纲常，这无疑是宣布了中国封建社会末日的来临，在这种情况下，卫道士和叛逆者均在寻觅封建社会的"出路"。卫道士企图在"心学"的象牙塔里重建将倾的"巨厦"，固然是主观唯心主义的幻想。叛逆者有把颠倒的是非标准再颠倒过来的勇气，但对下一步又应如何也是一无所知。这反映了当时中国封建社会虽然已经进入了后期阶段，产生了资本主义因素微弱的萌芽，但和封建社会这棵参天大树比起来刚刚破土的微芽实在是太弱小了。它不可能给卫道士和叛逆者以更大的启迪，只能让时代的先驱们产生朦胧的觉醒。李贽深知自己的著作问世后一定会被视为大逆不道，将被焚毁，同时也意识到自己的著作一定会被"藏之名山"以启后人。

综上所述，王守仁的学说代表了封建社会卫道士的觉醒；李贽的学说代表了封建社会叛逆者的觉醒。王守仁和李贽都是士大夫阶层中的佼佼之士。王守仁在北京"悟透性理"走上了"心外无物""心外无理"的哲程；李贽在北京激呼讲学以义不受辱的气概与腐朽的封建势力决绝，一腔热血洒在他人生的最后历程。这绝不是"巧合"，而是北京的世风、学风、士风启迪了哲人，哲人的哲理、哲义又影响了北京的世风、学风、士风。

第五节 向西方学习富国强兵之术

一、西方科学文化知识东传

中国是"四大发明"的故乡，早在唐代造纸术就传入了西方。元初，随着蒙古铁骑的西征，火药也就进一步传入了西亚和欧洲。西方科学文化知识传入中国比较晚，其主要原因是西方的科学文化起步比较晚，中国一直处于领先的地位，是科学文化的输出国，并不是中国拒绝接受外来的文化，更不是西方的科技文化只能借助于战舰大炮在中国传播。这种现象直到十六世纪才发生改变，发生变化的直接原因是十六世纪之际资本主义生产关系在西欧得到了迅速的发展，科技文化也随之发展到了一个新的水平，开始超过中国。代表新兴资产阶级利益的马丁·路德发起了宗教改革，成立了路德新教，在西欧、北欧、北美发展十分顺利，天主教失去了许多地盘，为了改变这一状况，天主教积极向东方发展，企图在亚洲争取新的教徒，建立新的势力范围。与此同时，西方殖民主义者的远征船队也越过好望角到达了印度，并穿过马六甲海峡打开了通向东亚的道路，于是战舰、宗教同时到达了中国的国门。

嘉靖元年（1522年）葡萄牙派五艘军舰驶入珠海江口，向守军开炮，并进犯新会草湾。明军给予迎头痛击，生擒四十二人，斩首三十五人，缴获战舰两艘、舰炮二十余门。余下的三艘葡舰退出珠江口，返回马六甲。新会之役使殖民主义者认识到，打开中国这个统一的东方大国的国门，战舰和大炮是无能为力的，于是贿赂广东地方官，借据了澳门。葡萄牙国王要求罗马教皇派遣教士到中国来传教，于是一批耶稣会士漂洋过海来到了中国。这些传教士对中国持的态度有两种：一派以桑切斯（西班牙人）为代表，主张不惜以武力传教，甚至对中国抱有领土野心。但这些人是有其心无其力，在中英《南京条约》签订以前未能达到目的。另一派以罗明坚、利玛窦为代表，主张到中国来传教一定要表示出善意，要了解中国，熟悉中国文化，要和贪婪蛮横的葡萄牙"商人"区别开来，才能顺利进入中国进行传教。为了达到顺利进行传教的目的，他们向当时的中国知识分子——士大夫阶层的人士介绍西方学术文化和科学技术。这是因为中国人的宗教观念一向都很淡泊，统治人民意识形态的是儒家的伦理道德和宗法制度。中国人并不需要西方的宗教，但需要西方的科学文化，因为接受了西方的科学文化后，无疑会带来新的生机，可以促进中国社会的发展。

万历末年，后金崛起于辽东地区，萨尔浒战役之后，战场上的主动权已转移到了努尔哈赤的手中。面对严峻的军事形势，一些士大夫阶层的人士产生了利用西方科学技术增强武备，以达到富国强兵的目的的想法。一些西方传教士把欧洲的天文、历法、数学、物理等科学知识和制造火器的专业技术介绍到中国来，使闻之者有耳目一新之感，在"知行合一"的思想影响下，产生了所谓的"实学"。

应该指出的是，万历时期士大夫们尚在"天朝之梦"中梦游，不可能睁眼看世界。传教士王丰肃、阳玛诺等人在南京传播天主教，信徒多至一万余人。王丰肃在布道过程中自称本国风土人物远胜中华，礼部郎中徐如珂等奏请驱逐。不承认西方和中国之间的差距，在当时来说是属于正常的现象。因为西方的"优势"尚未在中国显示出来，能认识到利用西方的科学技术办些实事、讲些实学的，只能是少数人。大多数士大夫阶层的人士是不可能正确地对待西方科学文化知识的。

二、虚怀若谷坦坦荡荡

进入北京的西方传教士，当首推利玛窦。利氏万历二十八年（1600 年）几经周折在北京获得了定居之权。在此以前他不但精通汉语，而且熟悉儒家的经典、诸子百家及中国历史。对于官场时尚、民间风俗、礼节亦已通达，身着儒装和士大夫们饮酒赋诗，畅谈天文地理、哲学伦理。在言谈话语中引经据典、如数家珍。在传教布道之中也从中国历史和儒家经典中寻找依据，力求融汇中西。所以定居北京后即被京城士大夫们誉为西儒，皆佩服他的才学，乐与之交游。李心斋、李贽、瞿太素、徐光启、李之藻、李公素、王顺庵、杨廷筠、王忠铭、赵心堂、吴佐梅、祝石林、李心齐等一百余人均和利玛窦有过交游。这些不同阶层的士大夫都曾和这个贯通中西的饱学之士促膝交谈，探讨哲理，互赠诗文。徐光启、李之藻接受洗礼，加入了天主教，徐、李均是进士出身，徐官拜文渊阁大学士、礼部尚书，李任太仆寺少卿。

利玛窦在北京的社交圈子、布道范围可以说是囿于士大夫阶层，他不侈谈"教义"而是多传"西学"，可以说是借助科学文化知识来传播宗教。故明末西方传教士传播宗教的译著并不多，所译所著大多是宣传西方科学文化知识之书。其所宣所言，尽是中国士大夫们见所未见、闻所未闻的耳目一新之事。从他展示的《坤舆万国全图》中，京城士大夫们第一次知道世人生存的大地是一个球体，并非是"地方天圆"。懂得了世界有五大洲，中国位于亚细亚洲。利玛窦还制造了地球仪、浑天仪，供世人参观，和李之藻合译了《乾坤体义》一书。李之藻又以所知所学著《浑盖通宪图说》一书，这是中国人撰写的第一部介绍西方天文学的科学著作。这些天文知识的介绍，对破除"天人感应"、开启民智，起了有益的作用。

利玛窦与徐光启合译了《几何原本》一书，系统地介绍了欧几里得平面几何学的理论。直至今天，几何学中所用的一些贴切的名词术语，如垂直、平面、直角、钝角、垂线、平行线、外切、相似，仍是当时徐光启翻译时所确定的。利玛窦还与徐光启合译了《测量法义》《测量异同》两部应用几何学著作，与李之藻合译了《同文算指》一书；李之藻又自译《圜容较义》一书。

这些译著的问世，大大丰富了中国人的数学知识，推动了算学的应用。

万历三十八年（1610年）利玛窦病逝于北京，朝中公卿盛称利子（对利玛窦的尊称）"劝学明理，著述有称"，向神宗请求给予"赐葬"的殊荣，神宗应朝臣之请，诏"以陪臣之礼葬阜成门外二里沟嘉兴观之右"。

利玛窦、庞迪我等西方传教士进入北京时，虽然身着儒装，操着流利的汉语，但其所携尽"奇器异物"，地球仪、浑天仪、三棱镜、自鸣钟、救世主和圣母的油画像等物品在中国来说不可谓不"怪异"。其所言虽贯通中西，但"西学颇与中国异"；其所宣虽引"历朝之典，据六经之论"，使士人有"同归"之感，但毕竟是"殊途"之论。破"地方天圆"之说，立"环球五洲"之论，不得不说是惊世骇俗之危言。但士大夫们却"乐与之交游"，以至于"遵其学、译其书而用其术"，誉之为"西儒"，称之为"利子"。利玛窦去世后，众朝臣为之请求"赐葬"，并"刻其书，传其学而彰其人"。对这位来自欧罗巴洲的黄发蓝眼之士给予了高度的"礼遇"，对西方科学文化知识表现出虚怀若谷、坦坦荡荡的吸收精神，绝没有半点儿"小家子气"。

明朝的京城士大夫尽管是在孔孟之学、程朱之说的束缚禁锢之下成长起来的，但其思想意识仍然异常活跃，闪烁着开拓、进取、追求的火花。其所思不但已经冲破了程朱理学的羁绊（王守仁、李贽等），而且向西方的科学文化张开了双臂（徐光启、李之藻等）。这表明了在封建社会的后期，地主阶级的知识分子已经认识到天在变、道在变，必须寻找新的出路，这种变化应该说和资本主义因素的萌芽有一定的内在联系。但必须指出的是，京城士大夫是中国地主阶级知识分子之中的佼佼之士，能够冲破理学羁绊并向西方科学文化知识张开双臂的时代先驱，又是京城士大夫之中的佼佼之士。但这些佼佼之士代表了士大夫阶层发展的大趋势，虽然这个大趋势还未形成就因清军入关而戛然中止了。但"一芽萌而知春"，尽管这一萌芽并未能带来满园春色，但它毕竟萌发过新绿，显示过自己的生机。

对有明一代的士大夫阶层，确实存在不同的评价，特别是趋向问题。认为徐光启、李之藻等人不能代表士大夫阶层的趋向，原因是少数派没有代表整体的资格。对这种观点笔者实不敢苟同，"一芳发而晓春，一叶落而知秋"

的原因是一花破蕊之后，宣告了春天即至，大地上将是万紫千红，鹅黄嫩绿；一叶凋零之后，世人也就知寒秋已近，"无边落叶萧萧下"的景观即将到来了。故一花一叶，代表了"物候"的总体趋向。人类社会中，代表总体趋向的也绝不是总体中多数人的动态，而是历史进程在总体中的反映，在总体中凡是符合历史进程的趋向，即便只是少数人的趋向，但代表了时代的精神，也就是总体发展的趋向。尽管这种趋向在当时还处于曲高和寡的状态之中，但其代表总体的未来是不容置疑的。有清一代士大夫阶层人士的总体趋向，按照历史发展的进程，可谓轨迹完整而清晰。鸦片战争中，第一批睁眼看世界的士大夫阶层人士诞生了。

其代表人物只是林则徐、魏源、龚自珍等时代的先驱，和深信洋人的腿不会弯曲的愚儒相比，可谓是少数中的少数。第二批睁眼看世界的士大夫阶层人士诞生在自强运动（洋务运动）之中，其代表人物有曾国藩、李鸿章、左宗棠、张之洞等，他们和满朝庸官朽贵相比，仍然是少数派。第三批睁眼看世界的士大夫阶层人士在戊戌变法运动中登上了历史的舞台，公车上书的声势虽然浩大，但一千多名举人和普天之下的儒冠之士相比，仍然还是属于少数中的少数吧。少数人的趋向符合历史发展的进程，少数人的趋向终归会变成大多数人所走的路。

三、务实与笃行——实学初成

程朱理学的"天理"，陆、王心学的"心性"，肆言泛滥，于事无补于时无济，反而导致了天理不存，人欲横流。而明朝的政局，在万历以后危如累卵。爱新觉罗氏问鼎中原之志已定，皇太极四次率八旗军突入长城，兵锋直达黄河南岸。三饷的加派使广大农民除铤而走险之外，已别无其他道路可以选择，农民起义风起云涌。在这种形势下，以天下为己任的士大夫阶层人士开始认识到"时不我与"，空谈徒以误国，要干些实事才能力挽狂澜，故务实与笃行之风渐兴，对嘉靖、万历两朝心学肆泛进行了批判，在此基础之上，产生了所谓的实学。实学的实质就是弃空谈办实事。

　　王守仁摈弃了朱熹的先知后行论，提出了"知行合一"说。"先知后行""先行后知"均是把"知"和"行"分离开来看待，用现代哲学观点来说难免步入理论脱离实际和狭隘经验论的迷途。王守仁的知行合一说是建立在他意识到中国封建社会的"巨厦"将倾的基础之上的。出于卫道士的使命感，对"力挽狂澜"具有急切的紧迫感。徐光启、李之藻等先驱之士学习接受西方科学文化知识，亦有一种紧迫感。这种紧迫感是来自后金崛起后的军事压力和风雨飘摇的总体时局。故表现了务实和笃行的精神，希望通过引进西方的科学文化知识和先进技术增强军事实力，达到富国强兵的实效。在这种思想的指导下，他们在和西方传教士的接触过程中当然是务实不务虚，重在笃行（对于传教士来说，传教是目的，介绍传播西方科学文化知识是手段，意在"科技兴教"）。纵观徐光启、李之藻的平生可以说是积极学习、介绍、传播西方科学文化知识，并以"只争朝夕"的精神办实事。所谓办实事就是不侈谈空论，而是扎扎实实地译书、著书、制历、铸炮……让西方的科学文化知识尽快在中国转化为"生产力"。徐、李二人均"受洗入教"，但在某种程度上可以说"受洗入教"是手段，向传教士们学习西方科学文化知识才是真正目的。而最终的目的是利用西方科学文化知识满足富国强兵的需求。

　　务实与笃行是实学的核心，实学批判理学、心学的"空"，以"知行合一"的精神付事理于"实"。明末士大夫阶层中并未掀起一个声势浩大的"实学运动"，但实学的趋向已经产生，只是万历以后朝政日非，干实事者实难奏效。若以所成而论，实学可道之处亦无多，但其务实的趋向一反士大夫阶层的"空怀""空谈""空无"的人生三部曲，即未仕时空怀兼济之志，立于庙堂空谈治国安邦之策，最后一切归于空无。

　　对所谓的实学及其有无，史学界有不同的评价，亦有认为徐光启、李之藻等人虽然办了不少实事，但不代表士大夫阶层的趋向，只是特立独行之士，没有代表性的意义。笔者对于上述结论持不同的意见，仅就《万历野获编》一书，阐明自己的观点。

　　《万历野获编》的作者沈德符（1578—1642年）万历四十六年中举人，祖、父均是进士出身的监司、词臣。故沈德符早年长期寓居北京，是名副其实的京城士大夫。沈宅和利玛窦的住所相邻近，两人有所往来，沈、利也产生过争论，主要分歧是对佛教的态度问题。利氏为了传播天主教，当然要排斥佛教，但"东儒"和"西儒"之间的关系还是很融洽的。沈德符认为利玛窦的学说"奇快动人"，"今中土士人授其学者遍宇内，而金陵尤甚"。并明确指出，对利玛窦等人，"若以为窥伺中华，以待风尘之警，失之远矣"。西方文献中不见利、沈两人交往的记载，因为沈德符在当时是个名不见经传的小人物，可是"小人物"颇讲经世致用之学。对工商业、海外贸易、海禁之弊均有所研讨。《万历野获编》中对"大西洋"、"利西泰"（利玛窦字西泰）、"红毛夷"（荷兰人）、"火药"等新事物均有所记载，绝不是抱残守缺的迂夫腐儒。

在《万历野获编》中，矛头直接指向了皇帝。对英宗、武宗之昏聩秉笔直书，绝不支吾其词，其思想可谓解放。对当轴重臣，亦无隐笔，对于"异端之尤"的李贽颇有赞誉。这一切均说明了万历时期，不但思想界活跃，而且政治上也比较宽松，因为《万历野获编》是一部准备呈送史馆的书，并非李卓吾的《焚书》《藏书》。

京城士大夫沈德符能够著成《万历野获编》，应该说是以一定社会条件为前提的，同时也是士大夫阶层人士跳出了理学、八股的羁绊，开始研究经世致用之学的具体表现，其总体趋向可以说是和资本主义因素的萌芽联系在一起。思想上、政治上、行动上也趋向务实笃行，开始体现出了封建社会后期的"活跃"与"解放"。

四、日心说的深思

徐光启、李之藻等先驱之士对西方科学文化知识采取了务实笃行的态度，可以说是遵循了王守仁"知行合一"的原则，广大京城士大夫对五大洲之说也并不认为是异端，只是感到新奇。更引起后人注意的是徐光启和汤若望、罗亚谷等西方传教士共同修订的《崇祯历》，书中虽然仍因袭了传统的地球中心说，但也客观地介绍了波兰天文学家哥白尼的日心说。《崇祯历》的修订时间是崇祯二年至崇祯八年，即1629—1635年，是一部钦定的历书。1600年，意大利科学家布鲁诺因捍卫科学真理，坚持哥白尼的日心说，被教皇在罗马的鲜花广场处以火刑，伽利略（1564—1642年）也被迫"放弃"了日心说。但中国的钦定历书上却允许日心说占有一席之地，这不能不让当世的欧洲人深思。正因如此，伽利略的好友、日耳曼传教士、罗马科学学会会员邓玉函于崇祯七年（1634年）把一架望远镜献给了崇祯皇帝。为此，汤若望写了一本《远镜说》，详细地介绍了望远镜的性能、原理和制造方法。十七世纪初叶的中国钦定历书上日心说能占一席之地，这固应引起当时欧洲人的深思，也更应引起今天中国人对当时历史的深思。

五、异端与儒化

（一）利玛窦的成功之路——了解中国

万历九年（1581年）利玛窦来到中国，万历二十九年（1601年）才进入北京。在这二十年中，他不但熟悉了中国，而且了解了中国。不但遍读儒家的经典，还翻译了"四书"寄回意大利。对中西文化进行了力所能及的"沟通"，在沟通的基础之上进行了比较。在比较之后，"求同存异""扬同藏异""现同不现异"，极力避免"异端"的形象。利玛窦通过太监马堂的门路获得明神宗的接见后，即得到了"圣主"的垂青，这绝不是机遇的偶然促成，而是他二十年来潜心研究中国的历史、哲学、宗教、士风、民俗、政令、法律、典章、制度、官场时尚等的结果。这位西儒是名副其实的西儒，绝不是"儒装华语"充其表的"中国通"，而是从骨子里了解中国。

利玛窦初到中国时穿僧装，后改道士装，最后选定了儒装。三次换装，是他逐步了解中国的结果。中国人的宗教观念一向很淡泊，在历史上不但没有爆发过宗教战争，而且对任何宗教都不排斥，都可以包容、兼纳，但这要有一个前提，就是宗教的传播不触犯儒家的道统。儒家是一种学说，不是宗教，任何宗教均具有排他性，"排他"的原因是为了保持自己的地位或是夺取对手的地位。儒家学说自西汉武帝之后，独尊之势稳如泰山。在任何政治动荡之中，独尊的地位均未受到过挑战，所以儒家没有必要为了保持自己的地位而排斥任何宗教。任何宗教也不可能向儒家的独尊地位挑战，而是只能让自己的教义、教仪和儒家的学说圆通之后，在儒家纲常之道的规范之内谋求自己的发展，这是一千多年的历史业已证实了的"铁案"。利玛窦明智地接受了这一"铁案"，"明智"是由于他了解中国，深知儒家在中国的传统作用与地位。自从西汉以后，中国政局多次动荡，无论是何矛盾居于主导地位，斗争的双方均对儒家表示"尊重"。任何"外来"的势力，无论是借助"铁骑"还是借助"宗教"，都必须对儒家表示"尊重"，才可能在中国站稳脚跟。所以利玛窦不但使自己的言行举止完全儒化，使天主教也融入儒化之中谋求发展。利玛窦在中国士大夫中有西儒之誉，对其所传的"西学"虽有殊途之感，但同是儒根生，殊途同归也就是必然了。利玛窦"融入式"的发展，是其过人的高妙之处。因为明朝的综合国力是任何欧洲国家无法抗衡的，中国传统文化的积淀亦是任何欧洲国家所无法比拟的。面对这样一个东方大国，只能以友好的态度与之打交道，天主教的发展也只能采取"融入式"，不能采用"强加式"。因为西方在当时无论是军事上、政治上、经济上、文化上均没有强加于中国的可能，中国人一向对宗教都很淡泊，对外来宗教至多感到新奇，但不会产生狂热，天主教"融入式"的发展，也只能凭借西方在当时已领先于中国的科学和技术。因为只有新的因素才能引起注意，才能迅速以生机的需求被吸收。也就是说，天主教在中国"融入式"发展的资本是西方先进的科学和技术，这也是天主教进入中国的唯一本金。

利玛窦用了二十年的时间深入地了解了中国之后，又客观地权衡了中国和西方之间各自所拥有的优势，明智地选择了天主教儒化的道路，儒化就是中国化，历史证明了任何外来的宗教要想在中国顺利发展，都得走儒化之路。因为任何宗教儒化之后，均能获得士大夫阶层的"认可"，从总体来说，士大夫阶层的人士对任何宗教所抱的态度都不是"信仰"，而是"研讨"，并把对宗教的研讨当成一种"学问"加以吸收，理学和心学均从佛教、道教中吸收了许多哲理，融入自己的体系当中为我所用。

（二）佛教的成功与天主教的失败

佛教在哲学上主张"空""无"，在人生上主张"弃世绝亲"，和儒家积极用世的精神、崇实尚有的态度截然相反。佛教初入中土，可谓"惊世骇俗"，可是，佛教不断地根据中国的客观环境来调节自己，唐德宗时产生了"三教圆通"之说，标志着佛教这个"舶来之物"已经获得了士大夫阶层的认可。宋初《钦定百丈清规》，则标志着佛教已经完成了中国化的进程，其教仪、教义已纳入儒家纲常之道的规范之中，但纳入不是"重合"，而是不再进行碰撞。佛教中国化的进程十分迟缓，但中国的最高统治者和广大士大夫阶层的人士对佛教的态度是只要不触犯自己的根本利益，就任凭其存在和发展，因为比较之下的存在和发展更具有存在和发展的意义。这是由于儒家学说的纲常之道只能统治现实世界，对另一个世界是无能为力的，最高统治者也需要另一个世界的精神借力来统治现实的世界，世人也需要借助宗教求得解脱。而佛教来生和彼岸的修持，正好满足了上述需求。正因如此，汉传佛教不但发展成为中国最大的宗教，而且给佛教的教义、教仪均注入了新的内容，使佛教发展到一个更高的水平，出现了佛教的回传。即佛教的经、律、论由中国传向印度，汉传佛教为佛教的发展做出了重大的贡献。若论及宗教在中国的影响，历史上、现实社会中，佛教均居于首位。

天主教传入中国之初，异端形象并不浓重，这是利玛窦为代表的西方传教士了解中国的结果。利玛窦被誉为西儒，天主教和西方的科学、技术、文化被混称为"西学"，明朝的最高统治者和士大夫阶层的人士从总体来说对"西学"尚无恐惧之心，只是感到"新奇"，排斥的原因大多出于恐惧的心理，不恐惧也就没有必要排斥。由于对西学感到新奇，所以就产生了利用西学达到富国强兵的冀望，这是万历以后中国人对西方传教士的态度。但当时利玛窦已经去世，其接班人龙华民未能真正了解中国，对天主教的"儒化"持不同观点，所以也就未能全面继承利玛窦的方针政策。

利玛窦之后，西方传教士之中没有出现第二个"西儒"，这应该说是罗马教廷派遣传教士东来的目的所造成的。这些传教士不但负有宗教使命，而且负有政治使命。以宗教使命而言，教廷的直接目的是向东方寻找信徒，扩大天主教的王国，以弥补因新教（路德新教）产生而失去的势力范围。在这种情况下，教廷绝不容许在中国出现一个儒化的天主教，因为天主教儒化之后一定会成为继东正教、路德新教之后的又一大教派。这是教廷宁可失去中国，也不愿意天主教适应中国国情进行儒化的根本原因。佛教能够产生"汉传佛教"，天主教则绝对不会产生"汉传天主教"。以政治使命而言，西方传教士来自欧洲的不同国家，而许多欧洲国家当时已怀有对中国的野心，故许多西方传教士到中国来具有直接的政治目的——服务于本国的东方政策。

佛教中国化的进程主要是在唐代实现的，唐代是中国封建社会的巅峰，唐王朝的泱泱大国之风、唐人的泱泱大度，也使佛教必然走上中国化的道路。或者说唐朝的综合国力和文化影响，使得佛教只能中国化。明朝时期中国对西方无此优势，这也是天主教中国化的道路在利玛窦之后未能继续下去的重要原因。

综上所述，天主教未能产生"汉传天主教"，有西方的原因，也有中国自身的原因。天主教中国化的进程中断之后，在中国人的心目中难免就产生了异端的形象。其实，天主教和佛教相比是入世的宗教，宗教哲学崇实崇有，教义提倡博爱，和儒家学说有许多能求同之处。天主教中国化从其自身来讲，比佛教要容易得多。可是天主教发展到清康熙时期，宁可被清廷"禁绝"，也不遵从中国的传统和习俗，要从已经走过的中国化的进程中退回几步，这种不明智的选择，应该说是由其东传的初始目的所决定的。

如果天主教产生了"汉传天主教"，对东西方科学文化的交流无疑会产生积极的影响。士大夫阶层在进一步研讨"西学"的过程中，就有机会接受欧洲文艺复兴思潮的影响，对思想界的"活跃"起到一定的促进作用。天主教在"汉传"过程中的"儒化"，无疑也会给天主教注入一定的生机，产生融贯中西的新教，但这不符合教廷的初衷，所以利玛窦之后，西方传教士之中未能出现第二个"西儒"。从这点上来说，利玛窦虽然在中国受到了士大夫阶层中有识之士的赞誉，视之为天主教东传颇有初成的杰出之士，但在教廷的心目中却未必有此评价。

所谓的"儒化"，绝不是和儒家学说重合，儒家也不希望任何宗教仪理和自己的学说重合。"儒化"的实质是适应中国的国情，只有适应中国国情的宗教才能在中国顺利发展。而"儒化"的标志是获得士大夫阶层的"认可"。认可不是认同，因为认同了也失去了共存的意义。僧人中有儒僧、诗僧、学僧……在僧前冠以儒、诗、学等字，说明了僧还是僧，袈裟和儒巾还是有着本质区分的。士大夫到佛门谈玄，正是由于儒释不同源、不同门，不同源、不同门才更有可谈、可辨、可考、可探。所以"儒化"绝不是被同化，认可绝不是认同。汉传佛教不是儒家的附庸，是适合中国国情的佛教。也是中国影响最大、信仰人数最多的宗教，是在中国传播的宗教中最成功的宗教。

第六节　始领风骚

在科举制度下，京城士大夫本应"主文坛，领风骚"，但事实上北京地区的士大夫在明朝才"始领风骚"。因为唐幽州的士大夫是"始浸风骚"；辽南京的士大夫是"犹存风骚"；金中都的士大夫是"半边风骚"；元大都的士大夫是"难领风骚"。

有明一代北京作为政治中心、教育中心、科举考试的中心，真正地起到了文坛上的辐辏、辐射作用。京城士大夫对文坛有巨大的影响，可以左右"时尚"。在学而优则仕的封建社会里，成名的士大夫总要"游京师"，士大夫"游京师"后在不同的程度上会进一步成名。人以文显、文以人彰，道以文传、文以道尊是封建社会里的自然现象。在这种情况下，文坛巨匠李东阳、前七子、后七子、公安派袁宏道兄弟均在北京文坛之上一展才华。

一、由拟古人到独抒性灵

明朝时，封建社会已经进入了后期，封建制度实为强弩之末，势不可穿鲁缟。明朝虽然恢复了汉族的统治，但实难产生新的振兴。反映到文坛之上就是实难比翼唐宋。明初的文坛承金元中衰之后，拖沓、平庸、萎弱是散文的显著特点，诗词也缺少杰作。当时文坛上的佼佼者如刘基、高启、宋濂、李东阳诸人也不过是"铁中铮铮"，可以说是"人以位尊，文以人显"，政坛上的地位决定了文坛上的地位。以诗文观之，明初文坛实乏开国之后的振兴，更缺乏应有的生机。本节认为京城士大夫在文坛之上始领风骚，只是说士大夫们能在文坛之上充分发挥自己的影响，而京城文坛的"时尚"往往成为全国文学总体发展的大趋势。总体来说，北京文坛的时尚也就是科举考试的时尚，科举考试的时尚往往受到当轴重臣文学观点的左右。京城士大夫在文坛上领风骚实质上就是领时尚。

永乐朝以后，政坛上出现了三杨辅政的局面。杨士奇、杨荣、杨溥均官至大学士，是一度左右政局的重臣，三杨主张诗文要"雍容典雅""从容安闲"，在文坛形成了所谓的"台阁体"。三杨的政治地位使其文学主张很快就在北京文坛居于主导地位。"台阁体"风行一时的原因很简单，在科举制度之下，政坛吹什么风，文坛就起什么浪。况且三杨又均是士大夫们心目中颇有影响的贤相。"台阁体"的文章追求形式，其内容大多为歌功颂德的赞歌。李时勉（翰林）的《北都之赋》可为"台阁体"的典范之作。

弘治、正德时期，"前七子"在文坛上主张"文必秦汉，诗必盛唐"，借"复古"反对空洞无物的"台阁体"。前七子为李梦阳、何景明、徐祯卿、边贡、王廷相、康海、王九思。前七子在文坛上反对"台阁体"，起到一定的积极作用。他们有不少以北京为题材的诗篇，李梦阳的《帝京篇》、何景明的《驾幸南海子》等可视为歌咏北京的代表作。但他们由"复古"走向了"拟古"，产生了流弊。嘉靖、万历年间号称后七子的李攀龙、王世贞、谢榛、宗臣、梁有誉、徐中行、吴国伦又兴起于文坛，主张"文必西汉"，使"拟古"文风更为兴盛。唐顺之、王慎中、归有光等人则主张提倡唐宋八大家的古文，与七子相抗衡。

万历朝，社会酝酿着重大的变化。以张居正推行"一条鞭法"税收征银为契机，封建社会的商品经济得到了进一步发展，东南沿海地区开始出现微弱的资本主义因素的萌芽。御辇之下的北京于万历三十一年（1603年）也发生了前所未有的"群众运动"，门头沟窑工和运煤脚夫进行示威游行，结队到通政司请愿，要求减免矿税、撤换税监王朝。万历年间的"变化"绝不是历史的偶然，所以在文学领域内也得到了印证。

　　十六世纪末，公安派开始在文坛上异军突起。袁宗道、袁宏道、袁中道兄弟三人可为其代表。他们主张文学要有时代性，古人不能作今人的文章，今人也不能写古人的文章。提倡发挥个性，说自己心中要说的话。文章要有真实的内容，不要追求浮华的文辞。反对模仿古人的文章，更反对因袭古人的字句。袁氏兄弟特别推崇民间文学，认为小曲好比国风，《水浒传》可与《史记》并列。其总的精神可以说是尊重个性、反对因袭、要求解放。

　　历史上，士大夫们即便是有所开拓和进取，也要打着复古的旗号。敢于独树一帜，公开要求尊重个性，反对因袭（复古、拟古），要求解放，这实是一种大无畏的精神，在当时代表了进步知识界的共同趋向。早在十六世纪中叶，这种趋向已是微风起于青萍之末了，徐渭为其代表人物。继徐渭之后，李贽进一步发扬了这种趋势。他以"异端之尤"的气概向儒家的道统提出了挑战的同时，也向载道的文统提出了挑战。认为《西厢记》《水浒传》都是"古今至文"。公安三袁均是李贽所赏识的后辈，袁宏道对李贽由衷地崇拜。他们之间的共同趋向是有产生这一趋向的社会基础，他们之间的共同趋向对封建社会的思想意识起到初步的瓦解作用，北京的文坛、哲苑大有一振之势。李贽晚年应友人之邀到通州讲学，"大江南北及燕蓟人士无不倾动"。李贽北上，对于腐朽的明朝来说无疑是设擂于都门之下的一种挑战，而且论锋惊动了天听，明廷以"敢倡乱道，惑世诬民"的罪名将其逮捕下狱。李贽义不受辱，在狱中割喉自尽，用"结束自己"来表达最后的抗争。

　　袁氏三兄弟为首的公安派（袁氏三兄弟系湖北公安县人）主张文学要抒写性灵，直抒胸臆，平易近人，清新朴素。袁氏兄弟在寓居北京时期写了许多有关北京的文学作品，如《西山十记》（袁中道）《满井游记》（袁宏道）等。《满井游记》一文充满了生机和活力，实可谓独抒性灵之作。性可以理解为人的自然本性，灵即"灵感"。性发乎中，灵激于外，乃成文章。

　　封建社会的士大夫们往往是性受到压抑而难发，纵遇灵感也难以点燃创作的火花。于是就搜尽枯肠，从故纸堆中觅句写文章。于是"人性"变成"天理"，"灵感"变成因袭，"文统""道统"合二为一。独抒性灵之说，就是要冲破文统和道统，写出自己的文章。

二、回到象牙之塔

在中国文学史上，以唐诗、宋词、元曲、明清小说并为巅峰。元大都是元杂剧的故乡；明北京的文坛似乎和小说无缘。溯其因是元大都士大夫的主体——众多的下级官员和文吏的政治、经济地位日趋平民化，所以元大都的散曲、杂剧也就浸染上了人民性。明北京的士大夫是科举制度下的名利客，所以只关心诗文的时尚，对于和科举制度无关的小说则以旁门左道视之，故北京的文坛上无小说的一席之地。站在象牙之塔上，虽然远离了"现实"，但京城士人大均是红尘之中的熙熙攘攘者，故上乘之士为千秋计利，求万世留名。下乘之流追求黄金屋、万石粟而已。象牙之塔虽高，终在人寰之中，而且这座象牙之塔行将被崛地而起的狂飙吹得无影无踪。欲在玉宇琼楼之中独抒性灵，岂可得乎！

第七节　难再风骚

明朝的建立在政治上使占中国人口绝大多数的汉族能够发挥正常的作用；在经济上使中国的垦田数量、人口数量达到空前的水平，洪武二十六年（1393年），全国人口达六千零五十四万人，垦田八百八十万四千六百二十三顷，超过了历史上的任何时期。

明朝定鼎于封建社会的衰老时期，封建制度从各个方面表现出腐朽性，在这一制度日益走向衰亡的时候，一些新的东西、新的因素也就产生了。

一、前所未有的新气象

明朝中叶以后，"一条鞭法"税收制度的改革使小农经济生产出的农产品已经带有商品的性质。东南沿海地区家庭手工业的产品已经是商品，"松江衣被天下"之说正是松江地区棉纺织业产品商品化的具体表现。随着商品经济的发展，非军事中心、政治中心的工商业城镇开始形成，汉口镇、朱仙镇、景德镇、佛山镇以工商业的兴茂而闻名于世。这些镇均是只驻有巡检司（县下属治安机构）的封建统治薄弱地区，但聚集了数万以上的人口和大量的财富，其存在和发展不是依靠军、政体系所形成的消费市场，而是大规模的手工业生产和大宗的商业贸易。这些新兴的工商业城镇，虽然不能和欧洲的"城市"相提并论，但已孕育着资本主义因素的萌芽。经济基础之中资本主义因素的萌芽反映到科学文化领域中有三大表现。首先是产生了两大思想家——王守仁和李贽。王守仁以封建社会的卫道士为己任，企图在人的心灵深处重建封建社会的巨厦；李贽以封建社会的"异端之尤"自居，要把颠倒的一切再颠倒过来。卫道士和叛逆者都觉醒了，都在寻找自己的出路。其次是四部光辉的科技巨著的问世：李时珍的《本草纲目》、徐光启的《农政全书》、徐霞客的《徐霞客游记》、宋应星的《天工开物》。士大夫们的治学之道，已由"皓首穷经"转向了"经世致用"。尽管这些人是士大夫阶层中少数中的少数，但精英和先驱代表了整体行将产生的趋向。最后是嘉靖、万历年间《金瓶梅》"三言""二拍"等反映市民生活的小说开始出现，小说中的主人翁已经不是封建社会中的帝王将相、才子佳人，而是商人、手工业者，甚至是肩挑篮携的小贩和娼妓、歌女。创作笔法更是无拘无束，大胆露骨。商人经商致富、倩女真诚相爱的情节均跃然书中，一反封建文统和道统。明代的综合国力和科学技术水平使郑和的无敌舰队威武地向大海发出了挑战，扬帆驶向了东南亚、南亚、西亚和非洲。明末农民起义提出了"均田免赋""公平买卖"的口号，反映出了土地高度集中和商品经济发展的社会现实。"均田免赋"反映了农民的要求；"公平买卖"反映了工商业者的要求。有明一代确实是产生了不少前所未有的新气象，这些新气象预示着中国封建社会的天开始变了，士大夫阶层脚下的路也要变了。

二、国门之外日月新

明王朝定鼎于 1368 年，亡于 1644 年，跨越了四个世纪（14 世纪至 17 世纪），存在了二百七十六年。在这近三百年中，世界的历史，特别是西欧的历史发生了日月换新天的变化。

十四世纪和十五世纪时，地中海沿岸的某些城市已经稀疏地出现了资本主义生产关系的最初萌芽。到了十六世纪，西欧封建社会母胎内资本主义生产关系有了初步发展。

文艺复兴是发生于十四世纪到十七世纪初的欧洲资产阶级文化运动，它是新兴资产阶级在意识形态领域内反封建、反神学体系的运动。文艺复兴以"人文主义"为指导思想，提倡"人性""人权""人道"，反对"神性""神权""神道"。在反对教会的精神统治的斗争中起到了解放思想的作用，并孕育了西欧近代资产阶级的文化。

十六世纪初叶，在资本的原始积累和文艺复兴的进程中，欧洲宗教改革运动蓬勃兴起，各种矛盾集中而又急剧激化的德意志成为西欧宗教改革运动的爆发点，代表资产阶级利益的路德新教应时而兴。

十五世纪末至十六世纪初，是欧洲人的地理大发现时期。葡萄牙人达伽马于 1498 年绕过好望角到达了印度。1492 年哥伦布率领西班牙舰队发现了北美大陆。1519—1522 年麦哲伦完成了环球航行，证实了地球是圆球形的。

1641 年英国国会通过了《大抗议书》，1649 年 1 月 6 日英王查理一世被送上断头台，5 月 19 日英国正式宣布为共和国，资产阶级主宰了政治舞台。

明朝立国时期正是欧洲资本主义因素萌芽至资产阶级革命爆发并首先在英国获得胜利的时期。如果说，中国资本主义因素的萌芽产生在嘉靖、万历时期，则比欧洲晚了一百多年。明末，中国爆发了农民起义和清廷移鼎入关的军事行动，造成了长达半个多世纪的大动乱。当时英国资产阶级已经成为政治舞台上的主宰者，翻开了历史的新篇章。而中国却又重演了"野蛮"对封建秩序的冲击，动乱中的人所渴望的是尽快恢复封建社会的秩序，以便能有一个"存在下去"的生活空间，于是腐朽再度化为神奇。中国封建社会的"日落"不但推迟了下去，而且又创造了可悲的"盛世"。盛世之中的士大夫又沦为了二等公民，再次扮演悲剧的角色，难再风骚。因为时间是无情的，失去的机会历史也不会再赋予。

第十三章
清北京的士大夫

第一节　华夏皇冠——戴到了满族田舍翁的头上

清顺治皇帝曾与群臣评议历朝诸帝最贤者，有称汉高祖刘邦、唐太宗李世民者，顺治认为刘、李均不及明太祖朱元璋。顺治是爱新觉罗氏移鼎入关后的第一个皇帝，英雄赞英雄，田舍翁当然赞田舍翁了。明亡清兴，满族的田舍翁取代了汉族的田舍翁，所不同的是满族的田舍翁面临的国内外形势比汉族田舍翁面临的要严峻得多，因为爱新觉罗氏诸帝赶上了天崩地坼的时代。世界在突变，田舍翁企图以不变应万变，但华夏的皇冠在世界上变得越来越黯然失色了。

一、天崩地坼的时代

爱新觉罗氏于顺治元年（1644 年）移鼎入关，在北京拉开了有清一代二百六十多年统治的序幕。顺治、康熙、雍正、乾隆四帝的统治时期是清王朝由统一全国到走向鼎盛的时期。盛极而衰是封建王朝的必然发展规律，以嘉庆元年（1796 年）川楚白莲教起义为转折点，清王朝走向了全面的中衰。自 1644 年至 1796 年的一百五十多年中，全中国、全世界都发生了天崩地坼的巨大变化。

1644 年，李自成领导的农民起义军攻占了北京，崇祯皇帝自缢于景山。这是农民起义史上仅有的一次"辉煌"，即农民起义军直接推翻了统一的封建王朝。

1649 年，英王查理一世被送上断头台，判决词为"暴君、叛徒、杀人犯和国民公敌"，英国正式宣布为共和国。

1776 年，北美十三州发表《美国独立宣言》，郑重宣布人类是生而自由的，成立美利坚合众国，摆脱了英国的殖民统治。

1789 年，法国宣布了《人权宣言》，向全世界宣布"人类是生而平等的"。把官称"朕即国家"的暴君路易十六送上了断头台。

1796 年，乾隆退位为太上皇，川楚白莲教起义爆发，清廷耗资两亿两白银（五年财政总收入）、历时十年，才把起义镇压下去。

总之，从十七世纪中叶到十八世纪末，英、法完成了资产阶级民主革命，开始了工业革命。蒸汽机的汽笛声在泰晤士河、塞纳河之滨长鸣，工业烟筒的浓烟熏黑了伦敦、巴黎的上空。在西欧和北美，资产阶级和蒸汽机已经主宰了整个社会。

十七世纪中叶，爱新觉罗氏移鼎入关，清军统一全国的军事行动给社会各阶层均带来了巨大的动荡，造成了可怕的损失。仅人口而论，全国在籍人口在明洪武二十六年（1393 年）已达到六千余万，到康熙五十一年（1712 年）却只有两千四百余万。在嘉靖、万历之后业已产生资本主义因素弱小萌芽的东南沿海地区，是"扬州十日""嘉定三屠"的重灾户，兵锋铁骑席卷之后"萌芽"尽逝矣。

社会的大动荡，从无秩序之中暴露出历史发展的轨迹。从另一个侧面刺激意识形态领域向前，使思想家站在更高的角度上思考问题。明亡清兴的历史巨变，使有为的士大夫阶层的人士开始为明朝"补天"、与清朝"抗争"。经历了从奔走呐喊到沉默的历程，但这种沉默不是走向死亡的沉默，而是火山爆发之后的沉默，炽热的岩浆仍在鼎沸。此时期的代表人物是黄宗羲、顾炎武、王夫之，后人称之为"三先生"。三先生在清军入关后均投入了武装抗清的斗争之中，失败之后誓不与清朝合作。但这绝不是为明朝"守节"，而是忠于自己的信念和理想。因为三先生的信念和理想绝不可能在同爱新觉罗氏的"合作"中付诸实践，所以路不同不苟合。

嘉靖、万历以后东南沿海地区产生的资本主义因素萌芽虽然十分弱小，但毕竟给沉睡的大地带来了生机，预示着益然新绿。甲申之变，八旗兵南下，神州板荡，兵劫之后百业凋零。剃发、易服的暴政更使得社会动荡不安，在这天崩地坼之变中，哲人的头脑反而更加清醒，回顾历史，面对现实，展望未来。明末清初许多思想家共同的特点是民主思想勃然而兴，把矛头指向了封建君权，在黄宗羲的《明夷待访录》、顾炎武的《日知录》、王夫之的《读通鉴论》等著述中，民主思想均达到了空前的高度。唐甄高呼，"杀人者众手，天子实为大手""自秦以来，凡为帝王者皆贼也"！

天崩地坼的时代，天崩地坼之中的呐喊，呐喊声来自历史的深处，呐喊者认识到了"自秦以来，凡为帝王者皆贼也"。对封建帝王的彻底否定，必然导致对封建制度的全面否定。

改朝换代过程中造成生产力的巨大损失，可以说是封建社会里的正常现象，但随着局势的平定，农业社会的生产力很快就得到了恢复和发展。清朝在康熙末年实行"兹生丁口永不加赋"的改革，雍正初年在此基础之上又实行了"摊丁入亩"的政策，经济和人口均得到了迅速的发展。可是清朝在思想意识领域内实行了一整套"禁锢"政策，使封建社会后期本应异常活跃的意识形态领域陷入了低潮，对于一个民族（中华民族）、一个国家（清朝）、一个社会（封建社会的后期）来说，经济落后并不可怕，可怕的是思想意识落后，而清朝的统治恰恰是用血腥的屠杀冻结了思想意识的发展。从爱新觉罗氏最高统治者的角度来讲，这种"冻结"是成功的，让清朝这具"木乃伊"按照自己的需要存在了近二百年。

二、九州共主之志

清太祖努尔哈赤虽为"建州之酋"，但抱有"振长策而驭宇内"的雄心大略。对朱明皇冠怀必争、必夺之志。这位"牧马人"从历代少数民族入主中原的大业中得到了启迪和鼓舞。在致林丹汗（漠南蒙古察哈尔部首领）书中表示，当年成吉思汗拥有蒙古军不过十余万人，进入中原地区的人口不过四十余万人，即统一了全国。凭八旗军之武勇强悍，焉有不能夺取朱明皇冠之理？

其实，努尔哈赤错误地分析了形势。元朝能统一全国，是蒙古贵族"挟西征之余烈，假色目之左袒"。把金、西夏、大理、吐蕃、南宋等并存的政权各个击破。明朝是统一全国的王朝，又有高度集中的军政、行政体系，明成祖以"天子守边"的气概，把要塞当成首都"镇抚四夷"。努尔哈赤苦斗了一生，八旗军不仅未能突入长城，而且辽西走廊一直处于明军控制之下。很显然，这位"建州之酋"的抱负与实力相衡，确实是心有余而力不足。皇太极秉承努尔哈赤之志，四次突入长城，一度兵临北京城下，但只能是"抢掠而归"。而且辽西走廊仍然处于明廷控制之下，并置重兵防守，清军一直未能打通这条入主中原的咽喉要道。

综上所述，从人口对比上、政治形势上、军事形势上来分析，爱新觉罗氏入主中原、夺取朱明皇冠的条件尚不具备。可是爱新觉罗氏看准了时机，窃取了农民起义军的果实顺利地移鼎北京，又制定了与汉族地主阶级全面合作的政策，在不到二十年的时间里统一了全国。

三、封建社会的生力军

爱新觉罗氏移鼎北京之时，满族的封建社会正处于上升时期。由氏族社会后期到封建社会巨大的飞跃，使满族充满富于开拓进取的青春活力。由于"飞跃"得太快了，在八旗军挥戈统一全国的过程中，满族不仅在意识形态上，而且在八旗制度中仍然残存着氏族制的残余。青春的活力和氏族制的残余结合在一起，既给关内广大地区老朽的封建社会注入了生机，也冲击了正在产生的资本主义因素的萌芽。以新兴的、活跃的、刚刚进入封建社会的满族为主体所建立起来的清朝，使关内广大地区行将崩溃的封建制度得到了暂时的稳定。这种暂时的相对稳定给已经腐败不堪的封建制度以苟延残喘的机会，这在客观上延缓了资本主义因素的萌芽和发展。

爱新觉罗氏建立的清朝和辽、金、元三朝均有所不同。辽、金、元三朝的"铁骑"均给封建制度以冲击，但冲击的结果是对封建制度的"肯定"，使时人渴望尽快恢复封建秩序，能有一个存在下去的生存空间。八旗兵挥戈入关的军事行动，从总体来说不是冲击封建制度，而是冲击封建社会内资本主义因素的萌芽，冲击封建社会发展的进程。冲击的结果是给腐朽的封建制度注入了生机，延缓了其走向衰亡的速度。

中国资本主义因素的萌芽产生于何时，学术界颇有分歧，大体来讲，明万历之说影响较大。万历以后，明朝的经济、政治、思想意识均陷入了危机之中，封建社会的大厦摇摇欲坠。欲想"补天"的崇祯皇帝只能在景山古槐上结束了自己惨淡的一生。可是，爱新觉罗氏创造了奇迹，创造了所谓的康、雍、乾"盛世"，这种奇迹的产生，不能不说是把"生机"注入行将衰亡的躯体之中所产生的回光返照。

清朝移鼎入关的军事行动，无疑是用"铁骑"冲击了关内封建社会里资本主义因素的萌芽，延缓了中国封建社会走向衰亡的进程，创造了封建社会的最后辉煌，产生了所谓的康、雍、乾三朝"盛世"。要创"盛世"总得办几件"实事"，清朝定鼎北京后，也确实办了几件实事。概言之：在经济上取消了明末于正赋之外加派的辽饷、练饷、剿饷。康熙晚年实行了"兹生丁口永不加赋"的政策，雍正在此基础之上，在全国范围内实行了"摊丁入亩"的赋税制度改革，促进了经济和人口的发展。在政治上宣布取消明王朝的特务机构——厂、卫，永不再设。截止到辛亥革命爆发，清廷确实没有设立过全国性的特务机构，没有实行过特务统治。康熙即位后取消了宦官主持的十三衙门，根除了明的宦官之祸。清末时安德海、李莲英虽然受宠，但绝非王振、刘瑾、魏忠贤之济，有清一代宦官没有左右过政局。清廷对边疆地区的治理，进一步促进了统一的多民族国家的巩固和发展，其成绩亦应给予肯定。清朝的皇帝和明朝的皇帝相比较，可以说是均属"勤政"之君，宫廷费用亦属"节俭"。上述"实事"，亦可称为"仁政"，也就是康、雍、乾三朝盛世的基础。但建立在这个基础之上的封建社会大厦，仍然是行将倾倒的"危房"。因为中国封建社会发展到了清代时，世界已经发生了巨变，客观环境不容许中国封建社会再按照自己的轨迹发展下去了，爱新觉罗氏"天不变，道亦不变，祖宗成法不可变"的金科玉律，只能使中国变成半殖民地半封建的国家。

四、既得之患失之

爱新觉罗氏攫获了朱明皇冠，成为华夏诸民族的共主。君临天下的清朝诸帝虽然坐在绝对权威的宝座之上，可是心中充满了恐惧，这是由满、汉力量对比所决定的。由于长期处于高度紧张的状态之中，"不敢有半分懈怠"，所以精神异常脆弱，以致产生了不必要的恐惧和不必要的残忍。为了保住头上的皇冠，爱新觉罗氏诸帝均尽了最大的努力，努力所产生的成果有些方面客观上是有积极意义的，但由于指导思想是在汉族汪洋大海包围之中的满族田舍翁齐家之术，所以从更多的方面延缓了历史发展的进程，加大了中国和西方的差距，特别是意识形态上的差距。差距不是差异，不同地区、不同国家、不同民族在意识形态领域中存在差异是完全正常的现象。"差异"的存在，正是特点的存在。"差距"则不然，是先进和落后之间的距离。

五、由先进到落后

中国是四大发明的故乡，龙的传人是世界上最大的文化认同的群体，中华民族对人类的文明、世界的进步均做出了重大的贡献。可是自从 1840 年的鸦片战争之后，中国人陷入了屈辱之中，正义的战争遭到一次又一次的可耻失败。贫苦、落后、愚昧、保守、萎靡……集于被称为"东亚病夫"的中国人身上。由天朝的天之骄子，沦为难以立足于世界诸民族之林的"东亚病夫"，孰之过？谁之罪？

满族为主体的八旗子弟，以骑士的果敢越过了山海关，"用弓马之利取天下"。当时八旗子弟的称谓是多么令人自豪，马上的英姿是多么倜傥和潇洒。后来，八旗子弟成了"游手好闲之徒"的代名同，沦为泡在茶馆之中穷困潦倒的"侃爷"。在世人的心目中成了不工、不商、不农的寄生者，八旗也就成了寄生群体的代名词，是孰之过？谁之罪？

第二节　全面的合作，严厉的管制

一、行汉制用汉人

爱新觉罗氏在移鼎入关之前。在官制上已经"汉化"，于天聪五年（1631年）建立了中央行政机构，实行了六部制。六部堂官承政、参政，由满、蒙、汉各族之人出任，以分散满洲贵族的权力。科举制度在移鼎燕京以前业已实施，在盛京开科选试了秀才、举人。也就是说，清朝在移鼎入关之前已经实行了"汉制"。这是清与辽、金、元三个王朝的不同之处。

从努尔哈赤立国之始，爱新觉罗氏诸帝均很注意发挥汉人的作用。李永芳、胡贡明、宁完我、李佰龙、范文程、孔有德、耿仲明、尚可喜、洪承畴、吴三桂……这些汉人以不同的身份、不同的方式成为爱新觉罗氏的"殿前之臣"，而且均在灭明兴清的过程中发挥了重要的作用。

天聪四年（1630年）皇太极组织了"汉军"，崇德七年（1642年）"汉军"亦编成"八旗"。当时所谓的八旗实际上是二十四旗，即满洲八旗、蒙古八旗、汉军八旗，但习惯上仍总称为"八旗"。

天聪九年（1635年）皇太极废"女真"称号，定族名为"满洲"。次年五月十三日又改"大金"为"大清"，在盛京（今沈阳）登上了大清皇帝的宝座。登基时多尔衮捧着满字表文，土谢图济农捧着蒙字表文，孔有德捧着汉字表文，共同"劝进"。此时皇太极的帝位，可以称为"三族共主"了。综上所述，清朝不同于辽、金、元三朝，爱新觉罗氏在越过长城之前，已行汉制、用汉人，拥有"三族共主"的身份。

二、和汉族地主阶级平分秋色

清朝的传统国策是牢牢地和汉族地主阶级全面结盟。这种政策在入关之前已成为既定国策，清军进入北京的第二天即把崇祯牌位立于帝王庙，承认明朝的正统地位。多尔衮、顺治亲往孔庙行礼，并拨银三万两对孔庙进行整修。提出"灭流寇以安天下"的口号，向汉族地主阶级表明了满汉一体、共同对付农民起义军的立场。同时宣布取消明朝于"正赋"以外加收的辽饷、练饷、剿饷，以示仁政宽民。

清廷标榜"满汉官民，俱为一家"，竭力笼络利用明朝官吏阶层，宣布在京内阁、六部、都察院等"俱以原官同满官一体办事"，从而迅速建立起满族贵族和汉族地主阶级的联盟，使明朝遗留下来的政权机构很快就转化为清王朝的政权机构。

清廷制定执行上述方针、政策的原因，首先是清朝的传统国策是牢牢地和汉族地主阶级全面结盟，宣称"满汉一家"，"不知有满汉之分，唯知有忠奸之辨"，实行以汉制汉的政策。这种政策在入关前已经成了既定国策，入关后尽管在京城之中实行"迁汉"，在京郊地区进行"圈地"，在全国范围内实行剃发、易服，但这些举措并没有使汉族地主阶级中的联满派，也就是汉族地主阶级中的主流派和满洲贵族之间的同盟发生动摇，因为二者之间有着共同的根本利益。

首先是满族贵族和汉族地主阶级有着共同的敌人——关内的农民起义军。两者只有联合起来，才能镇压李自成、张献忠领导的大顺军和大西军，任何一方都没有单独完成这项任务的能力和力量。

其次是满洲贵族不仅尊重汉族地主在经济上的利益，而且尊重汉族地主在政治上的权益。清廷官制，朝官满、汉均置，平分秋色。督抚封疆大吏，满汉兼用。亲民之官，皆用汉族官吏。这就是说，清军入关并不妨碍汉族地主阶级在经济上、政治上的既得利益。

最后是清廷移鼎入关后，立即表示尊重儒家的传统，并于顺治元年宣布开科取士，不绝"孔孟之徒"的仕途之路。对地主阶级的上层知识分子则用博学鸿儒科进行笼络，表示"恩宠"。

简而言之，汉族地主阶级在明朝能够获得的一切，在清朝也能获得。明朝所能为汉族地主阶级做的一切，清朝也能办到。明朝办不到的事——镇压关内农民起义军，清朝替汉族地主阶级办到了，而且办得十分出色。在这种情况下，汉族地主阶级从其根本的利益出发和满洲贵族进行了全面的合作。

三、清军入关后的八大举措

清初，八旗军入关之后，爱新觉罗氏对汉族和其他少数民族进行了严厉的管制，概言之，有八大举措，即剃发、易服、圈地、投充、逃人法、逃旗法、迁汉、迁海。

发型和服装的式样反映了长期过程中形成的文化传统和民族传统。多尔衮击败李自成，进入山海关的当天就下令关内外兵、民一律剃发。后因大局未定，又收回了成命，宣布汉族军民可"照旧束发，悉听自便"。顺治二年（1645年），爱新觉罗氏认为大局已定，下诏"留头不留发，留发不留头"。

对于留发者立即斩首示众，为了镇压人民的反抗，清军在嘉定进行了三次屠城，一座县城之中先后被屠杀了两万多人。在古今中外的历史上，在政权的更替、统治者和被统治者的变化过程中，用屠杀的手段强迫失败者剃发、易服，仅见于爱新觉罗氏。在世界史上，亦未见诸大范围的记载。剃发、易服的目的是进行民族同化，可是落后的民族无论是统治民族还是被统治民族，均会被共存的先进民族所同化，这是历史的规律，绝不是血腥的野蛮手段所能改变的。汉族剃发、易服后仍然是汉族。八旗子弟梳着传统的发辫，穿着传统服装，但仍然失去了自我，沦为"京师游手"。在农业社会里，土地是农民生存下去的根本中的根本。八旗军入关后，在驻防地区强行圈占土地。八旗军有半数左右驻防北京地区。清初圈地前后延续了二十多年，京郊各县百分之八十五的耕地被圈占，近郊通州则达百分之百。僻远的怀柔县，"自旗圈之后"，民间土地也是"所余无几"。清廷又在京畿地区广置皇庄、王庄，顺治之时"畿甸之地"的皇庄多达一百三十所之多。

顺治二年三月，清廷"恩准""无衣无食，饥寒切身的汉人投充旗下为奴"。这无异于宣布在圈地的同时也可以"圈人"。京畿农民不但田宅化为乌有，自身也沦为旗下之奴。一些富户和恶棍"自带本身田产"，并"连他人之田产"，甚至"夺人之田，攘人之稼"，投充旗下，变为八旗庄头。"借主人为护身符"，"横行乡里"。圈地和投充使京畿地区汉、满间的矛盾更趋激化，沦为旗奴的农民纷纷逃亡。顺治三年（1646 年）"数月之间，逃人已数万"。这些逃人有相当部分是皇太极四次入长城之役中所劫走的人口。清廷移鼎北京时又"从龙入关"，返回了故地。乘圈地之乱，逃往河北、山东地区。为此，清廷制定了严酷的"逃人法"，凡逃走二次者，绞；窝主一次者，斩，窝主的邻居亦获"徙罪"（发配异地）。一些歹人和八旗庄头勾结在一起，伪冒逃人，进入民宅，趁机讹诈。京畿地区人人自危，怕被指控为"窝主"。

一些强行被编入八旗之中的汉人，由于无法忍受承担的"义务"，所以趁进关后的动荡局势从各级"主子"的控制下逃跑。八旗是爱新觉罗氏的根本和依托，所以清廷又制定了严厉的"逃旗法"，对逃旗者进行追捕和惩罚。

顺治五年（1648 年）清廷严令"凡汉官及商民人等，尽徙南城居住"，"限来岁岁终搬尽"。把内城变成拱卫紫禁城的八旗军兵营。由二十四旗都统管辖，按八旗序位驻防。

由于东南沿海的岛屿大多在南明军事力量的控制之下，清廷实行了"迁海"法，强令沿海居民一律后退三十里，在漫长的海岸线上造成"无人区"。东南沿海地区经济发达、人口稠密，迁海令使沿海地区变成了无人区，不但使人民流离失所，而且完全冻结了海外贸易，使东南沿海地区的资本主义因素的萌芽化为乌有。

清初的八大举措，造成了社会上极大的动荡，同时也使生产力遭到了极大的破坏，而当时正是欧洲开始资产阶级革命，生产力获得飞跃发展的时期。

第三节　全面的思想禁锢

从世界史角度来讲，封建社会的晚期思想界很活跃，以欧洲而论，由日心说、文艺复兴、宗教革命，一直到庄严地宣布："人类是生而平等的。"中国的思想界在明朝中叶以后亦颇不寂寞，王守仁、李贽、钱德洪、邹守益、罗洪先、王艮、颜钧、梁汝元纷纷站在不同立场之上著书讲学，奔走呼号。

思想界的活跃当然不利于封建统治者，所以清朝的最高统治者推行了全面的思想禁锢政策。

一、理学与朴学

（一）理学大兴

明初朱元璋、朱棣崇尚理学，清初康熙也崇尚理学。因为所谓的"理"在政治上就是万古不变的纲常之道，承认"理"也就是承认"臣纲"，先于气（物质），而存在于天地之间，最高统治者皇帝自然是"君为臣纲"。出身于贫民的朱元璋父子虽然已登上了皇帝的宝座，但需要这种外借力。清初最高统治者以"建州之酋"，夺取了传袭二百七十多年的朱明皇冠后，更需要这种外借力。所以明初、清初均大兴理学。

康熙大谈性理，尊朱熹为"十哲"之列，配祀于孔庙。程朱理学被奉为正统，严禁宋儒陆九渊、明儒王守仁的"心学"。因为心学声称"万物皆出于心，心外无物，心外无理"。如果心中充满了对统治阶层的愤懑，岂不是"造反有理"了吗？所以清廷不但科举考试以"朱注"为准则，以八股为"程式"，就连启蒙的村塾也必须以朱子为教材。汤斌、陆陇其、李光地、魏象枢、熊赐履、张伯行等理学家纷纷置身高官。张伯行一人撰述刊刻的程、朱理学之书就达百种之多。理学在康熙朝达到了鼎盛。

（二）理学失宠

程朱理学在康熙朝兴盛一时，理学的核心是"存天理，灭人欲"，而"理"是代表统治阶级最高利益的"纲常之道"，这是理学得宠的原因。可是雍正、乾隆很快就发现理学虽然能够被统治阶级所利用，但对爱新觉罗氏来说也存在失控的可能。一些理学家抱着"华夷之辨""夷夏大防"的传统观念不放，对清朝抱不合作态度，而且著书、讲学、传徒以气节自许，雍正时发生的吕留良案，使清朝最高统治者对理学的"崇信"发生了动摇。因为"理学"这种思想体系谁都可以利用，可以加以发挥，在著书、立说、讲学、传徒的过程中难免出现不利于清廷统治的"异端"之说。

清廷恩宠的理学家，也只是空谈迂论而已，并不笃行，在社会上产生不了什么影响。朱熹主张"先知后行"，理学家却是"言行不一""知而不行"。发展到乾隆时期，立于朝堂的理学家不是名利之徒就是陋儒。在这种情况下，清廷只好另辟蹊径寻求精神统治的工具。由于"二程"（程颢、程颐兄弟）是北宋时人，朱熹是南宋的人，所以清代学者又把理学称为宋学。

（三）理学之祸

由战国至唐是中国封建社会的上升时期，盛唐之世是中国封建社会的巅峰。指导中国封建社会到达"巅峰"的理论体系是孔孟的儒家思想。两宋兴起了理学，而且理学成为元、明、清三个封建王朝官方倡导的思想。可以说，唐以后中国封建社会的发展是在理学思想的指导之下，畸形地延续了下来。

如果把儒家学说视为一个完整、连续的体系，其前半段是孔孟的经世致用之学，以"仁"为核心；后半段是程朱理学，以"存天理，灭人欲"为核心，后者只能视为前者扭曲的延伸、畸形的发展。

中国封建社会的抛物线起自孔子，终于五四运动，长达两千多年，盛唐之世是巅峰时期（抛物线的最高点）。满族封建社会的抛物线起自努尔哈赤，终于辛亥革命，只有二百多个春秋，巅峰时期是"乾隆盛世"。从时间上来讲，两者殊途但是同归。不仅是满族，华夏诸民族均上了理学这条"骗船"，所以也就殊途同归了。因为元朝的"华夷一统"之业奠定了中国永恒的大统一的坚固基础，元以后不论政局如何动乱，统治者和被统治者如何更替，统一的格局再也没有动摇过。统一王朝以"理学"治天下，王朝赤子也就殊途同归。所以理学可以说是贻害中华民族，其祸水浸漫了九州大地，因为统治者的宣教在找不到对号入座的表演剧场时，就只能依靠理学，理学虽然有时也会失宠，但永远不会被统治者遗弃。

（四）汉学始兴

三藩叛乱结束之后，台湾也统一到了清廷的行政管辖之下，清朝进入了全面的相对稳定时期。社会安定使经济得到了恢复和发展，客观上给士大夫阶层提供了一个平静的治学环境。清初有禁止士子聚众讲学的法令，后虽弛禁，但书院完全官学化，成为科举时艺的讲习所，完全失去了解疑质疑、辩证论难的时代精神、致用精神。在这种情况下，汉学开始兴起。

清初以来，士大夫阶层的人士开始注意考据学，对每一个问题都要弄清原委。从事考据学的学者，都很推崇许慎、郑玄为代表的汉儒治学的作风，所以又称其学为"汉学"。由于汉学崇尚朴实，反对虚浮，因此也被称为"朴学"。

首创朴学治学精神的人，可推之于顾炎武。顾炎武的《天下郡国利病书》《日知录》均系经世致用之学，考证的目的是致用。可是，士大夫阶层在文字狱的摧残之下，诸事均先考虑"避祸"二字，做学问著书立说亦是如此。故士大夫的治学目的也就从"经世"转向了"避世"，从致用转向了为考据而考据。也就是说，把考据当成精神上的寄托、精力上的消磨。

士大夫们埋头于故纸堆中"饥不食、渴不饮、寒不衣、热不解"。不知四时更替、不明世事之变、不晓人间冷暖，也品不出自己的苦涩与辛酸。尽管阎若璩（1638—1704年）著就了《古文尚书疏证》，考证出了古文尚书是一部伪书；胡渭所著的《禹贡锥指》《易图明辨》在辨伪、疑古上独树一帜，但也是以考据始，以考据终，确实是"考又何妨，辨又何妨，终是书窗。坐断了人生，两鬓如霜，不知凄凉"。所以"儒学根基很深"的乾隆皇帝，对理学不太感兴趣，对朴学却深知其妙用，因为在故纸堆中消磨一生，绝不会产生"流弊"和"疏漏"。理学放言"高论至道",一旦失控即成"异端"。

不成异端者又难免"有其言而无其行"或"言行不一",被世人蔑之为陋儒,起不到"宣教"的作用。于是乾隆因势利导——开四库全书馆,大兴朴学。

二、《四库全书》——修天下之书,毁天下之书

乾隆是个"汉化"极深,具有文化修养和学术功底的皇帝。中国古有"盛世书聚,乱世书散"之说。康熙鉴于明成祖曾修《永乐大典》,于是修《古今图书集成》欲与之媲美,但该书未竣而逝,直至雍正三年才全部编辑完毕,但书的数量、质量均不及《永乐大典》。

乾隆又是个好大喜功的皇帝,为了炫示文治,以显盛世书聚之祥瑞,同时也为了毁弃异端之书,删改不利于清朝之书,于是乾隆三十八年(1773年)开馆修《四库全书》。《四库全书》由纪昀任总纂,集三百五十多名学者共同编辑,由一千五百多人进行抄录。历时近十年,书成。

《四库全书》分为经、史、子、集四大类,共收书三千四百五十七种,七万九千零七十卷,装订成三万五千二百七十五册。此外,有存目六千七百八十六种,九万三千五百六十六卷,是我国最大的一部丛书。

《四库全书》共抄录了七份,其中四份分存于大内(紫禁城)文渊阁、盛京故宫文溯阁、圆明园行宫文源阁、承德避暑山庄文津阁。由于上述四阁均置于内廷禁院,故为"正本"。置于扬州文汇阁、镇江文宗阁、杭州文澜阁的三部称为副本。副本允许"士子"(知识分子)借阅抄录。

在审编《四库全书》的过程中,乾隆两次明示"该毁弃"的应了毁弃,"该删"的应予删改,于是修《四库全书》的过程,不但"聚天下之书",而且"毁天下之书"。仅浙江一省从乾隆三十九年(1774年)到乾隆四十七年(1782年)八年之中,就毁书二十四次,共毁书五百三十八种、一万三千八百六十二部之多。江西巡抚海成在乾隆四十一年(1776年)就在民间搜缴了禁书八千多部。粗略统计,乾隆时期禁毁的禁书共有七十一万卷

之多，相当于《四库全书》总卷数的十倍以上。被禁毁的书有重本，被收入《四库全书》的书无重本，不能机械地对比，但数字上的十倍之差也确实骇人听闻。凡是收入四库的书籍均属于"钦定本"，钦定本中删除了不利于清王朝统治的"异端"内容，完全符合"正统"的标准。从《四库全书》编审过程中大肆删改、禁毁"异端"之说方面来看，《四库全书》成书对统治者来说是重启天朝文运的盛事；对于文化、思想的发展来说，也可称得上是一"劫"。劫后余书均是万安万全之著。故乾隆明示，对副本三阁藏书"不必过于爱惜"，应允许士子抄录、借阅，因为这些书对巩固大清皇基可以说是"开卷有益"了。

封建社会的史学家盛称修《四库全书》是功德无量的圣朝盛事；一些西方学者也把修《四库全书》誉为中国的"文艺复兴"。对上述观点，笔者实不敢苟同。修《四库全书》不论乾隆的主观目的如何，其客观上确实是扎扎实实地做了不少工作，其严谨的学风、深厚的功底均给后世以深刻的影响，其成果亦遗泽于后世，主要是文史、诸子、音韵学、地理学、金石学、乐律学、目录学、版本学、校勘学、辑佚学方面的著作。上述书籍对于解放思想、解放生产力可以说是无直接的推动作用。乾嘉之际，中国社会急需的不是从故纸堆中解决上述问题，而是推动时代的变革。在修《四库全书》的过程中，把众多精英知识分子的精力引向故纸堆、钻进牛角尖，恰恰延缓了时代的变革。《四库全书》修成之后，在当时的条件下也不可能"出版"，更不可能"普及"，江南三阁虽然上谕明示"开放"，但地方官抱着多一事不如少一事的当官原则，未闻有具体开放条例。故江南三阁又实难有公共图书馆的实效。

综上所述，乾隆修《四库全书》，既是"书聚"又是"书毁"，修《四库全书》的过程直接促成了乾嘉考据学派的形成。况且乾嘉考据学派是为了治学而治学，为了考据而考据，形成了一股考证癖的学风，虽有"疑古""辨伪"之说，但多信古、崇古之行，而且学风烦琐，穿凿性理，故为艰深，蒋士铨、阮元、钱载、孙渊如这样的大家也闹出过不少笑话，被时人所讽弄。

三、关闭了中西交流的窗口

清王朝移鼎北京之时，正是西方资产阶级开始登上政治舞台的时期，也是工业革命展开的时期。充满了活力的"西方"对于"东方"来说，无疑是很多方面均处于领先的地位。但"西方"对"东方"，特别是对中国来说，优势是相对的，以国民生产总值而论，据日本学者综合统计，直到鸦片战争之后，英国才迅速超过中国。新航路开辟之后，五大洲之间扬帆可济，世界已经是不再隔绝的整体，中西之间的交流对中国来说具有重大的意义。因为当时的中国急需用西方的"优势"来补充自己，把西方的优势和中国的优势结合起来。可是，恰恰是中国需要西方的时候，清朝严严实实地关闭了中西交流的一切窗口。

明末西方传教士的活动主要在士大夫阶层中进行。传教士传播一些西方科学文化知识，但这只是一种手段，其目的是传播宗教。一些中国士大夫受洗入教，目的是学习西方科学文化知识，受洗入教是一种手段。双方均有各自的目的，而且借助于手段均在不同程度上达到了目的。出现这种现象的原因很简单，中国人的宗教观念一向十分淡泊，不需要引进外来的宗教，士大夫阶层的人士宗教观念更为淡泊，对各种宗教的态度几乎都是不信仰，而是"研讨"，把西方的科技、文化、宗教通称为"西学"。但对西学中的兴趣绝不在宗教，所以翻译的科技著作远远超过宗教著作。尽管如此，双方的关系还是很融洽。以利玛窦为代表的西方传教士一直把中国的士大夫阶层作为传播"西学"的对象，中国士大夫中的有识之士也泱泱大度、虚怀若谷地面对西方的一切。

清初西方传教士的活动主要是面向宫廷。其原因有两个方面：一方面是由西方传教士来华传教的目的所决定，涉足宫廷后就可以进一步问鼎中国政坛，达到让中国基督教化的目的；另一方面是清初的中国士大夫不同于明末的中国士大夫，明末士大夫是中国政坛上最活跃的阶层，立于朝、净于朝，大有以天下兴亡为己任的气概。清初的士大夫阶层是审时度势，只能走同爱新觉罗氏合作的道路，故有一种寄人篱下之感。清廷的军政实权一直掌握在宗室、觉罗手中，可以说是亲贵们的家天下。在这种情况下，汉族士大夫只能有自知之明，在爱新觉罗氏许可的范围内如临深渊、如履薄冰地分享一杯政治残羹。故立于朝，不敢诤于朝，是个万马齐喑的阶层。西方传教士很清楚这一点，故明清鼎革之后，把活动中心由士大夫阶层转向了宫廷。

　　清初之时，南明政权依然存在，特别是桂王的永历政权在西南地区辗转了十几年。崇祯皇帝就一度信仰过天主教，宫中的太监、宫女受洗入教者多达五百四十人。永历帝朱由榔一家人均信奉天主教，王太后教名玛利亚，王皇后教名亚纳，太子慈煊教名当定。拥立朱由榔即帝位的瞿式耜、丁魁楚也是天主教信徒。永历四年（1650 年），朱由榔遣西方传教士卜弥格到罗马谒见教皇，请求援助。教士毕方济在崇祯时就奏上过"开矿脉，购西铳（火炮）"等富国强兵之策，永历即位后在澳门招募"洋兵"三百余人，配合明军作战。清廷移鼎北京后礼遇汤若望，主要原因就是和南明争夺"外援"。红夷大炮的威力曾使努尔哈赤溃败于宁远城下，清廷当然不希望在入关之后和传教士发生不愉快而导致西方加强对南明的支持。京城士大夫深知玄机，当然不敢像明末之时那样和西方传教士诗词唱答，交友往还，共研"中学""西学"。南明政权覆灭之后，清廷立即改变了对汤若望等人的态度，借助杨光先的诬告，判处汤若望、南怀仁凌迟处死，未执行而遇地震，二人得以幸免。在钦天监学习西学的三十多名官员或被斩首或被充军或被革职，无一幸免。在这种情况下，汉族士大夫再也不敢向西方传教士学习西学，怕遭杀身之祸。

　　清廷也惧怕汉洋接触产生"异端"，汉洋结合产生"异志"，造成危及爱新觉罗氏统治的因素，所以在官制上采取了防范性措施，即专门和洋人打交道的粤关是满员的专差，把汉、洋隔绝起来，这种定制和理藩院中无汉缺是出于同一目的。在这种情况下，西方传教士也不敢和汉族士大夫进行接触，怕引起清廷的猜忌，重蹈汤若望的覆辙。况且西方传教士来华的目的绝不是传播西方科学文化知识，而是负有政治使命和宗教使命。既然和汉族士大夫接触不利于执行自己的使命，所以清初的西方传教士致力于涉足宫廷，成为康熙的"侍臣"，并在诸皇子身上下功夫，特别看重皇太子胤礽。但这些宗室贵族的文化素质总体来说还没有达到接受西方科学文化知识的水平，对"西学"也不感兴趣。

康熙本人对西方科学文化颇感兴趣，但也仅仅是感兴趣而已。西方传教士给这位"圣祖"讲授数学、物理学的基础知识时，内廷之中采取了严格的保密措施，防止别人偷听。康熙还要求西方传教士不要把给自己讲授的知识再告诉第二个中国人，企图把这些知识垄断起来，作为"人君南面之术"，在臣民面前树立自己高大无比的形象。在这种情况下，西方传教士当然不敢再借助科学文化知识传播宗教。士大夫们也不敢像明末那样向传教士学习西学并"合著""合译"一些具有实用价值的科学书籍。明末刚刚打开的中西科学文化知识交流的窗口就被关闭了。完全关闭交流窗口的时间不是罗马教皇第二次遣使来华的康熙五十一年（1712 年），而是汤若望之案发生的康熙七年（1668 年），甚至是清廷移鼎北京的 1644 年。汤案中屈杀钦天监中学习西学的官员多人，从此以后"东儒"（中国士大夫）、"西儒"（西方传教士）共处于北京城之中，但"老死不相往来"，双方都怕在接触中引起清廷的猜忌，招来不测之祸。对于西方、对于洋人，虽然知道"仪器精者，兵器亦精"，而且也意识到百年之后将是中国之患，但不敢提出"师夷长技以制夷"，而是坐等了一百多年，在蒸汽机驱动的铁甲战舰兵临南京城下时，签订《南京条约》，开始了半殖民地的悲惨岁月。

第四节　一个模子里刻出来的读书人

嘉庆朝始，清廷没有兴文字狱之举，究其因，一是要加强与汉族地主阶级同盟关系的需要已不容许爱新觉罗氏再兴文字狱；二是读书人都是一个模子刻出来的，兴文字狱也实难找到对象。

一、没有称奴才的资格

"奴才"一词绝对属于贬义，可是有清一代汉族人在大清皇帝驾前没有称奴才的资格。乾隆明谕汉大臣上奏一律称臣，考其原因，"臣"和"奴才"相比绝无褒义。臣者，臣虏也。汉族只有两种人有资格在大清皇帝驾前称奴才，一是"刑余之人"，即受了阉割的太监。净身入宫的太监，均归入内务府档，算是临时编入旗籍，退休时则称之为"出宫为民"。太监由于为主子"生挨了一刀"，看在一刀之苦的分儿上，姑且恩准其暂称奴才。二是为爱新觉罗氏立下卓功，而受到封爵之赏的人，如范文程、杨芳、曾国藩、李鸿章等。"臣虏"立了大功，当然要给予晋升，所以也就改善了地位，成为"奴才"。

二、著书都为稻粱谋

知识分子学有所获，学有所成，为了将所获、所成布于当世，传于后世，当然要著书立说。李贽所著之书名曰《焚书》《藏书》，自知书成之后必不见容于统治者，必遭焚书之厄运。但又自信所著之书必能藏之名山，传之其人，存于后世。

有清一代士大夫们著书立说者不胜统计，清廷虽有文字狱、收书局（乾隆时为了收缴禁书而设置的专门机构）、毁弃令，但无"出版法"，任凭世人自行刊刻出版古今著述。故时人的专著甚多，理学家张伯行一人著述刊刻的程朱理学之书就达百种之多。百种线装书已不是"著作等身"，而是"著作盈室"了。张伯行由于"阐发圣道专辟邪说"有功，官拜礼部尚书，其书后世虽传，但其人后世不闻。著书者大多显于当世，所谓的著述，只不过是仕途之上的敲门砖，上乘者亦不过是"名士"的进阶之梯。

三、立于朝，不诤于朝

中国士大夫的传统为臣之道是立于朝、诤于朝，否则就是尸位素餐。故有"武死战，文死谏"之说，认为"国乱显忠臣""君昏出正臣"。纵观有明一代，士大夫们谏武宗南巡、礼仪之争、弹劾严嵩、国本之争、弹劾魏忠贤，可谓是敢于力谏，拼死力谏，以血力谏，充分显示了气节、臣节，表现了不苟立于朝的情怀。

清朝使士大夫们处于一个特定的环境之中，皇上虽然宣称："不知有满汉之分，唯知有忠奸之辨。"但士大夫们心里还是有数的，"少说话、多磕头"是为臣之道。因为汉大臣不论多么尊荣显赫，和满人相比，仍然是政治上的二等公民，在皇帝的心目中，也只能是借用力量。故疏不言亲，远不言近，不能避世、避时，也要避祸。

康熙时理学家李光地官至文渊阁大学士，康熙曾对群臣表示："知朕者唯有光地，知光地者唯有朕。"君臣关系可谓非同一般。康熙四十七年（1708年）废太子胤礽狂病渐愈，康熙想复立胤礽为太子。令诸大臣集议保奏，李光地无本言上。康熙很生气，责问李光地："你为什么一言不发？"李光地奏道："先前皇卜问废太子病该如何医治，臣曾奏慢慢调理，是天下的福气，臣未曾对别人透露过这件事。"仍然是不敢表态，怕遭不测之祸。

乾隆时纪晓岚任《四库全书》总纂官，可以说是受到礼遇的文章泰斗了吧。纪企图谏乾隆南巡，但又不敢明言，只是趁机从容说道："江南财力困难，应该想些救济的办法。"乾隆怒叱道："朕看你的文章还好，叫你管四库书馆，只不过是养一个戏子罢了，你怎么敢妄说国家大事？"

李光地、纪晓岚二人均是有清一代受到恩宠的名臣，李光地不敢言大事，纪晓岚不能言大事。清代的士大夫们立于朝却不诤于朝，不诤于朝的原因恐怕不是不敢谏，而是不能谏。因为士大夫有文死谏的气节与臣节，决不苟立于朝，也不怕流血，但清代无诤臣，其实质性的原因是臣子不能诤，皇上认为臣子"不配诤"。直至清末的慈禧太后在同治死后的帝位继承问题上，仍以"汉大臣休问我家事"来堵反对派之口。由此可见，有清一代的士大夫们只能苟立于朝。其实，苟立于朝的又何止士大夫们呢？爱新觉罗氏诸帝（后）视汉大臣为刍狗，视满大臣也只不过是"奴才"，奴才当然也不配言"家事"。

四、盛世的光环与末路的余晖

康、雍、乾三朝确实使中国封建社会度过了最后的"辉煌"与"繁荣"，但这只是落日的晚霞映衬着末路的余晖，是就木前的回光返照，因为盛世的基础是对外实行"封闭",对内实行"禁锢"。在环球航路开通之后,五大洲之间扬帆可至。可是康熙时修《明史》,竟然斥利玛窦五大洲之说,仍然坚持中国是居于万国中央的天朝。对外实行封闭,对内实行禁锢的国策,不但继续加大了我国和西方之间在政治、经济、科技方面的差距,而且使清朝故步自封了。可是历史的时针当时已经指向了十九世纪。蒸汽机的汽笛声离"天朝"越来越近了。清朝这具"木乃伊"保存下去的首要条件是不见空气,但由蒸汽锅炉喷射出的高压灼热空气所驱动的钢甲战舰,已经驰向了天朝的大门。

康、雍、乾三朝对于封建社会自身来说无疑是盛世,但对于历史的进程来说,三朝无疑又是封闭的。封闭、禁锢的社会中培养出来的人,特别是士大夫阶层人士,当然是一个模子刻出来的。如果说彼此之间存在差异,只能是个人道德之间的差异,总体意识上很难产生差异。康、雍、乾三朝士大夫想在大清皇帝驾前称"奴才"而又没有资格称"奴才"。这并不是士大夫们的格调低,而是可怕的客观环境造成的。鲁迅先生认为中国历史可分为想当奴隶而不可能当的时期和暂当稳定奴隶的时期。中国士大夫史的分期,也可分为想当奴才而不可能的时期和暂当稳定奴才的时期。但两者之间并不是"重合"的,康、雍、乾三朝社会相对稳定,经济不仅得到了恢复和发展,而且呈现出繁荣,"庶人"可以说是"暂当稳定奴隶",但当时的士大夫阶层确实是想当奴才而不可能,这正是"士""庶"之间的差异。

第五节　朦胧的觉醒

一、逼进象牙之塔,在象牙之塔上看人寰

明末清初思想界异常活跃。黄梨洲、王夫之、顾炎武等学问大家,均喊出了时代的最强音。他们"治学"是为了"致用",也可以说是为了反清复明的大业。这些人不与清朝合作,不能简单地视为为明朝尽忠,而是不愿"苟

同"，要走自己的路。要走自己的路，只能不与清朝合作。可是，绝大多数士大夫阶层的人士还是选择了和清朝合作的道路。但爱新觉罗氏清楚地知道，这种合作是无可奈何之中的一种选择，所以兴文字狱、尊崇理学、关闭中西交流的窗口，使士大夫阶层不敢，也不可能再产生"异端"。

士大夫阶层认为人生的道路是修身、齐家、治国、平天下，治学的目的是"经世"，以求"大用"。可是明清鼎革之后，清廷只崇尚程朱理学，视敢于解放思想的王守仁"心学"是导致明朝灭亡的"谬说"。但对理学的研究又不能离开朱熹之说半步，否则即为"异端"。吕留良是个理学家，批评时文之中赞赏井田封建，这种观点实可谓道学先生的迂朽之说。但雍正却认为是大逆不道的"悖谬"。原因是封建要按亲疏之序，雍正是同胞相残。井田制其实只是儒家"养民"的一种美好设想。雍正认为赞美井田制就是指责清朝入关后实行"圈地"和遍设皇庄。

理学既然是一种学说，是一种思想体系，当然就要有发挥、有拓展。在传徒讲学中也就免不了要提些个人见解，发发议论。这在清廷看来就有些失控的危险，就会产生不利的因素。理学研究不能越朱熹半步，理学也就成了货真价实的腐学，臭不可闻。乾隆时，京城书肆连《读书录》这样的理学名著都不敢进，怕卖不出去贴了本钱。清廷也认识到理学起不到维护自己统治的作用，不再推崇。

士大夫欲求经世致用之学，就要面向西方，利用西方科学文化知识满足强国富民的需求，这也是时代赋予士大夫们的使命。但清朝关闭了所有中西交流的窗口。

有人认为乾嘉考据学兴起，是士大夫们躲入象牙之塔的必然结果，其实士大夫们是在理学不屑涉、西学不能涉的困境中，被逼进象牙之塔的。乾嘉学派创始于惠栋，发展于戴震，知名学者前后共有六十余人。涉及面很广，经学、文字学、音韵学、地理学、金石学、乐律学、典章制度学、版本学、校勘辑佚之学，无所不包。类而分之可为经学、史学、文学三大方面。于成就而言他们扎扎实实地整理了《易》《书》《诗》《礼》《春秋》等经书三百八十多种，两千七百多卷，还鉴别了一些古书的真伪，疏征与校勘了古籍的字、句；把文字学、音韵学的研究提高到了空前的水平。可以说是以严谨的治学精神、科学的归纳方法对我国的古籍进行了一次大清理，为后世的学、用、研究提供了更为有利的条件。

从总体上来说，考据学派的初成为《四库全书》提供了社会条件，《四库全书》的编纂又进一步促进了考据学派的发展。乾隆开四库书馆的过程中，确实网罗了不少人才。参加编辑工作的三百五十余人，可以说均是来自全国各地享有盛名的饱学之士。"入馆录书"的一千五百余人也不是一般的"抄书匠"，而是小有名气的"学问之人"。两千多名学者云聚北京修《四库全书》的过程中，无疑造成了巨大的影响，推动了学术文化的发展。《四库全书》的善后工作直到乾隆五十二年（1787年）才最终完成，历时十四年之久。在这段时间内可谓济济人才聚京华，如此有计划、有系统地从事古书的收集、整理、校订、抄录工作，在中国历史上还是第一次，故《四库全书》编纂的过程中把古籍的考证、校刊推进到了一个新的水平。

乾嘉考据学的治学方法是科学的，科学的治学方法又促进了学术的发展。"尽信书则不如无书"的观点，可以说是从另一个侧面喊出了解放思想的呼声，在象牙塔之上开始觉醒的士大夫阶层代表人物，当首推崔述、戴震。崔述（1740—1816年）一生著述有三十四种之多，《考信录》可称其代表作。该书不但"考"了史，而且主张只有经考证后，史才可信。崔述提出了"尽信书则不如无书"的观点，在客观上可以说是对封建道统的一个挑战。"文以载道"，书更是"先圣"的载体，不容置疑。理论可以指导实践，理论也来源于实践。严谨的治学过程中，必然归纳总结出科学的理论，科学的理论再进一步指导实践。这就是由物质到精神、精神到物质的辩证法。对书中内容的质疑、考辨，必然导致对书中理论体系的质疑，甚至否定。严谨的治学（实践）必然产生科学的治学方法，科学的治学方法必然会上升为新的理论体系。士大夫们被逼进了象牙之塔，但在象牙之塔中又开始了觉醒。

戴震（1724—1777年），安徽休宁人，是乾嘉考据学派皖派的执牛耳者。他出身于小商人的家庭，青年时还一度从过商。三十八岁中举人，但会试屡试不中，乾隆三十八年（1773年）经纪昀等人推荐被任命为《四库全书》纂修官。戴震一生著述颇多，凡天文、历算、地理、音韵之学无不精通。

他不仅是哲学家、经学家，而且是科学家，其哲学思想、政治理论方面的代表作是《孟子字义疏证》。戴震声称自己"不为学问而学问"。公开承认自己有情欲，主张"无欲则无为"，认为"理"应该是多数人的"人情"。在《孟子字义疏证·卷下》中指出，古人言理，是从人的情欲上去探求，使人们的情欲没有丝毫的缺憾，这就是理。今人言理，却离开人的情欲去探求，使人们对于情欲忍而不顾，以为这就是理。由于这两种对于理欲不同的态度和观点，就产生了两种不同的效果。前者是以符合众人的情欲为真理；而后者则相反，其结果是尽使天下之人转而为欺伪之人，而祸患也就无穷尽了。此说精辟地阐明了天理和人欲之间的关系，也揭示了"存天理，灭人欲"之说造成了"二重人格"的遗祸。

戴震进一步指出，"以理杀人"比"以法杀人"更残酷。"尊者以理责卑，长者以理责幼，贵者以礼责贱，虽失谓之顺。卑者、幼者、贱者以理争之，虽得谓之逆……在下之罪，人人不胜指数。人死于法，犹有怜之者，死于理，其谁怜之。"戴震不但把理和欲统一为多数人的情，而且认识到，封建社会的"理"是"下"对"上"的片面义务。这不能不说是考据学家科学的治学方法反作用于认识论的结果，考据（实践）中的辩证方法上升为理论中的辩证思想后，一连问了几个"为什么"就开始朦胧地觉醒了。再问几个"为什么"之后，就要奔走呐喊了。

二、师夷长技以制夷

十八世纪下半叶到十九世纪上半叶，西方资本主义国家已经先后完成了工业革命，借助于工业革命所创造出的巨大生产力和先进科学技术，更疯狂地进行殖民主义侵略。道光十四年（1834 年）十月十日，英国军舰突然闯入虎门，进抵黄埔，耀武"天朝"的大门。大清帝国已经在封闭之中接触到了"空气"，很快就要腐烂了。

清廷平息了白莲教起义之后，国内的农民反抗斗争暂时处于低潮。在镇压起义的过程中，爱新觉罗氏被迫对汉族地主阶级实行全面让步。满洲贵族和汉族地主阶级的同盟在新的形势下进一步巩固了下来。但这种平静建立在"山雨欲来风满楼"的基础之上。可谓内忧外患，即将双临并至。在这种情况下，被逼入象牙塔的士大夫们又摒弃了故纸堆中的"汉学"，开始注意现实问题——发扬了传统的经世致用思想，寻求济世救时的良方，龚自珍是这一发展变化之中的代表人物。

龚自珍（1792—1841年）于嘉庆二十四年（1819年）考中了举人，第二年进京捐资为内阁中书。道光十年（1830年）考中了进士，与在京任职的林则徐、魏源等人共同组织了"宣南诗社"，讨论匡时救世之道。龚自珍写了《西域置行省议》，此文是针对张格尔在英国的支持下在新疆发动叛乱而写的"时文"，所议颇为中肯。又写了《东南罢番泊议》，主张采取有力的措施，抵制西方殖民主义者在我国东南沿海地区的侵略行径。七品小官议国事引起秉政的大学士穆彰阿的嫉妒，抱负无从施展，同时也认清了清廷的本来面目，于是辞官回归故里，讲学度日。

龚自珍认为："一个人所立的法，不可能没有毛病；天下人所反对的事，没有不垮台的。与其让别人来变法而发展，不如自己动手改革。"针对清廷坐吃山空，大小地主狂热地兼并土地，龚自珍提出了"崇农""平均"的主张，认为如不改革，将要"丧天下"，并且提出了"禁烟"（鸦片）和废除科举制度的主张。

龚自珍在道光五年（1825年）任内阁中书时写下的《咏史》篇中有：

金粉东南十五州，万重恩怨属名流。

牢盆狎客操全算，团扇才人踞上游。

避席畏闻文字狱，著书都为稻粱谋。

田横五百人安在，难道归来尽列侯？

辞官回归故里的途中又写下了举世所知的名篇：

九州生气恃风雷，万马齐喑究可哀。

我劝天公重抖擞，不拘一格降人才。

中国的地理位置十分特殊，北方、东北方境外可以说是无人区和冻土带；

西方、西北方是沙漠戈壁；西南方是崇山峻岭，陆上交通处于被隔绝的状态。中国有漫长的海岸线，可是面对茫茫的太平洋又只能叫古人望洋兴叹，至多是在海市蜃楼的启迪之下去寻找海上仙山。特殊的地理位置，限制了古代的中国人走出去的步伐。

中国古代的科学技术、经济文化，在十七世纪以前一直处于领先的地位，中国人即便有可能睁眼看世界，也只得到"天朝物产丰盛，无所不有，原不假外夷货物以通有无"。可是历史发展到十九世纪中叶，情况变了，逆水、逆风破浪直前的蒸汽战舰把天朝打得落花流水。中国人不得不正视现实，睁眼看世界。

首批睁眼看世界的中国人是以林则徐、魏源为代表的士大夫阶层。鸦片战争的炮声惊醒了时代的先驱，中国人民正义的反侵略战争却遭到了南京订城下之盟的失败。失败后如何振作起来是摆在不甘失败、不能失败的中国人民面前的一个新课题。林则徐、龚自珍、魏源在京任职期间就组织过宣南诗社。唱吟之间各抒富民强国的情怀，在京城士大夫中颇有影响，使士风为之一振。先驱们不再迷信那些故纸堆里的"帖括之学"，开始放眼全球，了解西方国家的情况，学习西方的"技艺"（先进科学技术），改变中国落后的地位。林则徐主编了《四洲志》《华事夷言》两部应时书籍，介绍西方国家的情况。魏源在此基础之上编出了一部一百卷的巨著《海国图志》，比较全面、详细地介绍了海外诸国的情况，并明确指出编写《海国图志》的目的是"以夷制夷""以夷款夷""师夷长技以制夷"。在此同时，清廷的庸官朽贵们在指导思想上仍然迷信着"天不变，道亦不变"，"祖宗成法"当然更是不变。在这种思想的指导之下，这些天朝大臣表现出惊人的昏聩。参赞大臣杨芳在珠江口见英舰逆风、逆水破浪而进，认为是使用了"邪术"，于是下令集民间马桶（粪桶）置于筏头，命令水勇驾筏驶向英舰，以"冲"邪气。与英国侵略者签订《南京条约》的两江总督牛鉴，竟不相信英舰是"火轮船"，认为船中绝不可能"储火"，一定是在舱中策牛狂奔，挽动两弦水轮。更有甚者，道光的皇侄扬威将军奕经，命人把老虎骨头投入海中。认为虎骨入海必然"激怒龙王"，于是海浪腾起，自可掀翻"夷船"。

"师夷长技以制夷"和用"粪桶""虎骨"制夷,两者之间表现出的差距是多么巨大啊。产生这种差距的原因是前者是睁眼看世界,后者是闭眼信"天道"。睁眼看世界虽然也不能一目了然,立即得出正确的结论,但不同于盲人摸象,各言所触。

第六节　变法图强

十九世纪中叶以后,中国近代民族工商业有了一定的发展。中国民族资产阶级是由经营型地主和买办资产阶级转化而来的,和二者之间有着千丝万缕的联系。但随着民族资本主义的发展,士大夫阶层中的先驱之士产生了变法图强的要求,资产阶级改良派诞生了。

甲午之战以中国惨败而告终。两次鸦片战争和中法战争的失败,均败之于大洋彼岸的洋人。甲午之败,竟然败于弹丸岛国,败于被称为倭奴的日本。甲午之败,在中国人心中引起了强烈的震动,认识到瓜分之祸迫在眉睫。在这种形势下,北京政治舞台上出现了新的政治力量——资产阶级改良派和帝党结合在一起,掀起了维新变法运动。

一、公车上书

光绪二十一年(1895 年)正逢会试,各省举人云集京师。四月下旬,传来了李鸿章将要和日本签订《马关条约》的消息,引起了在京应试的举人们极大的愤慨。康有为"日日奔走",发动各省举人联名上书光绪皇帝,力言拒约,备战迁都。主张"练兵强天下之势,变法成天下之治"。四月三十日,一千三百名举人在宣武门外松筠庵集会,公推康有为起草《上清帝书》。五月二日,各省在京应试的举人组成浩荡的队伍,步行前往都察院递交"万言书"。这就是名垂青史的"公车上书"。

公车上书是北京历史上第一次"学生运动",它标志着已登"小龙门"的

"举人老爷"们，冲破了"孔孟之学""程朱之注"的禁锢，也冲破了清廷严禁"士子干政"的谕令，要以天下为己任。中国封建社会中培养出的知识分子，开始走上了变法图强的道路，也为延续了一千多年的科举制度敲响了丧钟；向封建知识分子指出了"天不变，道亦不变"，绝不是永恒的真理。"天"在变，"道"也在变，自己脚下的"路"也在变。参加过公车上书的安徽举人周维藩（字介仁）后来登了大龙门，成了戊戌科进士，而且点了翰林，后追随孙中山先生参加了辛亥革命。二十世纪三十年代，他回忆自己一生的历程时，认为参加公车上书是自己走上革命道路的起点。公车上书在历史上的深远意义，确实应该引起史学界的进一步探讨。

二、强学会与保国会

公车上书之后，宣武门外的会馆地区成了变法维新的舆论中心和维新志士的活动基地。康有为在菜市口米市胡同南海会馆创办了第一份宣传变法的报纸《万国公报》（后改为《中外纪闻》），随后又在河南会馆中的嵩云草堂成立了强学会。会员们每十日集会一次，纵谈世界大事，鼓吹变法强国。会员们还集资在琉璃厂创办了一家图书馆，收集了一些翻译书籍、地图和科普仪器，旨在宣传思想启蒙，推进燕市新风。慈禧以"私立会党，将开处士横议之风"为由，查禁了强学会，封闭了图书馆。康有为在北京兴办的一报一会，由于清政府顽固派的破坏，均仅存在了四个多月，但它们发挥了"登高远呼""令四方响应"的巨大威力。不但各省旅京士子为之感染，清廷的中下级官员也有不少人参加了强学会的活动。"自此以后，风气渐开，已有不可抑压之势。"全国各地纷纷效法京师所为，组织学会，开办学堂、报馆。

光绪二十三年（1897年），康有为再次上书光绪皇帝，疾呼变法图强。次年一月五日，在海南会馆成立粤学会。四月十二日，联合诸学会在京成立了保国会。顽固派惊呼保国会保中国不保大清，强行封闭了保国会。保国会虽然存在时间很短，但促成了变法维新的思想由北京向全国辐射。

三、百日维新

光绪二十四年（1898 年）六月十一日，光绪皇帝颁布《定国是诏》，正式宣布变法，实行新政。在维新变法期间，康有为、梁启超、谭嗣同、杨锐、刘光第、林旭等维新志士制定了一系列的新政，用谕旨形式颁行全国。这是由古老而沉寂的大清帝国的京师发出的变革之声。在当时来讲，可称之为时代最强音。概言之，政治上在一定程度上开放言论、出版、结社的自由，准许开设报馆，组织学会；经济上采取某些有利于资本主义发展的措施，提倡实业，奖励兴办农会、商会，鼓励商办铁路、矿务；文教上废除八股，兼习中西学，开办京师大学堂及省、府、县地方学堂；军事上裁减旧军，编练新式海陆军；官制上裁撤重叠的多余机构，提高行政效率。

这些措施虽然具有进步意义，但并没有从根本上触动封建专制制度，充分表现了与封建统治阶级有着千丝万缕联系的中国民族资产阶级的软弱性。

可是以慈禧太后为首的顽固派于九月二十一日发动了政变，囚禁了光绪皇帝，再次实行垂帘听政。变法至此结束，仅历时一百零三天，故称为"百日维新"。

四、菜市口喋血

政变后，步军统领衙门到处搜捕维新志士，血雨腥风布满京师。康有为在政变前离京，梁启超在政变发生后也避居日本使馆。谭嗣同认为"不有死者，无以召后起"，拒绝了侠义之士大刀王五的劝说，决心留在北京，实现他"因变法而流血者"，"请自嗣同始"的誓言。

九月二十八日下午三时许，谭嗣同、林旭、刘光第、杨深秀、康广仁、杨锐六名维新志士，未经审讯，即以所谓"大逆不道罪"在菜市口处以斩刑。年仅三十三岁的谭嗣同临刑前高呼："有心杀贼，无力回天。死得其所，快哉！快哉！"戊戌六君子慷慨成仁，从容就义，惊天地，泣鬼神，震撼了京师。对菜市口行刑号炮的回响，是辛亥革命武昌起义的隆隆炮声。

五、最后的风采

由 1894 年 4 月 3 日的公车上书到 1898 年 9 月 28 日六君子喋血菜市口，这短短的四年之中，有清一代的京城士大夫第一次真正地登上了政治舞台，展现了二百多年禁锢生涯中仍然不褪色的风采。六君子血染京华，演出了中国士大夫史上最后一幕悲剧，也为士大夫阶层画上了最后一个句号。七年之后，随着科举制度废弃，士大夫阶层迅速退出历史舞台。士大夫阶层在行将退出历史舞台之际展现了自己最后的风采，这不是历史的偶然，而是政治形势和思想意识发展的必然结果。

太平天国运动爆发后，爱新觉罗氏的统治完全依靠汉族地主阶级的支持。清朝的军政实权业已掌握在湘系、淮系封疆大吏手中。慈禧太后虽然疯狂仇恨"康梁党人"，但已不可能未经任何审判就用迅雷不及掩耳的手段杀害了"六君子"，主要原因是怕通过正常的程序会被迫"搁浅"，达不到杀害六君子的目的。

十九世纪末叶，"天命""天理""纲常""臣节"等观念均已全面发生了动摇，谭嗣同在《仁学》中用"以太"来解释宇宙的本源。达尔文的进化论已成为人们突破封建意识形态的思想武器。"变法图强""救亡图存"的呼声使得民气为之一变，故强学会、保国会应时而兴，士大夫阶层振起了"挽狂澜"之志，要"柱陆沉""肩长天"，故重现了血染的风采。公车上书选定杨椒山祠（松筠庵）为聚会处，一千三百多名举人签字后由此出发到都察院请愿，表明了此次行动是继承了杨椒山弹劾严嵩的精神，为了民族的生存、国家领土的完整，生死早已置之度外。而且谭嗣同用自己一腔热血染红了北京的黄土，向历史证明了有骨气的士大夫是不怕死的，只要死得其所，大丈夫视死如归。

六、风骚已尽

戊戌变法失败后，中国历史进入了急转弯，对清政府抱有幻想的改良派迅速退出历史舞台，革命派迅速崛起，担负起了资产阶级民主革命的重担。

谭嗣同的血没有白流，因为他用血的事实向全中国人民宣告了改良主义的道路在中国是一条死路。原因是中国的封建势力太强大了，中国的改良主义者又是科举制度之下培养出来的士大夫。这些时代的先驱者有为理想、为事业杀身成仁的气概，但没有和中国封建社会彻底决裂的勇气。因此，在历史巨轨的急转弯处被时代的列车甩了出来。由戊戌变法到辛亥革命（1898—1911年）中间有十三年的时间，在这十三年中，改良派未能转化为革命派，于是被历史所淘汰。康有为最初作为一个维新志士登上政治舞台，后来竟变成了一个顽固不化的保皇党，与张勋为伍，拥护复辟。这固然是康有为个人的悲剧，但反映了士大夫阶层虽然没有成为清朝的殉葬品，可是成了科举制度的牺牲品。1905 年清廷废弃科举制度时，广大士大夫阶层的人士是怀有失落的心理。士大夫阶层嫁与科举制度一千多年了，虽然受了一千多年的虐待之后又被遗弃，但还是旧情未了。所以士大夫阶层作为一个整体来说虽然没有为清朝殉葬，可还是为科举制度守节。士大夫作为一个阶层来说，没有能够由地主阶级的知识分子转化为资产阶级的知识分子，于是独领风骚两千多年的士大夫阶层在戊戌变法失败之后，默默无闻地退出了历史舞台。

第七节　京旗士大夫

一、京旗士大夫群体的形成

（一）京旗文化溯源

京旗是八旗的主体，因为清廷移鼎入关后，八旗官兵分防于全国各地，千人以上的驻防点并不多。小驻防点在汉族汪洋大海的包围中形成不了自己的"社会"。京旗十几万官兵携眷驻防，连同家属在北京内城和京西三大营地区构成了旗人社会。所以说京旗文化也就代表了八旗文化。

八旗文化由齐鲁文化、满族文化、蒙古族文化所组成。明朝时期辽东地区在行政区域划分上属于隔海相望的山东布政使司管辖，山东和辽东是一个省区。山东是孔子、孟子的故乡，儒学的发祥地，故齐鲁文化是纯正发达的儒家文化。辽东地区的汉族居民大多是山东的移民，所以齐鲁文化在辽东地区有重大的影响。

（二）齐鲁文化影响的扩大

满族是一个古老的民族，由先秦时期的肃慎、南北朝时的勿吉、隋唐时的靺鞨、宋辽时的女真一脉相沿。明朝中叶以前，满族诸部的贡表用女真文，后满族诸部的贡表和档案均用蒙古文书写，直至努尔哈赤时期才创立满文。

由此可见，满洲诸部在崛起初期受蒙古文化影响较大。据有辽东地区后，又接受了齐鲁文化的影响，特别是"汉军"编入八旗之后，齐鲁文化的影响就居于主导地位。"汉军"最初是由辽东汉族居民和孔有德、耿仲明、尚可喜等人所统率的明廷反叛部队合编而成，故八旗汉军祖籍大多是山东。齐鲁文化在八旗文化中的影响居于主导地位的标志，是清廷在入关前就已实行六部官制和科举制度。

（三）入关后八旗制度的突变

清廷移鼎入关前，八旗是军事、政治、生产三位一体化的组织，入关后八旗的性质发生了突变。首先是生产职能不复存在，八旗失去了独立存在的经济基础，逐渐蜕变成一个庞大的吃粮领饷的寄生集团。

（四）在隔绝中汉化

驻防在北京地区的八旗官兵称为京旗，人口占八旗人数的一半左右。京旗中的汉军、蒙古军两部分在形式上迅速满化了，满化的标志是蒙古军、汉军两部均能掌握一些满语，三部虽然有序位之别，但在吃粮领饷的待遇上却是一视同仁，共同过着寄生的生活。蒙古诸部不和蒙古八旗认同，视之为"旗人"；汉人也不和汉军认同，视之为"旗人"。也就是说，八旗中的满化是政治上的"满化"，满化的基础是三部均被外界视为是吃粮领饷的旗人。

八旗入关后在整体上又迅速地汉化了。尽管清廷采取了种种的防范措施，首先是旗、民不通婚，以防血脉相融。其次是旗人专城而居，以防在杂处中互相影响走向融合。最后是崇"旗"抑"民",建立起旗人的政治优越感。但京旗还是不可遏止地汉化了,汉化的原因是入关后八旗生活在汉族占绝对优势的人口包围之中,汉族的政治、经济、文化发挥了不可抵制的影响,但这只是外因。内因是八旗文化的构成中含有齐鲁文化,而且在清廷据有辽东地区后齐鲁文化的影响就发挥了主导的作用。在这种情况下,汉化是无法避免的必然结果。汉化的标志是八旗中的蒙古、满洲均使用汉语,蒙古语、满语逐渐退化成了特定情况下的寒暄用语、礼节用语,甚至官方的公文、大臣的奏折、皇帝的朱批中满文也不再占一席之地。旗人的满化是形式上的满化,旗人的汉化是实质上的汉化,故旗人和民人之间的区分只能是政治上的区分,难以进行文化上的区分。若不是清廷的防范措施,旗人和民人早已融为一体。

（五）由当兵领饷到当官领俸

汉族士大夫是脱离生产劳动的地主阶级知识分子,其出路是"学而优则仕"。京旗成员均是脱离生产劳动的特殊公民,其出路是或当兵或当官,当官就要走知识化的道路,所以京旗士大夫应该说是京旗形成之时就已经出现。京旗士大夫形成群体大约是在康熙时期,因为清廷的各级政权中需要大批的旗籍知识分子。顺应清廷的这种需要,大批旗籍知识分子从当兵吃粮的行伍之中分离出来,形成了京旗士大夫群体。

二、京旗士大夫群体的发展

（一）京旗教育事业的发展

京旗的教育事业在顺治年间已经兴起,到了雍正时期已经十分完善,爱新觉罗氏家族之中建有宗学、觉罗学,教导皇家子弟。清军入关后,即创办八旗官学,京旗每旗一所。内务府三旗设有景山官学和咸安宫官学。京西的外火器营、圆明园护军营、健锐营和京东密云的檀营也均设有随营官学。

京旗的各级教育事业,教授内容均是清文（满文）、汉文、骑射,学成之后可授予一定的官职。后来,清文、骑射渐成虚设,各级官学也成了不务教学的"衙门"，学生只要肄业期满，即可授官。但经过各级教育机构的"培养"，京旗的士大夫群体不断地扩大。

（二）京旗与科举制度

清廷移鼎北京之前，已开科录取秀才。入关后迫不及待地在顺治二年、三年进行了两次科举考试，向汉族地主阶级知识分子大张利禄之网，但旗人均不应试。顺治八年开八旗乡试，应试者为八旗生员。八旗生员（秀才）由本旗各佐领考试录取，只是一种形式，可是往往不敷取中，故时举时停。康熙二十六年（1687年）以后旗人与汉人一体应试，所不同者，旗人考生有固定的录取名额，顺天府乡试中额定录取满洲、蒙古各十名，汉军五名，由于八旗子弟对科举之途并不感兴趣，所以应试者人多可以中取。但随着旗人社会的汉化，京旗知识分子的文化素质不断提高，跃龙门者也就不断出现，明珠、阿尔泰、鄂昌、纳兰性德等均是科举出身，而且在当时的政坛、文坛上颇有影响。

（三）庞大的官僚集团

清廷六部、都察院等中央机关在官制上均是满汉对等，"一职双岗"以示平分秋色。此外，北京城中还有许多"满衙门"，如宗人府、理藩院、步军统领衙门、二十四旗都统衙门……所以清廷需要大量的旗籍官员，旗籍文秘人员（笔帖式）、旗籍教员（各级官学的教习），京旗中凡有一定文化教养的人，均可以脱颖而出。由当兵领饷转化为当官领俸。

三、京旗士大夫群体的特征

（一）唯持天恩祖德

清朝的特点是官不理事，故有爱新觉罗氏与胥吏共天下之说。汉官不理事，满官更不理事。汉官大多是科举出身，满官大多是官学出身。科举制度还要有十年寒窗苦，官学只要修业期满，不愁"量才授官"。能否进入官学，不是进行考试而是通过选拔。所以"持天恩祖德"，也就可以置身于京旗士大夫之林。

（二）失去进取精神

由于京旗士大夫凭借"天恩祖德"就可以平平稳稳地进入仕途，所以从整体来讲是个缺乏进取精神的群体。京旗各阶层人士都讲求"本分"，所谓本分就是八旗重重的等级制度，即上三旗下五旗的地位之分；黄、白、红、蓝的序位之分和左右两翼之别；满洲、蒙古、汉军的亲疏之分；包衣和领有者的奴主之分；以及阿朗哈和领有者的人身依附关系……这些均是不可动摇的等级原则，是爱新觉罗氏宝座的始基。但爱新觉罗氏在八旗内部又施以"仁政"，所谓仁政就是吃粮领饷的经济待遇一视同仁，参加科举考试，出任各级官吏的政治待遇一视同仁，包衣出身也可以置身高官，并恩准抬旗、脱籍。在这种制度之下，八旗各阶层人士均守本分，绝不僭越，因为守住"本分"，才能获得各级主子的垂青，若生非分之想，则后果不堪设想。在这种情况下，京旗士大夫这个群体很难产生开拓和进取的积极向上精神。

（三）难以产生变革思想

在清末五次立宪请愿高潮中，京旗也产生了八旗宪政会、八旗期成公民会，但人数极少，有些参加者带有明显的个人目的——期成顺直谘议局的议员，所以影响也甚微。清廷驱逐各省代表回原籍后，"胡闹者一起到庆王府，跪请奕劻保全"。可谓和谭嗣同不可同日而语。京旗士大夫难以产生变革思想，在有清一代二百六十多年中，总是迷信着"天不变，道亦不变""祖宗成法不可变"的信条，因循守旧，直至辛亥革命爆发后，似乎也没产生变革的思想。这种"固而不化"的原因并不费解，二百多年经济上的寄生生活，政治上特殊的公民地位，使这个群体早已失去了开拓的精神和应变的能力。在京旗士大夫心目中，整个宇宙都是按照"主子"的意识归于静止，当然也就产生不了变革的思想。

（四）忠君爱国一体化

京旗士大夫无疑均是皇权至上主义者，在封建社会里忠君和爱国一体化是一种正常的现象。京旗的忠君已超越狭隘的民族范畴，因为京旗是个由满族人、蒙古族人、汉族人、回族人、苗族人、藏族人等组成的军政集团。这个集团的主体是满族，但其他民族发挥的作用也是不容忽视的，超越民族的忠君，必然导致热爱多民族统一的国家。正是基于上述原因，英法联军之役和八国联军之役中，北京两次被殖民主义者所攻占，但京旗士大夫均能洁身自好，守节不辱。

四、京旗士大夫群体的解体

（一）京旗中汉化最深的群体

京旗士大夫无论是官学出身，还是科举出身，均接受了正统的儒家教育，接触到了传统的儒家文化。所以汉文功底较深，也就是说，文化素质较高。京旗的上层由宗室、觉罗所组成，这一阶层长期囿于府邸之中，对外界来说可以说是封闭的。京旗的下层是广大兵丁和当不上兵的苏拉，这一阶层人口众多，形成了京旗社会。这一社会自成体系，也具有相对的封闭性。只有京旗的士大夫阶层是个开放的群体，和外界接触得较多，难以处于封闭状况，正因如此，京旗士大夫群体是京旗集团中汉化最深的群体。

（二）辛亥革命后京旗中迅速消失的群体

京旗的上层群体是宗室、觉罗阶层，这一群体的消失在 1925 年北京政变成功后，冯玉祥驱逐溥仪出宫之时。京旗的下层群体是人口众多的兵丁、苏拉阶层，这一群体在辛亥革命后失去了寄生的特殊公民身份，可以说是全员转化为北京市民，而且在人数上是北京市民的主体。转化并不等于消失，而是和外城社会完全打破人为的藩篱融为一体，形成了民国北京市民，并且给北京市民打上了京旗文化的烙印。

京旗士大夫阶层在清帝退位、北京政权和平地向袁世凯移交的过程之中迅速地"消失"了。消失的原因很多，首先是失去特殊公民的身份之后，京旗士大夫阶层绝大多数变成了无业市民，未能转化为民国公教人员，失去了士大夫的社会地位。其次是京旗士大夫阶层既没有上层的经济凭借，可依然在府中闭门称"爷"，也没有下层人口众多的依托，对改朝换代无所顾忌，认为"光脚的不怕穿鞋的"。而是有一种恐惧感，产生了紧张的心理，想"改换门庭"，于是纷纷在迁居之后改为汉姓。但京旗士大夫未能像京旗下层那样全员转化为民国北京市民，并给北京市民打上京旗文化的烙印。京旗士大夫不仅绝大部分未能转化为民国士大夫（公教人员），而且也未能给民国士大夫群体打上京旗文化的烙印，因为他们早已汉化了，一旦失去特殊公民的身份，只能是无踪无迹地迅速消失。

五、京旗士大夫的影响

（一）国家机关中的半边天

清廷的主要国家机关中，按照满汉平分秋色的原则，基本上是"双岗制"。所谓双岗制就是凡重要岗位，均是"一缺两员"，由满汉官员共掌。北京城中有许多"满衙门"，由堂官到笔帖试，是清一色的满员。能在各级衙门中任职的旗籍官员，大多可以归入京旗士大夫的群体。清朝国家机器的运转过程之中，京旗士大夫无疑发挥了重要的作用，亦可称之为半边天。

（二）沟通民族文化

清朝移鼎入关后，颇重视八旗的教育事业，早在顺治年间就设立了各级官学。各级官学中的满教习均是"学贯满汉"之士。不通晓满族文化实难教授"国语"（满文），但"国语教材"又大多是儒家经典著作的汉文译本，所以不通晓汉文化亦难在各级八旗官学中教授满文。

为了发挥满族文化的影响，清廷花费巨大的人力、物力把儒家主要经典和《资治通鉴》《三国演义》等有重大影响的书籍译成了满文，促进满族文化的发展。还编《五体清文鉴》沟通汉、满、回、藏、蒙五族语言文化的交流。译满文《大藏经》，冀望佛教满化。在上述书籍的编译工作中，京旗士大夫均发挥了重要的作用。

（三）北京文化中的旗味

谈起京味文化，特别是京味文学，有人认为"京味就是舍味（老舍），舍味就是旗味"。这种观点虽有以点概面之嫌但还颇有影响。因为旗味虽不是北京文化之源，但是北京文化之流，而且是一支强劲的近流，故给北京文化以重大的影响，以致产生了"京味就是舍味，舍味就是旗味"之说。

京旗士大夫群体之中，不乏汉文化功底很深之士，有清一代京城文坛之上活跃着许多旗籍诗人，以治史、考据、金石、书画、琴筝、曲艺等名噪京城的旗籍士大夫亦比比皆是。京旗文化的发展方式，可以说是融入北京文化之中的"融入式"发展，甚至是"溶入式"发展，这是建立在吸收基础之上的，即吸收了北京文化后融入了北京文化之中，最后溶于北京文化之中，成为北京文化的一支强劲近流，因此，京味文化中颇有几分旗味。

（四）曹雪芹与《红楼梦》

《红楼梦》作者曹雪芹的家世甚明，系正白旗汉军，隶包衣籍，是内务府所辖"奉天子家政"的皇家包衣。曹家败落之后，曹雪芹当过宗学的教习，可谓名副其实的京旗士大夫。

曹雪芹是名副其实的京旗士大夫，《红楼梦》一书可傲立于世界小说之林，这无疑给京旗文化增添了几分奇光异彩。曹雪芹本人的历史地位、《红楼梦》一书在古今中外的影响已早有定论，故不再进行重述，仅以洞察京旗士大夫的角度，对曹雪芹与《红楼梦》谬发管见，以就正于诸方家。

对曹雪芹的研究绝不能囿于京旗士大夫范畴之中。因为曹雪芹立于京旗士林可谓前无古人，后无来者。有清一代二百六十多年中，京旗中只出现了一个曹雪芹，实可谓"鹤立鸡群"，亦可谓"一峰突起"，其事业于京旗之中"前无承后无继"；但曹雪芹毕竟是个京旗士大夫，而且是个名副其实的京旗士大夫。故从京旗士大夫的角度对他进行探讨，亦可有"旁鉴"之明，因为从侧面换个角度观察，往往能看得更"透辟"。

京旗士大夫所恃者"天恩祖德"，曹氏家族所恃者亦是"天恩祖德"。曹雪芹笔下的贾宝玉虽被今人誉为"叛逆"，但时人只不过视其为"败子"。因为在贾宝玉身上既看不见"前贤"的影子，亦未见给"后贤"以启迪和激励。

所谓的前贤、后贤就是真正的"离经叛道者"。贾宝玉和林黛玉虽然读了

《西厢记》，但也未能成为张生和崔莺莺。士大夫们好读《红梦楼》，有"开言不谈《红楼梦》，纵读诗书也枉然"之说。由此可见，《红楼梦》一书是完全可以被士大夫阶层所接受的。《红楼梦》前八十回成书于乾隆十九年（1754年）至二十八年（1763年），成书之后在社会上广泛流传。

"贾府"的基业是祖上凭"弓马之强"打下来的，但"贾政"就只能假道学先生的面孔，靠女儿元妃的内线才进入仕途。"贾宝玉"是个"不仕、不农、不工、不商"的"败子"，实可谓"京师游手之徒"。"败子"不走"正道"，所以不仕、不农、不工、不商。其实是一百多年的寄生生活，已经使"京师游手之徒"难仕、难农、难工、难商。一旦失去"天宠"，在贫困潦倒中了结此生可以说是必然的结局。但"贾宝玉"出家了，出家是"空"中孕"有"，所以在出家前还考中了举人。皇上固然是"天威难测"，但对贾家来说还是"天恩难断""天宠不衰"，所以《红楼梦》最终还是个"大圆场"。《红楼梦》并没有让贾宝玉"著书黄叶村"，连这点儿勇气都没有确实令人遗憾。京旗士大夫只写出了一部《红楼梦》，但却不乏"曹雪芹"。"曹雪芹"满腹心酸、满腹愤懑。满腹心酸、满腹愤懑的原因是"天宠已衰""天恩已断"。所以贾宝玉只能出家，但在出家前还要考中举人。

京旗士大夫之中不乏"曹雪芹"，但乏第二部《红楼梦》。高鹗的后四十回就是为《红楼梦》圆梦。高鹗以后《红楼补梦》《红楼续梦》《红楼再梦》之书层出不穷，这些书亦不乏京旗士大夫的手笔。这些书的问世与其说是为命才"一朝醒梦"。

第十四章

民国士大夫

第一节　科举制度废除以后的士大夫

京师大学堂曾在 1903 年设立进士馆，又称为通儒院，招新科进士入馆肄业，研讨西学。目的是培养学贯中西的通儒，学期制定为五年，入学年龄限制为二十八岁至三十二岁。可是进士公们自认为是两榜题名的"纯儒"，进洋学堂研求西学也就失去身份，变成了"杂儒"，无"以夏变夷"之理。由此可见，士大夫阶层作为一个整体是难以转化为"通儒"的。1905 年清廷废弃了科举制度，"学"与"仕"分道扬镳。辛亥革命之后，京城士大夫彻底失去了政治上存在的基础，但其影响却长期保留下来，形成了民国的京城士大夫。

民国京城士大夫是生活在北京的知识分子群体，其政治、经济地位介于上层官僚和下层平民之间。称其为群体而不称其为阶层，是由于这个群体成员没有共同的存在基础，这是和清朝京城士大夫的根本不同之处。有清一代士大夫阶层存在的基础是科举制度。

民国的京城士大夫由于没有共同存在的基础，所以政治观点、经济地位均存在着差异，甚至是截然不同，但又有一些相似之处，这种相似之处是共同的启蒙教育、初始教育造成的结果。

在中国的历史上始终未能建立起资产阶级共和国，但中国近代学校培养出来的知识分子无疑是资产阶级的知识分子，同科举制度下培养出的地主阶级知识分子有着本质的区分。但时至现代，一些知识分子身上还存在"书卷气"，所谓书卷气就是士大夫的遗风犹存，士大夫阶层无遗基而有遗风，应该说是一千多年的文化积淀所形成的影响。

当时"北京政府"各部的"班子"是由南京迁来的，可以说是和清廷各部的旧班子没什么关系。南京临时参议会和临时政府北迁后，袁世凯全员接收了这套办事机构，目的是尽快使"民国政府"运转起来，好进行"善后大借款"。同时也表明"遵守法统"，麻痹南方各省的革命党人。但客观上使北京政府的办事机构和旧士大夫"脱了钩"。

"北京政府"各部的班子大多是喝过洋墨水、受过近代教育的"人才"，但这些人的启蒙教育、初始教育还是在科举制度之下的塾学中进行的，无论是村塾、私塾、家塾、义塾，其初始教育的目的都是十年寒窗博得金榜题名。所以塾学学生都打下了科举制度的烙印，甚有"旧学根基"。也就是说，在思想意识、处世之道、为人之道、治学之道方面，浸染了士大夫阶层的浓重色彩。

民国时期北京政府的"班子"，比清廷庞大的官僚体系要"精简"得多。不仅"裁撤"了许多与民国体制不符的衙门，而且人员相对而言比较"优化"。没有庞大的幕友、幕僚、书吏阶层，各级文官要躬亲办事，所以"公务员"的总人数大大减少了。但随着文化教育事业的发展，全国百分之四十的高等院校集中在北京地区，在校学生占全国大学生总数的一半左右，故北京有"学生之城"的称谓。北京城中云聚了众多的教师和学生，大学生的人数远远超过了清代滞留北京地区的"举子"，大学教师的人数也不会低于清代"司官老爷"的人数。民国初年大学教师的启蒙教育、初始教育可以说无一例外地是在塾学中进行的，大学生的启蒙教育大多也离不开塾学，所以大学师生之中或多或少地也沾染了士大夫阶层的遗风。北京大学的前身是京师大学堂，学生在时人的心目中有"进士公"的地位，民国初年时校役（工友）们称学生为"老爷"，学生也以士大夫自居，颇有进士公的遗风。直至蔡元培先生革新北大后，才扫荡了京师大学堂的清风遗存，校役才改称学生为"先生"。

第二节　民国士大夫群体的形成

清代士大夫阶层的存在和发展有其经济基础和政治基础。进入民国后，士大夫失去了作为一个阶层而存在的基础。其存在主要表现在从业的范围上、传统的生活方式上。从不同的从业范围和生活方式上来划分，民国士大夫可分为三个群体。

首先是从政群体，北洋政府的官制和清朝的官制不同，清廷定制，御史、给事中、内阁中书、郎中、主事等职官品位虽低，但均有权上疏言事。北洋政府的官制是"非阁员"不可能参加国务会议，对"国是"也就没有发表政见的机会。故非阁员的"部员"（司、科级干部）只是执行官，在"国是"面前位如庶民。北洋政府政局动荡不安，内阁更迭频繁，从1912年至1928年共更换了九次"国家元首"，约有五十届内阁，平均一年中有三次"内阁巨变"，最短的一届内阁只存在了十二小时。阁员们"坐不暖席"，部员们却饱食终日无公可办。因为"中央"各部在军阀混战之中，位如虚设，政令难出京门，甚至难出"院（国务院）门""部（内阁诸部）门"。1916年以后，北洋政府常年欠薪，各部"闹灾官"，数月不到部办公亦不足为奇。在这种情况下，"从政"群体的士大夫不可能产生"立于朝，诤于朝"的抱负，只能说是一个"求食"群体。由于"食难果腹"，不少从政群体中的士大夫又"兼从教职"。

北京有近二十所高等院校和众多的中等学校，京城士大夫又有一个庞大的从教群体。和从政群体相比较，从教群体的士大夫文化素质、知识水准均比较高。即便是科举正途出身的"进士公"，进入二十世纪二十年代以后，其治学方式也进化成了资产阶级知识分子，如继续抱残守缺，难立于教林。

京城士大夫中还有一个相当庞大的赋闲群体，这些人大多是清朝的遗老、遗少。辛亥革命之后，名为"为先朝守节，不仕民国"，其实是纵有求仕之心，但无求仕之门，亦无求仕之能。民国初年，这些人"躲进小院成一统"，闭门当寓公。文化素质上乘者，尚以诗文书画自娱；下乘者，饱食终日而已。

1928 年 6 月，国民党北伐军进入北京，随着金陵王气，北京士大夫中的从政群体也就不复存在了。赋闲群体中的遗老为自然规律所淘汰，遗少则在新的环境下，尽其所长为五斗米折腰。执教的群体则在新的形势下发展起来，告别士大夫的遗存，搭上时代的列车，进入了三十年代。

第三节　士大夫群体与学生运动

民国初年，袁世凯对公教人员，也就是京城士大夫中的从政、执教群体实行高薪制，薪水高得惊人。当时一个巡警的月薪是四元（大洋），鲁迅先生任教育部科长的月薪是三百多元。老舍先生任京郊北区劝学员，月薪是一百多元。一个小学教师的工资也有二十多元，家中能雇用"老妈子"（女用人）从事家务。袁世凯的高薪政策，客观上确实收到了一定的预期效果，从政、执教的士大夫群体处于相对稳定状态。

洪宪帝制醒梦之后，北洋政府的财政收入越来越没有保障，开始"欠薪"，进入二十年代后，欠薪愈演愈烈，各衙门纷纷闹"索薪团"。按北洋政府的官制，凡属正式在编文官（特任、简任、荐任、委任）均属"铁饭碗"，本人不上辞呈，长官无权"解聘"。索薪团闹大了后，有的总长将带头闹事的人"除名"以儆效尤，被除名者诉诸"平政院"。"平政院"是冷衙门，好不容易有官找上门来"伸冤"，当然是"秉公办理"以显示职权，做出"公正"的裁决，于是总长又只得恭请"回部上班，原职、原薪照理公务"。官司虽然打胜了，可是薪水依然是分文不发。有的被除名的人官司没有打赢，于是振振有词地提出补齐拖欠的薪水方能"办交代"，总长一气之下，下令即日补齐欠薪，勒令当即离部。众灾官见了均认为是"因祸得福"，纷纷效仿另谋生路。总长方蓦然醒悟，但已铸成大错。被除名之官离部之后又纷纷在报纸上揭露衙门中的黑幕，引起社会舆论大哗，总长接受教训之后，绝不再搞"裁员"，上至司长下至"茶房"（勤杂人员）一个不裁。任凭"同人"们"坐冷衙门"，坐烦了之后自然去另谋出路；索薪闹累了之后也会去"另想饭辙"。在这种情况下，京城士大夫的从政群体，不待"政府南迁"，实际上已经解体。

赋闲的士大夫群体，其成员较为复杂，政治、经济地位也存在较大的差异，属于灰色群体。而且不断有"灾官"加入这个群体之中，这个群体自辛亥革命后形成时起，就处于不断解体之中，虽有灾官不断补充进来，但解体的大趋势在形成之时也就已经确定了下来。由于其成员主要是清朝的遗老、遗少和北洋政府下野的官僚、丢了差事的官吏，这些人当然不会支持学生运动。

但由于自身"失势""失时"的处境，当然也就会对"得势""得时"的当权者产生不满和怨懑，从而导致对学生运动从不同角度上表示一定程度的同情。

执教的士大夫群体，从总体来讲对学生运动表示同情，表示支持。先进人士甚至参加领导了学生运动，站在学生运动反面的是极少数的。

挺身而出指导、领导学生运动的教师和学生，或是具有初步共产主义思想的知识分子，或是具有激进思想的资产阶级民主派人士。两者均已冲出士大夫群体，投身到了火热的斗争中去。

第四节　士大夫社会

清代的宣南士乡是建立在满、汉分城而居的基础之上。清朝中叶以后，这种格局已被打破。辛亥革命后由于北洋政府的各部均开署于内城；高等院校也基本上设于内城。于是自然而然地在机关、学校周围形成了新的士大夫社区。民国士大夫社区的特点是"大分散，小集中"。景山东街、南北池子、府右街、三海沿岸等是士大夫们相对聚居地区，直接原因是这些地区邻近中南海（北洋时期总统府、国务院所在地）、北京大学、辅仁大学、中法大学等地，上班、上课比较方便。士大夫社区的特点是街道、胡同比较清洁整齐，居民表现出一定的文化教养，社会治安相对良好。

北洋时期的警、政人员（老北京市民称为官面上的人）尚遗清代礼敬斯文之风，对士大夫阶层的人士仍有恭敬之心。警察无事不入宅，女师大风潮中，校方在教育总长章士钊的支持下，企图借用警方的力量"把闹事的学生押解回籍"。鲁迅先生邀请女师大学生自治会的成员到自己家（今阜成门内宫门口二条鲁迅故居）"避难"，因为警察不敢入"周宅"检括户籍，稽查闹事的学生。士大夫们的"四合院"中确实是一个不受外界干扰的"小天地"。

第五节　士大夫的生活方式

以南京临时政府北迁为标志，国民从政的京城士大夫群体开始形成。民国初年时，这个群体属于富有阶层。高薪制使这个本应有一定活力的群体迅速变成了灰色群体。"饭局"几乎成了这一群体的每日必修科。"散衙门"（下班）后总长、次长乘坐汽车，司长乘坐西式马车，科长乘坐"包月车"（专用人力车），科员、办事员也有固定的洋车在门口"等坐"。不同档次的人乘坐不同档次的车，开往不同档次的饭庄以享口腹之乐。当时是高薪金低消费，十元一桌的酒席可尽山珍海味。七八毛钱也可以在风味小馆中吃个酒足饭饱。前门一带的各档次饭馆和各档次的妓院都有定点协作关系，食客可以随时"叫条子"（妓女），于是"食客"也就又成了"嫖客"。"灯红酒绿夜已深"之后，"车车载得醉人归"。在洪宪醒梦之前，北洋政府不"欠薪"，从政的士大夫群体一年三百六十日可以说是天天如此。只有年节时，才在家中吃顿团圆饭。

民国初年时，各高等院校寒暑假的假期均很长，原因是当时的交通不发达，学生探亲在旅途上要占用较长的时间。时人羡慕大学教授逸适的生活有"一年休上小半年"之说。但对于做学问的人来说时间是宝贵的。局外人认为大学教授的生活十分悠闲，其实，执教阶层的士大夫们只能是忙中偷闲，因为备课、授课之余还要挤出时间著书立说。著作等身的名教授不乏其人，能够著作等身，其笔耕之苦可想而知。但砚田辍耕总得小憩，于是闹市寻幽，自有一番情趣。

北海公园和中山公园是执教士大夫群体四合院"小天地"之外的"大天

地"。中山公园的来今雨轩，北海公园的双虹榭、览翠轩、漪澜堂、仿膳，均兼有茶馆、酒馆、饭馆的功能，是"品茗""小酌""用餐"的佳处，三两知己可做半日流连。融园林之美、湖山之碧、新茗之沁、杜康之醇为一席，况且醉翁之意不在酒，在乎研讨学问之道也。治学之奥，得之于心而寓之于茗、酒也。

暑假有两个月之久，执教的士大夫大多在小四合院中搭起"天棚"（凉棚）以避酷热，故时人有"天棚、鱼缸、石榴树；肥猫、胖狗、瘦先生"之说。其反映的生活画面中是夏日天棚之下，清风爽人，巨型鱼缸之中百叶莲盛开，龙井鱼悠然其间，鱼缸两旁玉立着两棵果实累累的石榴树，小院显得很恬静。一家人正在纳凉，妻儿都很富态，只有先生显得清瘦。石榴树果实累累象征着先生教、学均有所成，由于付出过多，有些"斯人独憔悴"了。

一些好动的执教士大夫，不满足于"凉棚度夏"，在漫长的暑假中好到西郊避暑，当时的颐和园、玉泉山、香山、八大处、碧云寺、卧佛寺……以至百里之遥的潭柘寺、戒台寺均是高等院校师生们的消夏之所。一些教会学校由于经费充足，大多由校方为避暑师生预订了房间，安排食宿。傅增湘任教育总长时，好利用暑假在西山搞避暑联谊会，故时人有"天下名山僧尽多，北京西山归教授"之说。

从1916年开始，北洋政府就开始对公教人员"欠薪"。公立大学当然也受到欠薪的影响，不过影响比政府机关要小，因为大学在行政拨款之外，还能获得其他收入。况且，公立大学的数量不如私立大学、教会大学多。故从总体来讲，执教群体的士大夫，经济收入还是有一定的保证，受政局影响不算太大。

第六节　士大夫群体的消失

士农工商，士居四民之首，在学而优则仕的封建社会里，作为地主阶级知识分子的士大夫阶层，亦可视为未仕官僚（以科举考试为目标的读书人）、官僚、致仕官僚的统称。因为科举制度既是教育制度也是官吏选拔制度。科举制度废除后，学和仕才分道扬镳，但又把政府公务员和教师并称为"公教人员"。民国时期的教师队伍中，私立学校、教会学校的教师无疑比公立学校的教师要多，非公立学校的教师并不"吃官饭"，不能视为"准公务员"。

公教人员并称的原因主要是公务员和教师均是由士大夫阶层转化而来的，其启蒙教育、初始教育均是在科举制度下进行的，故意识形态上有许多相似之处，仍可以视为一个群体。科举制度的废弃使教育制度和官吏的选拔制度分了家。科举制度遗留下来的士大夫群体当然也不能在失去存在基础之后长期存在。这种情况的具体反映是随着时间的推移，公务员和教师在意识形态、生活方式上的距离越来越大，发展到了二十年代，许多大学做出了明文规定，本校教授不得兼任公职，也就是说，不接受担任公职的政府官员到学校兼教，目的是保障"学术自由"。许多行政机关也做出规定，禁止公务员到学校兼教，目的是保障言行专一，怕在讲台上"失言"。不论表面上的原因是什么，总之，公务员和教员被视为两个不同的阶层，不再被看成是一个士大夫群体。

中国封建社会里行之有效达一千多年的科举制度，最后培养出了自己的掘墓人。戊戌变法中力主废科举的康有为是进士，梁启超是举人，1905年领衔上疏要求废弃科举制度的是进士出身的学部大臣张之洞。科举制度的废除敲响了封建制度的丧钟，五四运动的兴起，也预示着一个光辉灿烂的新中国将在半封建、半殖民地制度的废墟上崛起。

第七节　遗风犹存

士大夫作为一个阶层来说，儒家思想居于主导地位，儒家主张"用世"，从积极方面来讲，在修身、齐家、治国、平天下思想的指导下，产生一种健康的向上精神和忧国忧民的情怀。进入仕途之后，立于朝则净于朝，守封疆则治封疆，为亲民之官则"子其民"。但这种积极向上的精神完全局限于封建意识形态的范畴之内。尽管如此，也不乏忠于职守克尽臣节，富贵不能淫、威武不能屈、贫贱不能移的士大夫，或埋头苦干，或拼命硬干，敢于为民请命，舍生取义。从消极方面讲，急于"用世"的目的是光宗耀祖、荫子封妻、享受荣华富贵，所以"三月不仕则惶惶然"。虽然孔夫子认为"乡愿，德之贼也"，但中庸之道再向前半步也就是乡愿。乡愿之士善于迎合最高统治者的心理状态，等而上之者尸位素餐，等而下之者，贪赃枉法无所不用其极。

士大夫作为一个阶层来说，也深受道家思想的影响。贤者避时，圣者避世，无论是避时还是避世，均是与最高统治者表示不合作。避时者以待时清再"用世"；避世者隐居林下，终老山村，只识清风、明月、白云、蓝天，天子不能臣，公卿不能友，可谓腰生傲骨，膝生直骨，不为五斗米，亦不为万石粟。洁身自好，不和统治阶级进行合作。这种精神在封建社会里固然显示了个人的气节、操守，但避时、避世均是一种推卸社会责任的消极行为。况且也不排除"不为五斗米折腰"是不缺五斗米，"不为万石粟屈膝"是难求万石粟。不缺也就不求，难求更犯不上强求，是一种明哲保身的利己行为，但这种利己并不是建立在损人的基础之上的。

避时、避世虽然具有推卸社会责任的消极因素，但也具有一定的积极作用，就是保持傲岸的精神，为了事业固然可以不避险滩激流勇进，为了气节和操守也可以放弃高官厚禄，急流勇退。这种傲岸的精神和儒家积极用世的态度结合在一起，就是士大夫"达则兼济天下，穷则独善其身"的抱负，"富贵不苟求，危难不苟免"的情怀，三军可夺帅，书生不可夺志的雄心。

五四运动以后，历史遗留下来的士大夫群体迅速解体，不同阶级的知识分子走上了不同的道路。气在胸中激荡，路在脚下延伸，"路漫漫其修远兮"，不论走到哪里，总得带有点儿士大夫遗风。

第十五章
清末民初之际士大夫阶层中的典型人士

十九世纪末二十世纪初是世界历史、中国历史上的大变革时期。从世界历史角度来讲，主要资本主义国家先后进入了帝国主义阶段，由于帝国主义国家之间发展不平衡，新崛起的德、日要求重新分割世界，第一次世界大战的幽魂已经在欧洲徘徊。从中国历史来讲，戊戌变法的失败宣告了改良主义在中国的破产，资产阶级民主革命开始兴起，《辛丑条约》的签订使中国完全沦为半殖民地半封建社会，中国人民和帝国主义、封建主义的矛盾发展到了空前尖锐的阶段。清朝为了缓和国内外的矛盾，开始实行新政，新政实施过程中对士大夫阶层的震撼是废除科举制度。科举制度的废除，标志着士大夫阶层开始退出历史舞台，因为士大夫是科举制度下所培养出的地主阶级知识分子，科举制度废除后，由近代学堂培养出的知识分子虽然仍有浓重的士大夫烙印，但从总体来说已经属于资产阶级知识分子的范畴。

在戊戌变法的过程中，起主导作用的仍然是士大夫阶层的人士，这些人尽管是科举制度下培养出的地主阶级知识分子，可是已经具有改良主义的变革思想，反映了从地主阶级知识分子向资产阶级知识分子转化过程中所形成的新思潮。这种思潮的基础是中国民族资本主义进一步发展，要求在政治舞台上表现自己，为自己的发展铺平道路。在戊戌变法的过程中，起主导作用的是士大夫阶层人士，但从整体来讲，要求"变法"的只是士大夫阶层中的

"先驱"，广大士大夫没有搭上时代的列车，成了落伍者。变法之所以失败，其主要原因之一就是变法既缺乏下层基础——广大人民没有发动起来，也缺乏上层基础——广大士大夫没有发动起来。

辛亥革命是由资产阶级知识分子所发动、领导的，但辛亥革命时期的资产阶级知识分子所受的启蒙教育仍是在科举时代进行的，所以在意识形态之中或多或少打上了士大夫的烙印，但从整体来讲，是近代学堂培养出了资产阶级知识分子。辛亥革命中，绝大多数士大夫在这历史的急转弯处被抛了出来，成为时代的弃儿。值得注意的是士大夫阶层之中，没有"能臣"企图走曾国藩的道路，也没有"孤忠"竭尽臣节。这并不是"气数已尽，王气已散"所致，而是广大士大夫阶层的人士已经对清朝不再抱有幻想。因为忧国忧民是士大夫的传统，对于一个没有"中兴"可能的破落王朝，实没有必要为之力挽狂澜，去当殉葬的金童玉女。广大士大夫虽然在历史的巨变中被时代的列车抛了出来，但默默地接受了现实，成了民国公民。这应该说是在"君主"和"国家"之间的选择中，广大士大夫阶层人士义无反顾地选择了国家。这种选择不仅是明智之举，也可以说是爱国主义的一种具体表现。

戊戌变法、辛亥革命中最先觉醒的均是士大夫阶层的人士，因为任何改良思想、革命思想均是首先在知识分子中产生的。在十九世纪末二十世纪初，领导改良或革命的也只能是知识分子阶层中的人士。当时的总体形势是随着科举制度的废除，地主阶级的知识分子——士大夫阶层开始退出历史舞台，无产阶层知识分子还没有诞生，在政治舞台上独领风骚的只能是资产阶级知识分子。由于中国的资产阶级是由地主阶级中分化出来的，和封建制度有着千丝万缕的联系。最先产生的资产阶级知识分子的初始教育又是在科举制度下的塾学中进行的，所以十九世纪末二十世纪初的中国资产阶级知识分子身上还打着浓重的士大夫阶层的烙印。虽然士大夫阶层的先驱者最先走上了改良或革命的道路，但广大士大夫阶层的人士由于受旧思想、旧学说、旧文化的影响太深，而且时代的变革太过剧烈，所以在历史的急转弯处被时代的列车抛了出来，迅速地从政治舞台上消失了。本章从清末民初士大夫阶层之中筛选出几个有代表性的人物进行评价，意在窥数斑而知其全豹。这些人均是清末民初的知名人物，其共同点是均有忧国忧民的情怀和爱国主义的精神。其中一些人一度曾为时代先驱，所谓的时代先驱就是在戊戌变法失败前曾热情地学习西方先进事物，试图对中国社会进行改良（如严复）；在戊戌变法失败后开始走上资产阶级民主革命的道路（如章太炎、周介仁）。另一些人虽未能成为时代先驱，但对清朝也不抱幻想，在科举制度未被废除之前，即主动放弃了科举仕途（如王显斋、方地山）。也有一些人一直和清朝合作，但在辛亥革命爆发后采取了明智的选择，放弃了对清廷的幻想，未做无谓的殉葬品，这些人是士大夫阶层的主体（如王晓岩、辜鸿铭）。

这些人士也有另一个共同点，就是在历史的巨变过程中未能搭乘上时代的列车，成为时代的弃儿。壮志和风骚，曾几何时也就成了明日黄花。这些人士均不是北京籍，但他们长期居住在北京，甚至终老于北京，事业和影响也都和北京联系在一起，所以称他们为北京士大夫阶层的典型人物。

安维峻

晚清的政治舞台上活跃着以都察院御史、六科给事中、翰林、内阁中书、六部郎中等下级京官组成的清流党，清流党不是"组织"是"群体"。孔夫子云"君子群而不党"，清流党群体是具有儒家正统观念，以天下为己任的士大夫们"同声相应"而形成的政治力量。这股政治力量在中法战争中、甲午战争中、立宪运动中甚能左右舆论、抨击时政，使庙堂之上颇有正气，权贵显宦们不得不有所顾忌和收敛。清流党人能"立于朝而日发清议"，是由于最高统治者需要这股政治力量来平衡政局。中法战争中清流党指责恭亲王奕䜣"委蛇保荣"，慈禧趁机罢免了这个尾大不掉的小叔子。中日甲午战争中，清流党抨击重点是后党的李鸿章，符合光绪的利益，当时光绪的权势正处于上升时期。立宪运动中清流党指责庆亲王奕劻，摄政王载沣当然是可以"大腹处之"。同时也因太平天国运动和第二次鸦片战争之后，清廷的军政实权已掌握在地方督抚之中，爱新觉罗氏已失去了"制驭"臣下的绝对权威，不能不对"清议"

表示一定的宽容，以求巩固和汉族士大夫阶层的联盟。在这种情况下，士大夫之中出现了不少"不苟立于朝，不苟附于势"的阳春白雪之士。阳春白雪和者虽寡，但还是能为最高统治者所用所容。敢于把矛头直指最高统治者的铁面御史，有清一代只有安维峻一人。

安维峻系陇南秦安人，初以拔贡参加吏部考试，授为七品京官，光绪六年（1880 年）参加会试中进士、授庶吉士，后进编修。散馆后改授御史。任职后未及一年上奏折六十余道，痛陈时政之失。甲午战争爆发后，群言激愤，均以丁汝昌、宋庆等前线将领为指责对象，至多是把矛头指向北洋海陆军的统帅李鸿章。安维峻直言上疏指责李鸿章媚外求和、李莲英宦官干政、慈禧太后专权误国。要求太后归政，不要再事事牵制，把李莲英"律以祖宗法制"，对李鸿章要"明正其罪，布告天下"。

安维峻的奏折震惊了朝野，主战派一致认为"凭此折，倭奴当知中国有人"。舆论界亦认为"此折三事行，战局可挽，乾坤可回"。慈禧亦被震怒，决定惩一儆百，于是以光绪名义发布上谕，斥责安维峻"肆口妄言，毫无忌惮，若不严行惩办，恐开离间之端。安维峻着即革职，发往军台效力赎罪，以示儆戒"。

安维峻之言，天下人欲言而不敢言。故声震朝野，人多荣之。革职旨下，安维峻青衣小帽准备只身前往张家口"效力赎罪"。由于为官一身正气，故宦囊萧萧两袖清风，车马衣食不知所出。但各界人士"访问者萃于门，饯送者塞于道，或赠以言，或资以赆，车马饮食，众皆为供应"。安维峻起程之日，士大夫们在安定门外上龙井为之饯行，关厢一带骡车塞途，京城名士，皆衣冠送之，督抚大员赴任亦无此风光。最引人注目的是京城侠士大刀王五带领二十余名源顺镖局的镖师赶来为"安大人护驾"，以防"不测"（怕李莲英、李鸿章在路途上加害）。四名负责解送的刑部差员见此情景，赶忙改换了面孔，以随员的姿态跟随在轿后伺候。安维峻一行由昌平、延庆、宣化抵达张家口，一路之上地方官和各界人士无不敬迎恭送，抵达张家口之后，都统以下各级官员均敬以客礼，延为上宾。

所谓军台，实际上就是张家口到库伦（今乌兰巴托）之间的驿站。若真到军台"效力赎罪"，实是苦不胜苦，安维峻到达张家口后就滞留了下来，未再北行。各界知名之士均对这位"铁面御史"怀有敬仰之意、同情之心，士大夫们更是欲听净言高论，以及时务政要，故请安维峻主讲伦才书院。周介仁到绥远就任巡防统领时途经张家口，慕名前往拜会了安维峻。二人虽均是翰林出身，但周奉清廷之命到日本考察军政时业已参加了同盟会，变成了革命党人。故彼此之间在意识形态上当然已是泾渭分明，道不同不相为谋，这次会晤也就成了礼节性的会见。周、安会见时周介仁的外甥方仲纯在座，安对方仲纯安徽世籍颇感兴趣，认为桐城文章为天下之本，所言甚为迂朽。方仲纯本想到伦才书院听听这位名士的高论，此时也就打消了这种念头，径直到绥远军中谋求发展。

慈禧去世后，摄政王载沣执政，安维峻被召还京师，授命为内阁侍读。由于铁御史的声望，又被任命为京师大学堂总教习。安维峻对这项任命并不感兴趣，不久即辞官回归故里，隐居于柏崖杜门著书。二十世纪二十年代初期，方仲纯到天水游历，出任了几个月的秦安县县长。安维峻得知后带领其孙到县署叙旧，二人见面之后，安仍按清廷旧仪叩首称老父台，方也只好大礼互拜。

安与其孙均留着长辫，言谈举止仿佛不知民国已有十余年的历史。安令其孙呈上习作，拜方仲纯为师。所呈仍是八股文，好在方也是考过秀才的人，对八股文算是"通晓"，勉强和学生应付了一下，也就草草收场。方仲纯离职东归时，到柏崖向安辞行，安不胜感慨，言下之意方若能久任秦安，士风可挽、世道可回、教化可兴，惋惜之余以自己所著《四书讲义》和诗文集相赠，并告之曰："此书撰于军台效力之时，为伦才书院的讲义，授命任职京师大学堂后，欲持此书执教，无奈通儒院已裁，正道难存，只好挂冠回归故里。辛亥国变之后，世道日非，杜门不出者十有余年，闻老父台莅临，举家弹冠相庆，奈何只有数月之缘。"感伤之后问方仲纯是否已经"交印"，方回答"尚未"。安维峻突然喜曰："老父台当成祭孔之礼而后登程。"秦安县的孔庙已在大地震中毁坏得破烂不堪。县署"礼房"（教育科）还是遵照县太爷的指示布置了祭孔典礼，在悠扬的雅乐声中，方、安二人率私塾先生、学生立于断垣残壁之中，对孔夫子的牌位叩首顶礼膜拜。这次祭孔很可能是秦安县最后的一次祭孔典礼，对安维峻来说无疑是一种"圣道未衰"的最后安慰。对方仲纯来说又意味着什么呢？方仲纯早年放弃科举仕途参加了辛亥革命，袁世凯窃国后，由于坚持反袁立场失去了军职，被阎锡山所通缉。洪宪梦醒后又出任了北洋政府内务部主事，在开发大西北的呼声中，到兰州、天水游历，为了了解甘陇政风、民情，出任了秦安百里之地的父母官。由于政局动荡，到任不久即辞官东归。当年的理想、抱负、锐气也就犹如陇原逝水。方仲纯和安维峻在张家口第一次会见时颇有话不投机、道不同不相为谋之感，二十几年之后竟同立于文庙的废墟之中，演出了一场祭孔的典礼。安维峻在辛亥革命前是科举出身的正途士大夫，辛亥革命后是清廷的遗老。方仲纯辛亥革命前是反清志士，辛亥革命后是反袁志士，从秦安东归后弃政从商，从事实业救国，创办了北京大华煤油公司，一度成了华北地区的煤油大王。"七七事变"前基于爱国热诚，弃商从戎，任二十九军参议，主编《武德报》宣传抗日救国。"七七事变"后，公司为日军查封，房产被日伪没收。方仲纯避祸于燕市，息影于京门，可谓一生追求，一事无成，殊可叹也。溯其由，方仲纯和安维峻在秦安文庙断墙残院中演出《祭孔》时，就已经确定了二人后半生的命运。

王晓岩

王晓岩，安徽六安人，中进士后任内阁中书。清朝的内阁在军机处成立之后实为虚设，所以内阁中书是最"清"的穷官。清代七品官的年俸是四十五两，折合成月俸每月为三两七钱五分白银。"盛世"之时，清廷"厚俸养廉"，京官例支双俸，但王晓岩未能"躬逢盛世"。漕运畅通时每两俸银兼支俸米一斛，王晓岩又没赶上好时候。由于京官苦外官富，所以外官"调剂"京官，但王晓岩是个内阁中书，调剂也很难"落实"到他头上。在"京城米贵"的情况下，确实有些狼狈不堪。二十世纪二十年代初期王氏谈到穷京官的生涯时说："每天早上从宣武门外六安会馆徒步到东华门上班。"新官要"当值"

（坐班），冬季天黑得早，亮得晚，所以一手打着灯笼，一手拎着"行头"赶路（所谓"行头"就是进入内阁值庐必须穿戴的翎顶大帽、蟒袍、朝靴），真是苦不堪言。路过饭庄时闻到鳝鱼的香味，思乡之情油然而生。可是两袖清风，不敢进店一饱口腹。因为每月三两七钱五的俸银使得这位内阁中书的生活水平比八旗兵丁高不了多少。

王晓岩是所谓的"根本人家"子弟，又是科举正途出身，为人恪守封建道德，是封建社会的卫道士。王早年指腹为婚，亲家系世交，可是王夫人出世后不甚聪慧，难当贤内助。王中举后，女家主动提出退婚，王执意不肯，积极主动，自觉自愿地成了这桩封建婚姻的牺牲品。婚后生儿育女，未闻有三妻四妾之举，这在清末民初官场之上确实是十分罕见之事。

王晓岩由内阁中书外放之后，不久即出掌淮军执法营务处。当时的淮军官兵均以中兴功臣自居，十分骄横，纪律松弛，扰民成害。王到任后厉行整顿军纪，凡触犯军规者定行严办。但淮军官兵声称要和姓王的白刀子进去，绿刀子出来，看看他的胆是怎么长的。王晓岩几次险遭暗算，幕友诫之曰："积重难返之事，力返之，积怨深也，祸将不测。"有人劝王暂且告病，躲避一下，王笑而答曰："临阵脱逃，杀无贷；临危而逃，岂不同罪乎？"每日升帐理事，从严执法。巡视营区，依然轻装简从。可谓书生正气，所持者唯吾德行。

武昌起义爆发时，王晓岩正因母丧丁忧居乡。袁世凯窃取了辛亥革命的果实后，见于王晓岩的声望，起用他为福建巡按使，目的是以文辖武，控制军人势力过分扩张。因为王氏掌淮军执法营务处多年，是北洋诸帅的老长官，骄兵悍将们对昔日老上司总得表示几分尊重和敬畏吧。山东督军张淮芝系淮军管带（营长）出身，闻王晓岩出任福建巡按使，对福州镇守使（后改督军）李基厚说："总统派王晓岩去当巡按使，负有监军之责，你可要当心。老家伙任执法营务处时，把我们真整苦了。他哼一声是五十军棍；哼两声是一百军棍；哼三声是就地正法。他一哼出声来，我们的腿肚子就转筋，许多人都想干掉他出口恶气。"王到闽莅任之后不足一年，忽接其父家书，告之曰："白狼（白朗起义军）破六安，长孙被流弹所击毙，新婚孙媳吞鸦片烟与夫同归，被救活后又吞金跳楼而死。"其父在家书中责王晓岩曰："我家乃诗书门第，忠厚传世，不应遭此劫难，想汝在外为官多年，不有遗行，亦有冤案。天理报应……"命王晓岩立刻辞官，闭门思过。王阅毕家书后即命秘书长代拆代行，挂冠而去。从此以后避居乡里，谢客息游。北洋新贵之中，不乏王氏的旧友、旧部，有劝其复出者，均遇"直言谢绝"。

王晓岩是科举正途的进士公，清朝的清官廉吏，虽仕民国贵为福建巡按使，可是其父一纸家书，即遵命挂冠而去，可见对功名利禄并不热衷。辛亥革命时，王晓岩默居乡里，并未利用自己的"影响"夫"勤王"，是由于他对清廷已不抱什么幻想，不打算步曾、左、胡、李之后再当爱新觉罗氏的中兴功臣。归隐后能安贫乐道，不复出仕，其实质原因是对袁世凯的"民国"也不抱什么幻想了，不打算再涉足政坛，充当新贵。但有生之年还能干些什么？王晓岩全然不知，因为他已不属于这一时代。

方地山

方地山是清末民初的名士，生于"千家养女先教曲，十里栽花算种田"的扬州，十岁中秀才，实可谓神童。叵是到了"志学之年"（十五岁）却无心问鼎科举仕途，放弃了举人老爷、进士公的前程，当起名士来。在扬州、镇江、苏州、南京一带颇有名气。到上海后，又对报业甚感兴趣，于是在新闻界初露头角。天津《大公报》到上海网罗人才，方地山应聘北上，在海河之滨以撰稿卖文为生，很快就名噪津门。当时袁世凯在天津任直隶总督，颇欣赏方地山的文采。袁家二公子克文，生而慧，幼年过目成诵，诗词俱佳，又工于书法，特别善属楹联，于时亦有名气，但不热衷于仕途，属于"名士派"之人。袁克文慕方地山之风范，拜在门下。袁世凯为了拉拢名士，俱帖礼聘方地山为西宾。当时科举制度尚未废除，可是方地山执教袁邸之后，并不课徒以时文、时艺，而是师生以诗词相唱答，以作对属文为乐，成了知音。

袁世凯奉调任外务部尚书，方地山也随袁家到达北京。当时袁世凯雄心勃勃，自认为外有北洋六阵新军可凭持，内有庆亲王奕劻可依托，列强均认为"袁世凯是继李鸿章之后的中国第一强人"，准备大展宏图。袁世凯认为方地山是个人才，在报界有一定的影响，所以出资给方地山捐了个四品京卿衔。四品京卿是五寺少卿，品级虽然不高，但属清流之职，和尚书、侍郎、总督、巡抚均是平揖相见。因为袁世凯深知，名士不惯于官场之上的行大礼、请大安。而且以京卿的身份进入仕途，外放即可任按察使，直接置身于三大宪之列。方地山一旦在政治上能有所作为，当然也会壮大袁家的势力。可是方地山无心涉足政坛，因为早年即放弃了科举仕途成为"山野之人"，当然难以再成为官场中的人物。所以方地山到京后并不周旋于达官显贵之间，依然整日饮酒赋诗，恃才傲物。

方地山不习惯于袁邸中的各种应酬，闹市取静，在南城太平湖畔租了一所小四合院，聊居其中。当时太平湖周围是一派城市园林的风光，颇有几分野趣。这所小四合院面街背水，只有一进，后照房即是临湖之榭。方地山择幽卜居之后，又纳了一个不缠足的妇女为姜，公然在堂屋（北房正厅）挂上了一副对联：

捐四品官无地皮可刮，

赁三间屋以天足自娱。

这副对联在当时来讲，已超出"旷达"的范畴，可谓之放纵了，观者无不惊骇。

慈禧太后归西之后，溥仪生父摄政王载沣秉政，袁世凯被"开缺"回原籍养足疾。方地山虽是袁邸的西宾，但未涉足官场，所以也没有受到牵连，依然在太平湖畔以诗酒自娱，怡然自得。由于方地山的书画俱佳，所以"润笔"足够"买醉"所需，生活上也不算潦倒。

武昌起义之后，袁世凯窃取辛亥革命的果实，当上了民国大总统，时人皆认为方地山将求大用。可是这位名士是真名士，不当爱新觉罗氏的官，也不当袁世凯的官，依然在太平湖畔以天足自娱。洪宪帝制之时，袁世凯长子袁克定运动各界"名流"劝进，但袁克文对帝制却不感兴趣，袁世凯对袁克文也不感兴趣，认为"小二子当了皇上，也是陈后主、李后主"。当时方地山闭门不出，足不履新华宫之门。洪宪醒梦之后，袁家很快地败落了下来。当时方地山依然在琉璃厂以鬻画卖字为生。袁克文由皇二子变成了老百姓后，师生二人更为"知音"，成了莫逆之交，后来竟成了儿女亲家。在旧礼教中，师生名分一旦确立，一日为师，终身为父，师生之间结为儿女亲家，可谓惊世骇俗之举。

方地山中秀才后就放弃了举人老爷、进士公的前程，和科举仕途分道扬镳。在上海、天津撰文办报，多少也接受了些新思潮。后虽贵为袁邸西宾、四品京卿，可是终未涉足官场。纵观其一生，可谓以鬻文稿、卖字画为生。袁克文于三十年代初患猩红热病逝，方地山送有挽联，其后病逝于天津。

方地山幼为神童，长为才子，成为名士，算得上是个知识分子。他对清朝不抱幻想，所以不入科举仕途，空为四品京卿。对袁世凯不抱幻想，所以也没当"民国"的官。看起来这位名士很"豁达"，其实他的一生都在彷徨、怅惘之中寻路。

辜鸿铭

辛亥革命后，前清遗老即使仍然留着辫子，也都把辫子盘在脑后，不敢公然拖着辫子招摇过市。可是在北京大学的讲坛上，却有一位身穿蓝袍子、红缎马褂，梳着一条又白又细的长辫子的老先生用流利的英语、法语、德语、俄语、日语、希腊语讲授外国文学。这位清朝大员打扮的老先生就是北大旧派的代表人物辜鸿铭教授。进步师生对这位教授深感不满，蔡元培开导他们说："我希望你们学辜先生的英文和刘（师培）先生的国学，并不要你们拥护复辟或君主立宪。"

辜氏名汤生，字鸿铭，早年留学英国，获文学博士学位。毕业后在欧洲各国学习、考察、游历达十四年之久。归国后开始攻读"四书""五经"，广涉中国传统文化，有豁然得道之感，认为"道在是矣"。于是把儒学经典之作译成英文，介绍到西方，引起了欧洲人士对中国传统文化的重视。

辜氏是学贯中西、誉满欧亚的大学者，又自号"东西南北人"。因为生于南洋（马来西亚），留学西欧，娶妻东洋（日本），长期居住在北京。在政治观点上，辜鸿铭否定西方文明，咒骂基督教，反对共和政体，极力主张排外。八国联军进攻北京时，他仿效李白醉草吓蛮书的故事，用英文撰写了《尊王篇》，阐述中华以礼教立国，终不可侮。这篇文章问世后并未能阻止八国联军进占北京，可是受到了清廷的重视，张之洞对辜最为赏识，延为幕宾，委办洋务。辛亥革命后，辜鸿铭反对共和政体，以复辟派自居，主张尊王、尊孔，主张维护中国封建文化和传统的伦理道德。

1921 年日本著名作家芥川龙之介来华访问，在上海遇见了国际通讯社的记者约翰斯。约翰斯对龙之介说："到了北京不看紫禁城也不要紧，但不可不见辜鸿铭。"

辜鸿铭给龙之介最深的印象是"灰白色的发辫，白色长褂子，鼻子尺寸很短，面孔看上去像个大蝙蝠"。辜见龙之介穿着中式服装，大为赞赏，但不无遗憾地说："只可惜没有发辫。"弄得龙之介哭笑不得。

《清史稿》中说辜氏"好辩，善骂世"。辜鸿铭一生最好骂的人是袁世凯。袁任外务部大臣时对德国公使说："张中堂（张之洞）是讲学问的，我是不讲学问，我是讲办事的。"袁的幕友把这句话转述于辜，辜回答说："诚然，然要看所办是何等事，如老妈子倒马桶，固用不着学问，除倒马桶外，我不知天下有何事是无学问的人可以办得好的。"袁世凯窃国之后，辜鸿铭逢人则说："袁世凯甲午以前，本乡曲一穷措无赖也，未几暴发富贵……人谓袁世凯为豪杰，吾以是知袁世凯为贱种也！"

袁世凯死后，北京政府宣布停止娱乐七天。辜鸿铭则在家中大唱了七天的堂会，院内锣鼓喧天，声传于外，警察不得不进行干涉。辜对警察说："袁世凯死了与我何干，今天是我生日，这堂会非唱不可，况且此堂会不是我叫的，是朋友送的，不唱则失了朋友的面子。"警察追问朋友的姓名，辜曰："黎元洪（黎继袁任总统）。"辜鸿铭好发谬论，强词夺理，进行狡辩。一日论兴大发，说："'改良'二字根本不通，娼妓有'从良'之说，'改良'者，难道还要改良从娼吗？"又说："'妾'字取意于'立女'，供男人疲倦时靠一靠之用。"一位外国女士驳道："女的累了为何不能用男人做靠手，行一妻多夫制？"辜答曰："一个茶壶可以配四个茶杯，没见过一个茶杯配四个茶壶的。"

辜鸿铭少年时赴欧洲求学，向西方寻追真理，深入欧洲各国社会进行考察，发现西方是个"人欲横流"的"力""利"之所。归国之后潜研中国传统文化，特别是儒家等说，有返璞归真之感。他一生所走过的道路是"通洋—复古—排外"。最后沦为前清的遗老、封建传统的卫道士，成为抱恨终生的悲剧角色。

有些人认为辜鸿铭孝忠于亡清已达到不可理喻的程度。笔者认为一个学贯中西的"通儒"，对爱新觉罗氏皇朝是不会太感兴趣的。辛亥革命前辜鸿铭的地位也并不显赫，和八旗贵胄也无往来，只是和张之洞是个"知音"。

辜鸿铭反袁，在辛亥革命前就很激烈。溯其因，张、袁二人是"政敌"之故也。也有人认为辜鸿铭只知忠君，不知爱国，笔者亦不以为然，辜氏一生未荷清廷厚恩。在张之洞幕府文案近二十年，1908年清廷才授之为外务部员外郎，后晋升为郎中、左丞。用现代官制来表述，给张之洞当了近二十年的秘书，才被任命为处级干部，后晋升为司局级干部，真是委屈了这位大才子。

辛亥革命时，辜鸿铭也未奋起为爱新觉罗氏力挽狂澜，奔走呼号，克尽臣节，而是默默无闻地成了民国公民。由于他和袁世凯之间的个人恩怨，所以拖着大辫子向袁世凯示威，并不是为溥仪尽忠。意在表明宁当前清遗老，不做袁氏子民。宣称"我是清朝的官，我编清朝的史，我吃清朝的饭，我做清朝的事"的目的只是表示不臣于袁世凯。张勋复辟之时，辜鸿铭虽被列名为外务部侍郎，但本人并未出山"理政"，足以说明了他对复辟并不感兴趣。辜鸿铭"排外"，也不是完全站在封建礼教的立场上排外，在为张之洞幕僚之时，辜发现官方的文件上称国产货为"土货"，进口货为"洋货"。立即把土字改为国字，大发议论道："商战未兴，先声已挫，何言我堂堂中华之货为土货？"并究其所源，同僚皆谓"前文所遗"。辜作色道："前文所遗，今文当改之。"张之洞认为辜鸿铭所言甚有道理，支持了他的意见。辜氏一生拖辫佯狂，整日嬉笑怒骂，与世道殊难苟合。其实"殊难苟合"是他对现实不满的一种反映。他所追求的人间乐园，只能在儒家经典著作中寻觅，把孔夫子、孟夫子设计过，但没有构筑过的蓝图当成理想的王国。

章太炎

章太炎名炳麟，因仰慕清初学者黄宗羲（字太冲）、顾炎武之为人，并继承其反清之志，故取号太炎。章太炎早年就怀有民主共和的壮志，同立宪派康、梁党人进行了激烈的斗争，在和唐才常的辩论中，当场剪断发辫，以示和清王朝斗争到底的决心。《苏报》案发，邹容被逮捕入狱，章太炎到巡捕房"投首到案"，临难不苟免，要在法庭上和清廷进行最后的斗争。

章太炎学识渊博，文笔犀利，在国内外发表多篇排满的革命文章，产生了巨大的影响，确实起到了"唤醒民众投身革命"的宣传功效。辛亥革命之后，同盟会改组为国民党，章太炎因政见不同退出了国民党。袁世凯见有机可乘，任命章太炎为东北筹边使（后改为东北实业使），这种"高官"实际上只是一种领俸的"虚衔"。但章太炎书生气十足，认为革命成功之后，理应实业救国，于是欣然到长春"开署上任"。到达长春后以中央大员的身份召见地方县、府、道三级行政长官。结果是无一人应召前来"议事"。章太炎始悟受骗，于是弃"官"归京。原打算南下另谋发展，可是被袁世凯的特务所强行阻拦，不得登上火车。章太炎气恼之下，去找袁世凯"讲理"，袁世凯避而不见，章太炎演了一出大闹总统府。当时袁世凯淫威正炽，章太炎真可谓"书生胆气豪"了。

章太炎大闹总统府一事，虽然时间、地点、情节各说不一，但在总统府"大闹"，却是世所共知的事实。大闹之后的结局如何？知者甚少。大闹总统府之后，章太炎被总统府警卫军统领陆建章骗上马车，载往龙泉寺。一路之上陆氏亲为车前引马，人不解其意，陆笑曰："如果他日章太炎肯为我草一军书，胜过十万精兵。"至龙泉寺后，陆即把章交给了警察总监吴炳湘。

章入寺后即行绝食，吴炳湘请了许多社会名流前往劝说均不奏效。百思之后，突生一计。吴派幕友多人，"环先生而说之"。正在纷乱之际，突然门外一声高喝："汝等速避开，听某一言。"声音之大，如同一声闷雷，众人皆大吃一惊。这时只见一个身高六尺、膀阔腰圆的黑脸大汉闯了进来，他身穿警官服，配枪挂刀，一脸横肉，而且满脸大麻子，走起路来身上枪刀相撞，铿然有声，马靴踏地，方砖震响。该人径直走到章太炎身前，两脚跟一并，踢马刺发出了刺耳的金属撞击声，向章敬了一个标准的军礼，开言道："某是一介武夫，略读圣贤之书。先生乃饱学硕儒、国学之泰斗，然先生谬矣！身体者，受之天地父母，岂能自残之。昔者商纣囚文王于羑里之库百日，文王被拘而演周易，未闻有绝食之举。今先生恶项城（袁世凯），然项城恶于纣乎？项城纵然恶于纣，先生仍可师文王演周易之举，何出此绝食下策？愿先生进食。"言未毕，即斟酒一杯敬章曰："某是粗人，然话粗理不粗，愿先生思之，望先生速食。"

说罢即斟酒自饮，撕肉大嚼。章太炎初见之惊，后闻其言有所动，终言之曰："此诚壮士之言也。"即举杯与黑大汉共饮矣。章太炎在龙泉寺安顿下来后，吴炳湘总觉得幽禁国学大师会遭到社会舆论的谴责，于是在东四钱粮胡同给章开了一所"公馆"。章公馆是一所大四合院，而且门卫、听差、厨役等俱全，只不过这些人都是"特工人员"而已。

章太炎迁新居后，京中学者、教授纷纷前来看望，门卫对来客一一告诫说："只准谈论学术，不许谈及政治，否则下次休想登门。"按照宅门中的规矩，吃早点时，太太点一天的菜谱，由"跑上房的"听差告诉厨师。可是章公馆无大人主政，厨帅只好到书房请示大人，章正潜心著书，脱口答之曰："鸡蛋、火腿。"厨师追问晚上的菜谱，章回答说："火腿、鸡蛋。"一连三天均是如此，于是厨师不再请示，而是自作主张了。按照当时的"成例"，大人吃饭是四盘热菜、两盘凉菜、一盘小菜、一碗汤，"以成八仙（鲜）之数"。章太炎的头衔是"东北实业使"，级别是"特任官"，勋序是"勋二位"，进膳时当然要有谱。所以厨师就按"成例"安排了。但章太炎进餐时只吃摆在跟前的两种，余者不动筷，而且天天如此，如厨师不予调换，眼前不论放置何菜，均是百吃不厌。因为章太炎的心思都用在著书上，于饮食事无暇顾及。

隆冬时节，章公馆的仆役们在客厅、书房、卧室中生起了炉子，炉火烧得通红，室内暖意盎然。不料章太炎勃然大怒，认为是特工们想利用煤气熏死自己，责令撤火。无奈撤火之后屋内滴水成冰，使来客不敢久留，于是章又命令重新生火，但不许关窗户，入睡之前卧室灭火关窗。

年三十（除夕）将近，主人例应给仆人发放赏钱，章太炎一时心血来潮，想惩治一下这帮特工，于是宣布了儿条"家规"：首先是对主人说话时要请大安，朔（初一）望（十五）之日要行叩首大礼；其次对来客也不许称先生、教授，一律改称大人、老爷，要大安相迎，大安相送，上茶也先请大安；对主人和客人一律要自称奴才，违者即日辞退。章太炎的用意是把这群特工逼走，自己好相对自由些，无奈这群特工都是清朝时的差役出身，对请大安、行大礼视为家常便饭。在章宅当差，拿着双份饷，十几个人伺候一个书呆子，真是优哉游哉。于是均很自觉地执行"家规"，章公馆成了前清的"习礼馆"。

客人一进门，门房就大安相迎，口称"奴才给大人请安"！然后转身高呼："×× 大人到！"院内的仆人闻声也齐呼："×× 大人到！"客人入座，仆人上茶后，请一个大安，退三步再请一个大安，然后转身离去。

客人告辞时，仆人们高呼："给大人套车。"其实客人们大多是乘洋车而来，甚至是步行而来，根本无车可套。可是章宅仆人照喊不误，喊过之后在门口站班送客。这套礼仪把客人们闹得莫名其妙，章太炎只好明令修改"家规"，全盘西化，行鞠躬礼。

洪宪醒梦后，章太炎恢复了自由，结束了在钱粮胡同章公馆长达四年的幽居生活。在这四年中，章太炎在学术上颇有所获，著述甚多。是否受麻脸黑大汉的启示，"师文王演周易之举"，就不得而知了。

1917 年 9 月，段祺瑞破坏了《中华民国临时约法》。孙中山先生在广州组织护法军政府，章太炎出任秘书长，往来于香港、广州、云南、贵州等地谋寻支援。后目睹护法军政府的内部矛盾，退出了政坛，回到苏州办章氏国文讲习所，开始了著书讲学的生涯。"九一八"事变后，章太炎又毅然北上，劝说北方实力派军人奋起抗日，这次北上虽然未能达到预期的目的，但也壮大了抗战的声势，抨击了不抵抗政策。

章太炎旧学造诣甚深，时人尊之为国学大师，早年奋起宣传"排满革命"，是近代资产阶级民主革命的著名思想家、宣传家。鲁迅先生在《关于太炎先生二三事》一文中说："考其平生，以大勋章作扇坠，临总统府之门，大诟袁世凯的包藏祸心者，并世无第二人；七被追捕，三入牢狱，而革命之志终不屈挠者，并世亦无第二人，这才是先哲的精神，后生的楷范。"章太炎晚年的近二十年时间里，除"九一八"事变后一度北上游说北方实力派军人奋起抗日之外，可以说是在书斋中度过的，"自筑高墙"与世隔绝起来。

章太炎不但从未参加过科举考试，而且早年即走上了"排满革命"的道路，和清朝进行了毫不妥协的斗争，不但是资产阶级知识分子，而且是近代资产阶级民主革命的著名思想家、宣传家。可是辛亥革命后并未能成为时代的弄潮儿，再领风骚。而是未至"知命"之年，即退归书斋之中。这种退隐并不是"功成身退"，而是在无可奈何之中的一种逃避。章太炎不是封建社会的士大夫，但士大夫的思想意识在他身卜却有深刻的影响，所以他的后半生只能在书斋中度过。

周介仁

《史记》有"星相医卜"之说，可见医生的地位实在不太高。唐代开始设"太医院"，为皇家网罗御医。御医的地位虽然不高，但是把"医"和"官"两个概念联系到了一起。元代有"一官、二吏、三僧、四道、五医、六工、七猎、八娼、九儒、十丐"之说，医的地位在儒之上。清代太医院的院使为正五品，左右院判为正六品，官阶也不高，但毕竟还是官。清末民初之际，随着时代的变化，有些人弃官（儒）从医，周维藩、萧龙友、施今墨等人即是其中佼佼者。

周维藩字介仁，安徽合肥人，戊戌科进士，点翰林后受清廷派遣赴日本考察军政。在日本考察的过程中接受革命思想影响，参加了兴中会。孙中山先生语之曰："君回国后，若能任军职，直接掌握兵权，则革命之大幸。"周介仁遵从孙中山先生的嘱托，回国复命后自请授以武职。清代重文轻武，以翰林公之身份自请弃文从武转授军职者，有清一代，恐怕只有周氏一人。

由于同盟会的活动范围多在南方，周介仁为了能和同志相呼应，所以择任吴淞巡防统领。统领的地位虽不显赫，但控制着吴淞炮台和十几条巡江兵轮。由于在巡防营中进行活动的革命党人暴露了身份，上峰密令周"火速拿办"。周即通知该同志潜入租界后东渡日本，对上声称"该逆业已潜逃"。上峰对周产生了怀疑，可周毕竟是科举正途出身的翰林公，又无"通逆"的证据，故将周调进北京，任贵胄学堂都监（教务长）。此举是清廷明升暗降的防范措施。

周介仁到任后面对八旗贵胄子弟，于公于私实无法"有教无类"，所以疏于教务，凡事应付而已。由于处处与人无争，官场之上却能相安无事，公暇之余对医道产生了兴趣，京中寓所又与太医院毗邻，遂与太医们成了知音。书斋之中整日医朋满座，各发高论。孙中山先生闻之甚忧，致书周介仁曰："革命不可无君，待共和成功之后，再为良医。"并以自己弃医从事革命的经历相勉之，力劝周氏不可弃革命而遁入医门。周见信后颇受启发，致函中山先生曰："待革命成功之后，共为良医。"

周介仁自思滞留京城，手无寸兵，实难有所作为，于是通过山西巡抚调离京城出任了归绥巡防统管。周介仁到达山西时，施今墨正在太原为候补知县。由于周是翰林出身，又是抚台挚友，所以施向周递了门生帖子，结下了师生之谊。

武昌首义之后，周介仁率部在绥远后山宣布起义，并致函陆巡抚"光复中华，共建共和大业"。陆子之亦是革命党人，受同盟会总部派遣潜入太原，对其父"晓以大义"。其父亦为之所动，不料未及联系，太原新军即发动起义。起义军顺利地攻进巡抚衙门，陆氏夫妇及公子俱被击毙于二堂之内无人收殓。施今墨以候补知县之微，从未沾陆氏之恩，然感同僚之谊买棺四具，收殓了这位抚台大人。周介仁闻之甚为感伤，叹曰："陆氏一生善交友，厚遇下属可谓广结人缘，没想到收殓他的竟是一介候补知县。"从此以后，对施今墨另眼相看。

袁世凯窃国后，命周介仁进京述职，许以山西省省长。因周不愿与袁世凯合污，故不久即被夺去兵权，调入陆军部，任陆军查办使。当时施今墨也丢了当县太爷的前程，在京闲居。周、施二人重逢，大有不胜感慨之意，遂共研医道矣。

周介仁儒生气甚重，只探讨医理，从未挂牌行医。施对周亦甚敬重，以师道事之。周当年在日本考察军政时已接触到了西医，又受中山先生的影响，故旧学虽深，但无中西医之成见，认为西医在诊断方面多有可取之处。施今墨受其影响，在中医之中首用体温表、血压计，并鼓励欲学中医的青年赴日学习西医，首创中西医结合之道。周介仁晚年综汇一生研讨所得，著中医理论书籍八册。不料天有不测，毁之于火。施今墨闻之太息曰："斯书不存，中医之不幸也。"

周介仁虽未挂牌行医，但慕名而来求医者甚众，周视来者之德行，或医之，或拒之，取舍标准，全凭直觉。一日内蒙古四子王旗的王爷来访，周与该人在绥远任上有旧谊，来访之意实为就医。周诊脉后说："从脉象上来看，尔用心太过。内邪引来外感，已无术可医。若速还乡闭门谢客，与人为善，或许尚可延年。"说罢即端茶送客。周介仁如此待之，实因该人在武昌起义后曾举"勤王"之旗，效忠清廷。

袁世凯窃国之后，投到了袁氏门下，任总统府翊立使，在领地上又苛剥属民之故。福建巡按使王晓岩也是进士出身，与周私交很深。王晓岩之族弟王揖唐是北洋新贵，出任过内务总长等要职。但周甚不耻其为人，故王总长登门求医时，周诊脉后曰："从脉象上看，京城水土甚不宜汝所居，天津、上海之租界地恐更甚。若东渡日本，则必死无疑。速还乡隐居，长期服用'清心寡欲丸'，或许尚能永年。此方吾从不外传，看在令兄面上，姑且送汝，好自为之吧！"

三十年代初，周介仁已沦为一般市民，依然是两袖清风，一身正气。遇有登门求医者，仍视其人品才气，或医之，或拒之，而分文不取。老友戏之曰："行医之道，在乎救人。为国求贤，以人品才学定取舍，此乃考试院院长之责也。孔夫子尚且有教无类，为医者亦大可'有医无类'……"周正色曰："非然也。倘误教了不肖之徒，尚可逐出门墙；若救了祸世之人，岂能向其讨命乎？"

周介仁常常仰天太息，自叹曰："革命不成，何为良医。医者可救人，不可救世，如此国运，如此世道……""七七事变"时，周介仁卧病在床，故未能离京南下。以老病之身目睹山河破碎，古都再次蒙尘，更是百感交集。临终前致书辛亥革命时共举义旗的老友孔庚（孔庚在国民党军事委员会政治部任指导委员），勉其"再振昔日之雄风，驱逐倭寇，复我河山"。自叹曰："行将就木，欲喋血沙场，马革裹尸而还，诚不可得也。吾军饮马鸭绿江之时，吾于九泉之下和战鼓而歌……"

周介仁早年追随孙中山先生参加辛亥革命，率部在归绥起义，光复大同、包头之功已载诸史册，世人皆晓，晚年之道德操守鲜为人知。一代元戎，革命未成，行医未果，是周介仁个人的悲剧，也是时代的悲剧。